PRÉFACE.

L'Ouvrage de Porphyre touchant l'Abstinence de la chair des Animaux nous a paru si singulier, & si digne d'être lû, que nous avons crû employer utilement notre tems, en mettant ce Livre à portée d'être connu de tout le monde.

Le projet de retrancher aux hommes par religion un de leurs plus grands plaisirs, & cette espéce de nourriture

PREFACE.

sans laquelle ils ne croyent pas que le genre humain puisse subsister, suppose du moins un grand amour pour la perfection.

Ceux qui contredisent les opinions reçûes, précisement pour être singuliers, s'attirent l'attention du Public, sans souvent en être dignes: mais ceux qui s'éloignent des sentimens ordinaires dans le dessein de rendre les hommes plus sages, méritent qu'on leur donne audience.

C'étoit certainement l'intention de Porphyre dans l'Ouvrage de l'Abstinence, dont on donne la Traduction. Nous ne prétendons ni ap-

PRÉFACE.

prouver la méthode, ni justifier les preuves. Nous ne regardons ce traité, que comme une Dissertation curieuse remplie de paradoxes, dans laquelle on trouve des faits singuliers, des raisonnemens bizarres, mêlés de quelques principes que la vraie Religion ne désavoueroit pas.

Il est très-digne d'un Philosophe d'examiner la naissance & le progrès des opinions, qui sont liées à la morale. Cette étude peut contribuer à la connoissance de l'esprit humain; elle a même autant d'agrément pour ceux qui aiment à penser, que la lecture de l'Histoire, dont le résultat, le plus ordinaire est que les hommes ont toujours été méchans.

Ceux qui ont eu occasion de parler de l'Ouvrage de l'Abstinence, ont témoigné pour ce Livre de plus haute estime. Holstenius a dit (a), qu'on ne pouvoit assez loüer ce Traité. Gale l'appelle un Ouvrage d'or (b), qui prouve que l'Auteur avoit beaucoup de génie, & une érudition très-agréable.

(a) Opus nunquam satis laudatum. Holstenius &c.

(b) Opus aureum &c.

PRÉFACE.

Maussac, Conseiller au Parlement de Toulouse, entreprit au commencement du siécle passé une Traduction du Livre de l'Abstinence (a). Il la dédiée à Guillaume du Vair Garde des Sceaux, qui venoit de mourir.

Ceux qui ne connoîtroient Porphyre que par cette Traduction, n'en pouvoient avoir qu'une très-mauvaise idée. Car outre que Maussac écri-

---

(a,) Porphyrius Philosophe Pythagoricien, l'un des plus célèbres de l'Antiquité, de l'Abstinence Pythagorique, traduit du Grec par le sieur de Maussac, Conseiller du Roi en sa Cour de Parlement de Toulouse ; à Paris, chez Pierre Chevalier, 1622.

voir mal ; même pour son sens, il s'éloigne du sens de son Auteur dans quantité d'endroits ; & la plûpart de ses phrases sont inintelligibles. Il est vrai que nous n'avons pas le texte de Porphyre dans sa plus grande pureté ; mais les fautes qui ont pû s'y glisser, n'empêchent pas qu'on ne puisse presque toujours faire un sens suivi, & qu'on ne découvre parfaitement tout ce que l'Auteur a voulu nous apprendre.

David Hæschelius (*a*) &

―――――――――――

(*a*) *Fabricius*, Bib. Græc. T. 4. p. 284. *Gale* sur le 4. ch. de la S. 5. d'Iamblique.

PRÉFACE

Thomas Gale avoient promis de donner une Edition plus correcte du Traité de l'Abstinence. Nous n'aurions apparemment rien à désirer pour la pureté du texte, si ces deux savans hommes eussent rompli leurs engagemens : mais malheureusement la mort les a surpris, avant qu'ils ayent pû satisfaire à leurs promesses.

Nous avons joint la traduction de la Vie de Plotin par Porphyre au Traité de l'Abstinence. Il y a dans cette vie beaucoup de faits, qui ont rapport à l'Histoire de Porphyre. D'ailleurs Plotin est un de ces hommes extraordinaires, que l'on ne peut trop examiner, lorſqu'on veut approfondir l'homme; & c'eſt une lecture digne d'un Phi-loſophe, de voir comment un homme tel que Plotin a été repréſenté par un homme du caractére de Porphyre.

Ce recueil finit par une diſ-ſertation ſur les Génies. Cet-te matiére faiſoit un des prin-cipaux objets de la ſpécula-tion de Plotin, de Porphyre & des autres Philoſophes, qui écrivoient vers la fin du Pa-ganiſme. C'eſt ce qui nous a fait prendre la réſolution de l'éclaircir.

Nous avons mis à la tête de ce Volume une vie de Por-

PREFACE. ij

phyre, dans laquelle on a recueilli tout ce que les Anciens nous ont appris de ce Philosophe. L'expérience nous fait voir qu'on lit avec plus de plaisir un Ouvrage, quand on connoît son Auteur. D'ailleurs il n'est personne, qui ne prenne intérêt à la vie d'un homme célébre & singulier.

VIE

VIE
DE
PORPHYRE.

POrphyre nous apprend lui-même (*a*) qu'il étoit Tyrien. Longin, Libanius, Eunape supposent qu'il est né à Tyr capitale de la Phénicie. Néanmoins Saint Jerôme & Saint Chrysostome ont prétendu, que Batanée Bourg de Syrie étoit sa Patrie. C'est pourquoi ils l'appellent Bataneote ; ce que quelques-uns ont crû avoir été dit plûtôt par forme d'injure, que pour indiquer

---

(*a*) Vie de Plotin c. 7.

le lieu de sa naissance : on peut voir sur cela les conjectures d'Holstenius (a) trop éloignées de la vraisemblance, pour devoir être rapportées. Le vrai nom de ce Philosophe étoit Malc, qui en langue Syriaque signifie Roi. Longin le lui fit quitter, & l'engagea à prendre celui de Porphyre, qui a quelque rapport au terme de *Roi*, parce que l'habillement de pourpre étoit réservé aux Rois & aux Empereurs.

Il nacquit la douziéme année de l'Empire d'Alexandre Sévere, c'est-à-dire, l'an 233. de l'Ere Chrétienne (b). Il étoit d'une famille distinguée. Il passa sa jeunesse à voyager, dans le dessein de faire connoissance avec les hommes de son siécle qui avoient le plus de réputation d'habileté, & de profiter de leur doctrine.

(a) De *vitâ & scriptis. Porph.* c. 5.
(b) Eunape.

Il avoit été Chrétien, si on en croit l'Historien Socrate, qui ajoute que Porphyre renonça au Christianisme, de colére d'avoir été maltraité par quelques Chrétiens à Césarée en Palestine: mais ce fait pour être crû, auroit besoin d'être attesté par un garant plus à portée de le savoir, que Socrate. Ce qui est constant, c'est qu'il a eu de grandes liaisons avec les Chrétiens. Vincent de Lérins (*a*) prétend avoir lû dans les Ouvrages même de Porphyre, que ce Philosophe ayant oui parler de la grande réputation d'Origenes, alla le trouver à Alexandrie. Eusebe (*b*) nous a conservé un

---

(*a*) *Ait namque impius ille Porphyrius, excusum se famâ ipsius (Origenis) Alexandriam, ferè puerum, perrexisse, ibique eum vidisse senem, sed planè talem tantumque virum, qui arcem totius scientiæ condidisset.* Vincent. Lirinensis.

(*b*) Eusebe Hist. Eccl. t. 6. c. 19. Tillem. Mem. Eccl. Vie d'Orig, c. X. t. II. p 307.

paſſage fort curieux de Porphyre, dans lequel nous voyons ce qu'il penſoit d'Origenes. » Il y en a eu, » diſoit-il, qui ne voulant pas aban- » donner les écritures des Juifs, » mais voulant ſeulement répondre » aux raiſons par leſquelles nous » les combattons, y cherchent des » explications forcées, qui ne con- » viennent point du tout à la let- » tre : mais par ce moyen ils ont » plûtôt fait admirer leur eſprit, » qu'ils n'ont ſoutenu l'autorité de » ces écritures étrangéres ; car ils » nous font des énigmes des paro- » les de Moïſe les plus claires & » les plus ſimples : ils les relévent » comme des oracles divins qui » couvrent de grands myſtéres ; & » après avoir comme enchanté les » eſprits par cette vaine oſtenta- » tion de figures & de vérités ca- » chées, ils les trompent par les » fauſſes explications qu'ils leur en » donnent. On peut voir cette con-

» duite dans un homme que jai
» connu, lorsque j'étois encore fort
» jeune, & qui ayant acquis une
» grande estime durant sa vie, l'a
» conservée encore après sa mort
» par les livres qu'il a composés :
» j'entends Origenes, dont le nom
» est fort célebre parmi ceux qui
» font profession d'enseigner cette
» doctrine. Il a été disciple d'Am-
» mone, le plus habile Philosophe
» de notre tems; & il a trouvé dans
» lui un grand avantage, pour s'a-
» vanter dans la science. Mais il a
» eu le malheur de s'engager dans
» cette secte barbare & arrogante;
» Ayant fait naufrage contre cet
» écueil, il corrompit tout ce qu'il
» y avoit d'excellent, tant dans sa
» personne, que dans sa science, par
» le mélange qu'il vouloit faire de
» la Philosophie avec le Christia-
» nisme; car menant une vie Chré-
» tienne contraire à toutes les Loix,
» il suivoit sur la Divinité & sur

» tout le reste le sentiment des
» Grecs, qu'il couvroit néanmoins
» par les Fables de ces Barbares.
» Il lisoit sans cesse les écrits de
» Numénius, de Longin & des plus
» habiles Pythagoriciens. Il faisoit
» aussi usage des Ouvrages de Ché-
» rémon le Stoïcien & de Cornu-
» té ; & ayant appris par cette étu-
» de la manière d'expliquer &
» d'entendre les Mystéres des
» Grecs, il les applique aux Ecri-
» tures Judaïques. «

A ce discours il n'est pas difficile de reconnoître un ennemi déclaré de la Religion Chrétienne, dont les décisions outrées & partiales ne doivent faire aucune impression. On ignore si la connoissance de Porphyre avec Origenes a précédé le premier voyage de ce Philosophe à Rome. Il alla dans cette capitale du Monde (a) à l'âge de vingt ans.

───────────
(a) Vie de Plotin c. 5.

Il y resta peu cette premiére fois. Après y avoir fait une courte résidence, il alla étudier à Athènes sous Longin, le Rhéteur le plus estimé de son siécle. Ce que le tems nous a conservé de ses Ouvrages, justifie l'idée avantageuse que ses contemporains avoient de lui. Ils disoient (a), qu'il avoit une science parfaite de tout ce qui regarde les belles-Lettres & la Rhétorique; & ils l'appelloient un trésor de science, & une bibliothéque vivante.

Porphyre fit de si grands progrès sous cet excellent Maître, qu'en peu de tems il devint l'honneur de cette Ecole.

Nous avons dans Eusebe (b) le fragment d'un Ouvrage de Porphyre, dans lequel il fait l'histoire d'une Fête que donna Lon-

---

(a) Eunapius *vita Porph.*
(b) Prep. Evang. l. X. p. 464.

gin, pour célébrer le jour de la naiſſance de Platon. Porphyre y étoit. Ils étoient ſept en tout. La converſation roula pendant le repas ſur des matiéres ſçavantes. L'on y prouva qu'Ephore, Théopompe, Ménandre, Hypéride, Sophocle même avoient été des plagiaires.

La Grammaire & la Rhétorique ne ſuffiſoient pas, pour occuper tout entier un homme auſſi avide de ſavoir que Porphyre. Il fit ſon ſecond voyage à Rome à l'âge de trente ans, la douziéme année de l'Empire de Gallien, c'eſt-à-dire, au commencement de l'an 263. de J.C. Le célébre Plotin y tenoit alors ſon école. Il paſſoit pour être le premier Philoſophe de ſon tems; la plus ſublime Métaphyſique & la Théurgie étoient les principaux objets de ſes études. On appelloit Théurgie la ſcience qui apprenoit les diverſes eſpéces des êtres intelligens, la subordination qui étoit entr'eux, le culte qui leur étoit dû, & les cérémonies nécessaires pour s'unir intimément avec eux.

Porphyre n'eut pas plûtôt vû Plotin, qu'il se proposa d'acquérir l'amitié de cet homme illustre ; & bientôt le disciple eut l'estime & la confiance de son maître à tel point, que Plotin chargea Porphyre de répondre aux questions qu'on lui faisoit, & lui donna ses Ouvrages (a) pour qu'il y mît la derniére main. Ils demeurerent près de six ans ensemble. Porphyre qui étoit fort sujet à la mélancolie (b) s'en trouva tellement fatigué, que Plotin lui conseilla de voyager pour la dissiper. Dans les accès de ses vapeurs il lui prenoit un si grand dégoût de

---

(a) Vie de Plotin c. 7.
(b) Ibid. c. 5.

la vie, que plusieurs fois il se seroit donné la mort, si Plotin ne l'en eût détourné. La Philosophie de ces Platoniciens inspiroit un grand mépris pour la vie. Leur système étoit, que quiconque aspiroit à la sagesse, devoit renoncer à tous les plaisirs des sens; que nous étions dans un état d'épreuve, dont il falloit sortir, pour pouvoir être heureux. Quelques-uns étoient persuadés, qu'il étoit permis à chaque mortel de hâter la réunion de son ame avec celle des esprits. Porphyre, suivant le conseil de Plotin, sortit de Rome la quinziéme année de l'Empire de Gallien, sur la fin de l'an 268. de J. C. Il alla en Sicile au Cap de Lilibée, pour y faire connoissance avec Probus, qui y avoit une grande réputation. Eunape prétend que Porphyre fut long-temps en Sicile, ne faisant que soupirer; qu'il ne prenoit point de nourriture, & qu'il ne vouloit voir personne ; que Plotin en ayant été informé, & craignant qu'il ne voulût mourir, passa en Sicile, où il eut des conferences avec Porphyre, qu'il détermina à consentir de vivre. Eunape ajoûte, que Porphyre avoit écrit la conversation qu'il avoit eue avec Plotin à ce sujet. Mais assûrément il y a de la confusion dans le récit d'Eunape. Car Porphyre lui-même (a) en dit assez, pour donner lieu de croire qu'il n'a pas revû Plotin depuis qu'il étoit parti pour la Sicile.

Ce fut pendant qu'il y étoit, qu'il composa son fameux Ouvrage contre le Christianisme, qui a rendu son nom si odieux dans l'Eglise. Il nous a appris (b) qu'il avoit été à Carthage ; & il y a

---
(a) Vie de Plotin c. 11.
(b) De Abstin. l. III. c. 4.

apparence que ce fut pendant qu'il étoit en Sicile, qu'il prit la résolution de voyager en Afrique. Il ne retourna à Rome qu'après la mort de Plotin. Il y parla souvent en public avec beaucoup d'applaudissement. Il avoit un grand nombre de disciples, qu'il traitoit avec douceur & bonté, & pour lesquels il étoit fort communicatif. Jamblique est celui qui lui a fait le plus d'honneur. Un intime ami de Porphyre étant mort, & ayant laissé une veuve appellée Marcelle chargée de cinq enfans, il l'épousa, afin d'être à portée de donner facilement de l'éducation à ses enfans.

On n'est pas fort instruit des derniéres actions de sa vie. On sçait qu'il a vêcu plus de soixante & huit ans : mais on ne sçait pas précisément, quand il est mort. L'opinion commune (a) est

_____

(a) Eunape.

qu'il a fini ses jours à Rome. Cependant S. Jérome prétend qu'il a été enterré en Sicile.

Porphyre savoit presque tout ce que l'on pouvoit savoir dans le siécle où il vivoit. Il possédoit les belles-Lettres, l'Histoire, la Géométrie, la Musique. Il excelloit sur tout dans la Philosophie de ce tems là, qu'il enseigna de vive voix aussi bien que par un grand nombre d'Ouvrages. Il a fait une prodigieuse quantité de livres, dont on peut voir les titres dans Holstenius, dans Fabricius & dans M. de Tillemont (a). On y désireroit souvent de l'ordre & de la clarté. Ces perfections se trouvent rarement dans les ouvrages philosophiques, surtout dans ceux du siécle de Porphyre. On l'a accusé de s'être quelquefois contredit ; mais il est louable de changer de senti-

---
(a) Vie de Dioclétien Art. 30.

mens, lorsque de nouvelles réflexions font appercevoir que l'on s'est trompé.

Ses plus célébres Ouvrages sont le Traité de l'abstinence des viandes, dont on donne ici la traduction, & le Livre contre les Chrétiens. Il étoit divisé en quinze livres. On n'a rien fait de plus subtil & de plus dangéreux contre la Religion. De tous les Auteurs profanes, Porphyre est celui qui avoit lû nos Ecrivains (a) sacrés avec le plus d'application, dans le dessein d'y trouver des armes, pour les combattre, & pour les décrier. Il se vantoit d'y avoir trouvé un grand nombre de contradictions. Plusieurs Péres entreprirent de le réfuter. Leurs ouvrages, de même que celui de Porphyre, ne subsistent plus. Il y a quelques années que l'on préten-

---

(a) Tillem. Art. 31. Vie de Dioclétien.

doit (*a*) qu'il étoit à Florence dans la Bibliothéque du grand Duc ; mais ce fait ne s'eſt pas vérifié.

Ce Livre a rendu le nom de Porphyre ſi odieux, que la plûpart des Anciens ne parlent preſque point de lui, ſans ajoûter quelque epithéte flétriſſante, qui déſigne l'horreur qu'ils avoient de ſes blaſphêmes. Il paroît que Conſtantin fit quelque Edit ſévere contre ſa memoire & ſes écrits, qu'il fit brûler ; & voulant donner aux Ariens le nom le plus injurieux, il ordonna qu'ils ſeroient appellés Porphyriens. Mais quelque déteſté qu'il ait été, il y a eu quelques Péres, & même des plus célébres, qui ont rendu juſtice à ſa ſcience & à ſes talens. Euſebe ne craint point de l'appeller (*b*) un admirable Théologien.

─────────────

(*a*) *Fabricius, delect. Argum.* p. 163.
(*b*) Præp. Evang. l. IV. p. 147. θαυμάστυ θεοσόφυ.

S. Augustin le qualifie d'homme de beaucoup d'esprit, & du plus habile des Philosophes (a).

S. Cyrille, le fameux Boéce parlent (b) de sa science avec beaucoup d'éloge; & M. de Tillemont si reservé dans les louanges qu'il donne à ceux qui ne pensoient pas ortodoxement, dit (c) que Porphyre étoit le plus célébre de tous les Payens, qui ont écrit du temps de Dioclétien.

(a) Augustin. de civit. Dei l. 7. c. 5. *Philosophum nobilem.* l. 19. c. 22. *Doctissimum Philosophorum & non mediocris ingenii hominem.*
(b) Holstenius c. 1.
(c) Vie de Diocletien Art. 28.

TRAITÉ

TRAITÉ
DE
PORPHYRE
Touchant l'abstinence des Animaux.

LIVRE PREMIER.

Yant été informé (*a*) que vous condamniez ceux qui renonçoient à l'usage de la viande, & que vous recommenciez à en manger, j'ai

---

(*a*) Porphyre adresse cet Ouvrage à Firmus
B

d'abord voulu en douter, parce que votre sobriété m'est connue, & que d'ailleurs je faisois réfléxion au respect que je vous ai inspiré pour ces hommes Religieux de l'Antiquité, qui ont été d'un sentiment contraire : mais cette nouvelle m'ayant été confirmée par plusieurs personnes, j'ai crû qu'il étoit plus convenable de convaincre votre esprit, que de vous faire une correction, quoi qu'à la vérité votre conduite m'y ait autorisé ; car pour me servir d'une expression usitée, on ne peut pas dire que vous ayez abandonné le mauvais chemin, pour entrer dans la bonne voie, ni que votre nouveau genre de vie soit plus parfait, que celui que vous avez abjuré, pour me ser-

---

Castricius, ce grand ami de Plotin, dont il est parlé avec beaucoup d'éloge dans la vie de ce Philosophe.

vir des termes d'Empedocle : mais il m'a paru plus conforme à notre ancienne amitié, de vous prouver clairement que vous êtes dans l'erreur, depuis que vous avez changé de sentiment. Je pourrai par-là être utile à ceux qui n'ont d'autre objet, que celui de connoître la vérité.

II. En faisant réfléxion sur les causes de votre changement, je n'ai eu garde de l'attribuer à la nécessité de conserver votre santé & vos forces : ce sont des idées populaires indignes de vous ; car lorsque vous viviez avec nous, vous conveniez vous même, que l'abstinence des viandes contribuoit à entretenir la santé, & que sans avoir recours à cette nourriture, on étoit en état de supporter les travaux auxquels oblige l'exercice de la Philosophie ; & l'expérience vous l'apprenoit. Vous êtes donc revenu à vos premiers désordres, parce que vous vous êtes laissé séduire, ou parce que vous avez crû qu'il étoit indifférent au Sage de donner la préférence à un genre de vie sur l'autre, ou enfin par quelque autre raison que j'ignore ; car je ne puis pas croire, que l'intempérance & la gourmandise vous ayent porté à cet excès, de mépriser les loix fondamentales de la Philosophie, à laquelle vous avez été attaché. Je n'imagine pas que vous ayez moins de fermeté que des gens ordinaires, qui étant convaincus qu'ils avoient eu tort de manger de la chair des animaux, se seroient plûtôt laissés mettre en piéces, que d'en faire leur nourriture, & n'auroient pas eu plus de répugnance à manger de la chair humaine, que de celle de plusieurs animaux.

III. Mais dès que je fus informé par ceux qui reviennent de

votre Province, des argumens que vous employez contre ceux qui s'abstiennent des viandes, je ne me contentai pas d'avoir pitié de vous, je sentis des mouvemens d'indignation, de voir que séduit par de frivoles sophismes, vous ayez entrepris de détruire un dogme ancien, approuvé par les Dieux mêmes. C'est ce qui m'a fait prendre la résolution d'expliquer notre Doctrine; de rapporter avec plus de force & d'une façon plus étendue que vous ne l'avez fait, ce qu'on peut nous opposer; d'y répondre, & de faire voir que les objections que l'on a apportées contre notre système, ne sont que de vains raisonnemens, qui ne peuvent pas tenir contre la force de la vérité. Vous ignorez peut-être, que ceux qui ont attaqué le sentiment de l'abstinence des viandes, ne sont pas en petit nombre. Les

Péripatéticiens, les Stoïciens & la plûpart des Epicuriens se sont déclarés contre cette Doctrine de Pythagore & d'Empedocle, dont vous étiez partisan. Divers autres Philosophes ont écrit aussi contre ce sentiment, entr'autres Claude de Naples. Je rapporterai leurs difficultés; j'omettrai seulement celles qui n'ont rapport qu'aux preuves d'Empedocle.

IV. Ceux qui ne sont pas de notre sentiment soutiennent, que c'est confondre les idées de Justice que de nous obliger de l'observer, non seulement avec les êtres raisonnables, mais aussi avec ceux qui sont dépourvûs de raison; que les hommes & les Dieux méritent seuls notre attention; que les Animaux ne sont point dignes de notre compassion, n'ayant point de rapport avec nous, & que n'étant point membres de notre societé, ils ne doivent point être ménagés, lorsqu'il s'agit ou de les faire travailler, ou de les manger ; que ce seroit nous faire tort à nous-mêmes de n'en point tirer tout l'usage que l'on peut, sous prétexte de justice, & que nous nous réduirions par là à mener presque une vie sauvage.

V. Il n'est pas question ici des Nomades & des Troglodytes, qui ne connoissent d'autre nourriture que la viande : mais il s'agit de ceux qui se proposent de remplir les devoirs de l'humanité. Quel ouvrage pourrions-nous faire, quel art pourrions-nous exercer, quelle commodité pourrions-nous nous procurer, si nous regardions les Animaux comme étant de même nature que nous ; & si craignant de leur faire aucun tort, nous les traitions avec tous les ménagemens possibles ? Il est vrai de dire, qu'il nous seroit impossible de prévenir les miséres qui nous rendroient la vie malheureuse, si nous nous croïons obligés de pratiquer les loix de la justice avec les Animaux, & si nous nous écartions des anciens usages ; car, comme dit Hésiode, Jupiter ayant distingué les natures, & séparé les espéces, permit aux poissons, aux bêtes sauvages, aux oiseaux, de se manger les uns les autres, parce qu'il n'y a point de loix entr'eux : mais il ordonna aux hommes d'observer la justice à l'égard de leurs semblables.

VI. Or nous ne pouvons pas commettre d'injustice avec ceux, qui ne peuvent pas observer avec nous les régles de la justice. C'est un principe que l'on ne peut contester dans la morale. Les hommes ne pouvant pas se suffire à eux-mêmes, comme nous le disions, & ayant besoin de beaucoup de choses.

ses, ce seroit les détruire, les réduire à l'état du monde le plus malheureux, & leur ôter les instrumens dont ils ont besoin pour les nécessités de la vie, que de les priver du secours qu'ils peuvent tirer des Animaux. Les premiers hommes n'étoient pas aussi heureux qu'on se l'imagine ; car la superstition qui empêche de toucher aux Animaux, devoit aussi donner de la répugnance, pour couper les arbres & les plantes, y ayant autant de mal à abattre un sapin ou un chêne, qu'à égorger un bœuf ou un mouton, si les arbres & les plantes sont animés, comme le croyent ceux qui enseignent la Métempsycose. Ce sont là les principaux argumens employés par les Stoïciens & par les Péripatéticiens.

VII. Les Epicuriens prétendent que les anciens Législateurs ont déclaré l'homicide impie, & ont attaché à ce crime de grands déshonneurs, à cause de la nécessité où étoient les hommes de vivre en societé. Pour qu'ils eussent horreur de ce crime, il suffiroit peut-être qu'ils fissent attention sur la ressemblance qui est entr'eux. Le bien de la societé a fait décerner des peines très-graves contre ceux qui assassineroient ; & ces peines sont suffisantes, pour retenir ceux que la seule loi de l'Humanité n'arrêteroit pas.

VIII. Les premiéres loix n'ont point été établies par la violence : mais par le consentement de ceux qui les ont acceptées ; & les premiers Législateurs ont fait recevoir leurs loix plûtôt par leur prudence que par la force. L'utilité en ayant été apperçue par le grand nombre, les autres qui n'avoient peut-être pas fait les mêmes réflexions, ont été obligés de s'y soumettre par la crainte de la punition. C'étoit le seul moyen que l'on pouvoit employer contre ceux, qui ne vouloient pas convenir de l'utilité des réglemens avantageux ; car la crainte est encore le seul motif qui empêche le commun des hommes de faire le mal : si tous les hommes étoient capables d'appercevoir ce qui est convenable, & de s'y conformer, les loix cesseroient de leur être nécessaires, parce que d'eux-mêmes ils éviteroient ce qui est défendu, & pratiqueroient ce qui est ordonné. Une mûre réflexion sur ce qui est utile & sur ce qui est nuisible, suffiroit pour faire éviter le mal, & pour faire donner la préférence au bien. La menace de la punition n'est que pour ceux, qui ne sont pas capables d'appercevoir l'utilité de la loi : la crainte qu'elle inspire, est un frein qui empêche les passions de se porter aux excès défendus, & qui oblige de se conformer à ce qui est convenable.

IX. Le meurtre même involontaire n'a pas été exempt de quelque punition, afin d'ôter tout prétexte aux homicides & d'obliger les hommes, d'apporter toute leur attention pour prévenir ce malheur. Je suis persuadé que les expiations introduites pour purifier ceux qui avoient commis des meurtres tolérés par les loix, n'ont eu d'autre principe, que de détourner de l'homicide volontaire : c'est pourquoi les premiers Législateurs non seulement ont établi des peines contre les meurtriers ; mais aussi ils ont déclaré impurs ceux qui après avoir tué un homme, ne se faisoient pas purifier par des expiations. Ils ont par là adouci les mœurs ; & ayant ainsi calmé l'emportement & la violence des hommes, ils les ont détournés de se tuer les uns les autres.

X. Mais ceux qui firent les premiers réglemens, n'empêchèrent point de tuer les Animaux. Ils voyoient l'utilité que l'on en pouvoit retirer, & que le soin de notre conservation demandoit, que l'on se précautionnât contr'eux. Quelques-uns de ceux qui avoient un plus grand fond d'humanité, ayant représenté aux autres hommes que le motif de l'utilité commune les avoit détournés de l'homicide, & ayant fait voir les inconvéniens d'avoir recours à la violence, leur ont persuadé de respecter la vie de leurs semblables ; ce qui devoit contribuer à la conservation de tous les particuliers. Rien ne leur étoit plus avantageux, que de ne se point séparer les uns des autres, de ne se faire aucun tort, & de se réunir non seulement contre les bêtes féroces, mais aussi contre les autres hommes qui auroient entrepris de leur faire quelque violence.

XI. Et pour retenir avec plus d'efficace ceux qui tuoient les autres hommes sans aucune nécessité, on établit des loix contre l'homicide, qui subsistent encore, & qui furent reçûes avec applaudissement par la multitude, qui n'avoit pas eu de peine à s'appercevoir, combien la réunion des hommes leur procuroit d'avantage : il étoit seulement permis de détruire tout ce qui pouvoit nuire à notre conservation. Si l'on disoit que la loi a permis de tuer les Animaux qui ne font aucun tort, il seroit aisé de répondre, qu'il n'y a aucune espéce d'Animaux dont le trop grand nombre ne fût nuisible. Les brebis, les bœufs & les autres Animaux de ce genre sont d'une très-grande utilité aux hommes ; mais s'ils étoient en trop grand nombre, ils leur seroient fort préjudiciables, les uns à cause de leur force, les autres parce qu'ils consommeroient les fruits que la terre produit pour notre nourriture. C'est pour cette raison, qu'il est permis de tuer ces sortes d'Animaux, pourvû qu'on en laisse autant qu'il en faut pour nos besoins, & que nous pouvons en garder sans nous faire tort. Mais quant aux Lions, aux Loups & aux autres bêtes féroces, nous les détruisons autant que nous le pouvons, parce qu'ils ne nous sont d'aucune utilité.

XII. Ce fut elle que l'on consulta, lorsqu'il fut question de décider ce que l'on pouvoit manger ; car il y auroit de la folie à croire que les Législateurs n'ayent eu en vûe que le juste & le beau. Les idées ont été fort différentes selon les divers pays ; & l'on en peut juger par les Coutumes toutes opposées au sujet de la nourriture des Animaux. Si l'on avoit pu faire quelque convention avec eux, par laquelle on seroit demeuré d'accord de ne les pas tuer à condition qu'ils ne nous tueroient pas, il auroit été beau de porter jusques-là la justice ; chaque partie y auroit trouvé sa sûreté : mais n'étant pas possible que l'on fasse des traités avec des êtres qui ne sont pas susceptibles de raison, il ne faut pas avoir plus d'attention pour eux, que pour ce qui est inanimé. Le seul moyen de procurer notre sûreté, est d'user du pouvoir que nous avons de les tuer : ce sont là les raisonnemens des Epicuriens.

XIII. Il nous reste à rapporter les preuves employées par le vulgaire. Les Anciens, dit-on, s'abstenoient à la vérité des Animaux, non point par aucun motif de piété, mais parce qu'ils ne connoissoient point l'usage du feu. Ils ne l'ont pas plûtôt connu, qu'ils l'ont respecté comme quelque chose de sacré. Ils sont venus ensuite à manger des Animaux; car quoiqu'il fût naturel de manger de la viande, il étoit contre la nature de la manger crue : c'est pourquoi les bêtes féroces sont appellées manges crue ; & il est dit par forme d'injure : Tu mangerois Priam tout crud ; c'est ainsi que sont caractérisés ceux, qui n'ont aucun principe de Religion. On ne mangeoit donc point d'Animaux dans l'origine des choses, l'homme ayant de la répugnance pour la viande crue ; mais dès que l'usage du feu eut été introduit, on s'en servit pour apprêter non seulement la viande, mais aussi plusieurs autres alimens. Les nations qui ne mangent que du poisson, sont une preuve que les hommes ont de l'aversion pour la viande crue; car elles font rôtir leur poisson ou sur des pierres échauffées au soleil, ou elles l'exposent au sable brûlant : & ce qui fait voir que les hommes mangent naturellement de la viande, c'est que les Grecs & les Barbares sans distinction sont dans cet usage.

XIV. Ceux qui soutiennent qu'il y a de l'injustice à manger des Animaux, sont obligés de prétendre qu'il n'est pas permis de les tuer. Cependant nous sommes indispensablement obligés de faire la guerre aux bêtes sauvages, & cette guerre est juste; car il y en a qui nous attaquent : tels sont les Loups & les Lions; d'autres nous mordent, lorsque nous marchons dessus, comme les serpens : il y en a qui gâtent les fruits de la terre, c'est pourquoi nous tâchons de les détruire, pour prévenir les maux qu'ils peuvent nous faire. Quiconque voit un serpent, cherche à le tuer, non seulement afin de n'en être pas mordu, mais afin qu'il ne blesse personne ; car lorsque nous haïssons les bêtes féroces, nous avons de l'amitié pour les hommes : mais s'il est juste de détruire certains Animaux, il y en a d'autres qui sont accoutumés de vivre avec nous, & pour lesquels nous n'avons point d'aversion ; c'est ce qui fait que les Grecs ne mangent ni chiens, ni chevaux, ni ânes, ni un grand nombre d'oiseaux. Quoique le cochon ne soit bon qu'à manger, les Phéniciens & les Juifs s'en abstiennent, parce qu'il n'y en a point dans leurs pays. On assûre qu'encore actuellement on ne voit point de ces

Animaux en Ethiopie. De même donc que les Grecs ne sacrifient point aux Dieux ni de chameau, ni d'eléphant, parce que ces Animaux ne naissent point en Grece: ainsi en Chypre, en Phénicie & en Egypte on ne sacrifie point de cochon, parce que ce n'est pas un animal de ces pays-là; & il n'est pas plus étonnant que quelques peuples s'abstiennent de manger du cochon, que de voir que nous ayons de la répugnance à manger du chameau.

XV. Mais pourquoi s'abstiendroit-on de manger des Animaux? Seroit-ce parce que cette nourriture nuit à l'ame ou au corps? Il est aisé de prouver le contraire; car les Animaux qui mangent de la chair, sont plus intelligens que les autres. Ils chassent avec art, & se procurent par-là une nourriture qui augmente leurs forces: tels sont les Lions & les

Loups. L'ufage de la viande ne fait donc aucun tort ni à l'ame, ni au corps; c'eft ce que l'on peut prouver par ce qui fe paffe chez les Athlétes. Ils n'en font que plus forts, parce qu'ils mangent de la viande; & les Médecins l'ordonnent aux malades dont ils veulent rétablir les forces. Une preuve affez forte que Pythagore s'eft éloigné de la vérité, c'eft qu'aucun des anciens Sages n'a été de fon fentiment, ni les Sept par excellence, ni les Phyficiens qui ont vêcu enfuite, ni Socrate, ni fes difciples.

XVI. Mais fuppofons un moment que tous les hommes embraffent la Doctrine de Pythagore, qu'arrivera t'il de la fécondité des Animaux? Perfonne n'ignore jufqu'où va celle des cochons & des liévres; ajoutez-y celle des autres bêtes: y auroit-il de quoi les nourrir? Que deviendroient les Laboureurs, qui n'oseroient même pas tuer les Animaux qui détruiroient leurs moissons ? La terre ne pourroit pas suffire à cette multitude. Ceux qui mourroient, produiroient une corruption dans l'air qui causeroit nécessairement une peste, à laquelle il n'y auroit point de reméde : la mer, les riviéres, les étangs seroient remplis de poissons, l'air d'oiseaux, & la terre de toute sorte de réptiles.

XVII. De combien de remédes salutaires se priveroit-on, si on s'abstenoit des Animaux ? Il y a eu plusieurs personnes, qui ont recouvré l'usage de la vie en mangeant des vipéres. Le Domestique du Medécin Craterus fut attaqué d'une maladie fort étrange; les chairs se séparoient de ses os ; tous les remédes qu'on lui faisoit, ne lui procuroient aucun soulagement. On lui donna de la vipére apprêtée en forme de poisson ; & il fut guéri. Plusieurs autres Animaux, ou même quelques-unes de leurs parties, sont des remédes spécifiques dans certaines maladies ; & ce seroit se priver de ces remédes, que de renoncer à l'usage des Animaux.

XVIII. Si les plantes ont aussi une ame, comme on le dit, à quoi seroient réduits les hommes, s'ils étoient obligés de s'abstenir des plantes ainsi que des Animaux ? & s'il n'y a point d'impieté à faire usage des plantes, il n'y en a pas non plus à tuer les bêtes.

XIX. On pourra objecter qu'il n'est pas permis de tuer ce qui est de même espéce que nous : mais si les ames des Animaux sont semblables aux nôtres, c'est leur rendre service que de tuer leurs corps, puisque c'est faciliter leur retour dans le corps humain ; &

on ne cause aucune douleur à leurs ames, en se nourrissant de leurs corps, lorsqu'elles en sont séparées. Autant les ames doivent s'attrister de quitter les corps humains, autant doivent-elles avoir de joie de s'éloigner des corps des autres Animaux, puisque l'homme domine sur les bêtes, comme Dieu régne sur les hommes. Une raison suffisante pour tuer les Animaux, c'est qu'ils tuent eux-mêmes les hommes. Si les ames des bêtes sont mortelles, nous ne leur faisons point d'injustice en les tuant ; & nous leur rendons service, si elles sont immortelles, puisque nous les mettons à portée de retourner promptement dans les corps humains.

XX. Lorsque nous nous défendons contre les Animaux, nous ne commettons point d'injustice; nous ne faisons que les punir,

nir. Il est vrai que nous tuons les serpens & les scorpions, lors même qu'ils ne nous attaquent pas : mais c'est afin qu'ils ne fassent point de mal aux autres hommes ; & quand nous tuons les bêtes qui gâtent les fruits de la terre, on ne peut pas dire que nous ayons tort.

XXI. Si quelqu'un s'imagine que notre conduite est injuste, qu'il ne fasse donc usage ni du lait, ni de la laine, ni des œufs ; ni du miel ; car de même que l'on ne peut dépouiller un homme de son habit sans injustice : c'est être injuste à l'égard d'une brebis que de la tondre, puisque sa toison lui sert d'habit, & de prendre son lait, puisqu'il ne nous est pas destiné, mais à ses petits. Le miel que vous enlevez à l'abeille pour votre plaisir, avoit été amassé pour sa nourriture. Je ne parle pas de l'opinion des Egyptiens, que l'on ne peut toucher aux plantes sans injustice. Mais si tout est fait pour l'homme, l'abeille travaille pour nous lorsqu'elle fait son miel, & la laine des brebis est destinée par la nature à nous échauffer, & à nous servir d'ornement.

XXII. Lorsque nous tuons des Animaux pour les sacrifier, nous imitons les Dieux. Apollon est appellé tueur de loups, & Diane meurtriére des bêtes sauvages. Les demi-Dieux & les Héros qui sont bien supérieurs à nous par leur origine & par leur vertu, ont si bien approuvé l'usage des Animaux, qu'ils en ont offert aux Dieux par douzaines & par centaines. Hercule est appellé mangeur de bœufs.

XXIII. Si quelqu'un soutenoit, que l'intention de Pythagore étoit de détourner les hommes de se manger les uns les autres, il avanceroit une grande absurdité ; car si les hommes du tems de ce Philosophe se mangeoient, il auroit eu tort de les engager à s'abstenir des Animaux pour les empêcher de se manger : il les y auroit plûtôt excités, en leur insinuant qu'il n'y avoit point de différence entre manger un homme, ou un cochon & un bœuf. Si au contraire ils ne s'entremangeoient pas, à quoi étoit-il bon d'avancer cette opinion ? Si cette loi étoit établie pour ceux qui suivoient sa Doctrine, rien n'est plus honteux, puisque l'on en pourroit conclure, que ceux qui vivoient du tems de Pythagore étoient mangeurs d'hommes.

XXIV. Si nous nous abstenions des Animaux, non seulement nous nous priverions de beaucoup d'avantages & de plaisirs ; mais aussi les terres nous deviendroient inutiles. Elles feroient ravagées par les bêtes fauvages; on ne verroit que des ferpens & des oifeaux : il feroit très difficile de labourer ; les femences feroient mangées par les oifeaux, & s'il leur en échappoit, les bêtes à quatre pieds acheveroient de les détruire : les hommes réduits ainfi à la plus grande mifére, fe verroient contraints de fe manger les uns les autres.

XXV. Les Dieux eux-mêmes ont ordonné qu'on leur facrifiât les bêtes fauvages. L'Hiftoire eft remplie de ces faits. Les Héraclides qui allerent à la guerre de Lacédemone avec Eurifthènes & Proclès, n'ayant pas de vivres, mangerent des ferpens que la terre leur donna pour nourriture. Une nuée de fauterelles fauva un jour en Lybie une armée qui manquoit de tout. Voici ce qui arriva près du détroit de Gades

Mogus Roi des Mauritaniens, qui fut tué à Mothone par Agrippa, avoit assiégé le temple d'Hercule qui est très riche. C'étoit la coutume, que les Prêtres sacrifiassent tous les jours des Victimes sur l'Autel de ce Dieu. Le tems fit voir que ce n'étoit point une institution humaine, mais que le Dieu lui-même l'avoit ordonné; car il arriva que le Siége tirant en longueur, les Victimes manquerent. Le Prêtre fort embarrassé eut un songe. Il lui sembloit être au milieu des colonnes d'Hercule vis-à-vis l'Autel de ce Dieu; il voyoit un oiseau perché sur l'Autel, & qui cherchoit à s'envôler : après avoir pris son vol, il tomba entre les mains du Prêtre, qui s'en saisit & le sacrifia. Dès qu'il se fut réveillé, il alla à la pointe du jour à l'Autel qui l'avoit occupé pendant son rêve : il apperçut l'oiseau qu'il avoit vû en songe ; il vint se remettre entre ses mains : le Prêtre le prit, & le donna au grand Prêtre qui le sacrifia. Ce qui arriva à Cyzique est encore plus remarquable. Mithridate faisoit le siége de cette Ville. On étoit au jour de la fête de Proserpine, où l'on doit sacrifier un bœuf. Les troupeaux sacrés parmi lesquels on prend la Victime, paissoient hors de la ville ; l'heure du sacrifice étoit arrivée : le bœuf qui devoit être sacrifié, mugit, & ayant traversé le détroit, il vint se présenter à la porte de la ville qui lui fut ouverte. Il courut à l'Autel où il fut sacrifié. C'est donc avec raison, que l'on est persuadé que les sacrifices des Animaux sont conformes à la piété, puisqu'ils plaisent aux Dieux.

XXVI. Que deviendroit un Etat, si tous les Citoyens avoient

cette aversion pour l'effusion du sang ? Comment pourroient-ils repousser les ennemis qui viendroient les attaquer, s'ils craignoient de les tuer ? Il seroit trop long de détailler les inconvéniens de cette Doctrine : l'exemple même de Pythagore nous apprend, qu'il n'est pas contraire à la piété de tuer & de manger des Animaux. On nourrissoit autrefois les Athlétes de lait & de fromage trempé dans l'eau. On leur donna ensuite des figues séches. Pythagore changea ce régime, & voulut qu'on leur fît manger de la viande, pour les rendre plus forts. On rapporte que quelques Pythagoriciens ont sacrifié eux-mêmes des Animaux. Voilà les argumens que l'on trouve dans Claude, dans Héraclide le Pontique, dans Hermaque l'Epicurien, chez les Stoïciens, & chez les Péripatéticiens. Nous n'avons pas omis les difficultés que l'on nous a dit que vous faisiez; & comme mon intention est de répondre à toutes ces objections, j'ai crû devoir d'abord les rapporter.

XXVII. Il faut premiérement savoir que je n'écris pas pour tout le monde. Je n'ai en vûe, ni ceux qui ne sont occupés que des Arts mécaniques, ni les athlétes, ni les soldats, ni les matelots, ni les Sophistes, ni ceux qui passent toute leur vie dans le tumulte des affaires; je ne parle qu'aux hommes raisonnables, qui veulent savoir ce qu'ils sont, pourquoi ils sont sur la terre, & ce qu'ils doivent devenir. Pour les autres, je n'y pense pas; car dans cette vie on doit agir différemment avec celui qui ne cherche qu'à dormir, ou avec celui qui voudroit éloigner le sommeil, pour être toujours éveillé. Il faut que

que le premier se livre à la bonne chére, qu'il habite une maison tranquille, qu'il se repose dans un lit bien grand & bien mollet, qu'il ne pense à rien de ce qui pourroit trop l'occuper, que les odeurs, les parfums, & tout ce qu'il boit & mange, ne contribuent qu'à augmenter son indolence. Mais quant à celui qui se propose de peu dormir, il faut qu'il soit sobre, qu'il renonce à l'usage du vin, qu'il ne se nourrisse que d'alimens légers & peu nourrissans, que sa maison soit éclairée, que l'air en soit subtil, qu'il ait des affaires & des embarras, & qu'il soit couché durement. De savoir pour lequel de ces deux différens genres de vie nous sommes nés, ce seroit le sujet d'une longue dissertation.

XXVIII. Quant à ceux qui revenus des erreurs de ce monde , sont persuadés que la nature les a destinés à veiller , nous leur conseillons de mener un genre de vie convenable aux idées qu'ils se sont faites , & d'abandonner à leurs lits délicieux ceux qui ne songent qu'à dormir. Prenons seulement garde, que comme ceux qui ont mal aux yeux le communiquent à ceux qui les regardent, & que ceux qui baillent donnent envie de bailler , il ne nous prenne envie de dormir , en habitant une région où tout porte au sommeil, & en vivant avec des gens qui s'y livrent tout entiers. Si les Législateurs n'eussent travaillé que pour ceux, qui se proposent la plus grande perfection , ce seroit une nécessité de profiter de la permission qu'ils nous ont donnée de manger de la viande : mais comme ils n'ont eu égard qu'à la vie commune, & n'ont travaillé que pour le vulgaire, rien ne nous empêche de remonter jusqu'à la Loi Divine non écrite, qui est supérieure à toutes les loix humaines.

XXIX. Il ne faut pas croire que le bonheur consiste, ni dans la facilité de parler, ni dans la multitude des connoissances. Il n'y a point de science qui puisse nous rendre heureux, si elle n'est accompagnée d'un genre de vie convenable à notre nature. Or la fin & la perfection de l'homme consistent à mener une vie spirituelle. Les sciences peuvent bien contribuer à la perfection de l'ame ; mais elles ne suffisent pas pour le bonheur. Et puisqu'il faut être purs non seulement dans nos discours, mais aussi dans nos actions, examinons ce qu'il faut que nous fassions pour parvenir à cette pureté.

XXX. Il faut d'abord renoncer

à tout ce qui nous attache aux choses sensibles, & à tout ce qui nourrit les passions, ne s'occuper que du spirituel ; car nous ressemblons à ceux qui quittent leur patrie, pour aller dans un pays étranger, où ils se familiarisent avec les loix & les coutumes des barbares. Lorsqu'ils doivent retourner chez eux, ils songent non seulement au voyage qu'ils ont à faire : mais pour y être mieux reçûs, ils cherchent à se défaire de toutes les maniéres étrangéres qu'ils ont pu contracter, & à se ressouvenir de tout ce qu'il faut faire pour être vûs agréablement dans leur pays natal. De même nous qui sommes destinés à retourner dans notre vraie Patrie, il faut que nous renoncions à tout ce que nous avons pris ici d'habitudes mauvaises ; & nous devons nous ressouvenir que nous sommes des substances heureuses & éternelles, destinées à retourner dans le pays des intelligences, où l'on ne trouve rien de sensible. Il nous faut donc être continuellement occupé de ces deux objets, de nous dépouiller de tout ce qui est matériel & mortel, & de nous mettre en état de retourner d'où nous sommes venus, sans que notre ame ait souffert de cette habitation terrestre. Nous étions autrefois des substances intelligentes, dégagées de tout ce qui est sensible; nous avons été ensuite unis à des corps, parce qu'il étoit au dessus de nos forces de converser éternellement avec ce qui n'étoit qu'intellectuel. Les substances intelligentes se corrompent bientôt, dès qu'elles sont unies à des choses sensibles: comme l'on voit qu'une terre où l'on n'a semé que du froment, produit cependant de l'yvraie.

XXXI. Si nous voulons donc retourner dans notre premier état, il faut nous séparer de tout ce qui est sensible, renoncer à tout ce qui est contraire à la raison, nous dégager de toutes les passions, autant que la foiblesse humaine le permet ; il ne faut songer qu'à perfectionner l'ame, imposer silence aux passions, afin qu'autant qu'il est possible, nous menions une vie toute intellectuelle. C'est pourquoi il est nécessaire de se dépouiller de cette enveloppe terrestre ; car il faut être nud pour bien combattre : & notre attention doit aller non seulement jusqu'aux choses qui doivent nous servir de nourriture, mais aussi jusqu'à réprimer les désirs ; car à quoi serviroit-il de renoncer aux actions, si on en laissoit subsister les causes ?

XXXII. Pour parvenir à ce renoncement, il faut employer la

force, la persuasion, le raisonnement & l'oubli. Ce dernier moyen est même le meilleur, puisqu'il est le moins violent, & par conséquent le moins douloureux. Il est difficile de séparer par force des choses sensibles, sans qu'il y paroisse quelque trace de la violence que l'on a employée : ayons donc une attention continuelle à ce qui peut fortifier en nous la partie spirituelle, & abstenons-nous de ce qui réveille les passions. Il y a une sorte d'alimens, qui n'est que trop capable de produire cet effet.

XXXIII. Il faut donc s'en priver. Nous remarquerons à ce sujet qu'il y a deux sources qui forment les liens de notre ame ; & lorsqu'elle est enivrée de ces poisons mortels, elle oublie sa nature. Ces deux sources sont le plaisir & la douleur. C'est le sentiment qui les prépare. L'imagination, l'opinion & la mémoire les accompagnent. Voilà ce qui met les paſſions en mouvement ; & lorſque l'ame en eſt une fois agitée, elle ſort bien-tôt de ſon aſſiette naturelle, & ceſſe d'aimer ce à quoi elle eſt deſtinée. Il eſt donc à propos d'éviter les paſſions, autant qu'il eſt poſſible. Le moyen d'y parvenir, c'eſt de renoncer aux agitations violentes qui nous ſont cauſées par les ſens : ce ſont eux qui produiſent tous les déſordres de l'ame. La preuve en eſt dans les effets que cauſe la vûe des ſpectacles, des danſes, des femmes. Les ſens ſont donc comme des filets, qui entraînent l'ame vers le mal.

XXXIV. Etant ainſi violemment émuë par les objets étrangers, elle s'agite avec fureur. Le trouble extérieur ſe communique à l'intérieur, qui a déja été emflammé par les ſens. Les émotions que cause l'oüie, font quelquefois de si prodigieux effets, que bannissant la raison, ils rendent furieux & si efféminés, qu'on se livre aux postures les plus indécentes : c'est ce qui arrive à ceux qui s'injurient, ou qui écoutent des discours où la pudeur est blessée. Tout le monde sçait combien l'usage des parfums dont les amans se servent avec tant de succès, nuit à l'ame. Il est inutile de nous étendre sur les effets du goût. On sçait qu'il nourrit les passions, & qu'on ne peut le satisfaire, sans appesantir son corps ; & comme disoit un Médecin, les alimens & les boissons dont nous faisons notre nourriture ordinaire, sont des poisons plus dangéreux pour l'ame, que les poisons préparés par l'Art ne sont dangéreux pour le corps. Les attouchemens rendent presque l'ame corporelle. La mémoire & l'imagination étant échauffées par les sens, mettent en mouvement une multitude de passions, la crainte, les désirs, la colére, l'amour, le chagrin, la jalousie & les inquiétudes.

XXXV. C'est pourquoi il faut beaucoup travailler, pour s'en garantir : il faut y penser jour & nuit, à cause de cette liaison nécessaire que nous avons avec les sens. C'est ce qui doit nous engager à nous éloigner autant qu'il est possible, des lieux où nous avons sujet de craindre, que nous ne rencontrions ces ennemis : craignons aussi de risquer une défaite, en hazardant un combat.

XXXVI. C'est pourquoi les Pythagoriciens & les anciens Sages alloient habiter les pays les plus déserts. D'autres s'établissoient dans les temples & dans les bois sacrés, où le peuple n'étoit pas reçû. Platon choisit l'Académie pour sa demeure, quoique ce lieu fût desert, éloigné de la ville, & même, à ce qu'on dit, mal sain. D'autres n'ont pas épargné leurs yeux, dans l'espérance de pouvoir méditer sans distraction. Si quelqu'un s'imaginoit qu'en vivant avec les hommes, & en se livrant à ses sens, il pourroit être sans passions, il se trompe lui-même, & ceux qui l'écoutent, parce qu'il ne fait pas attention que quiconque est fort lié avec les hommes, devient l'esclave des passions Ce n'est pas sans raison qu'un Philosophe a dit, en parlant des Philosophes (*a*) : ils n'ont point appris dans leur jeunesse le chemin de la place publique ; ils ne connoissent ni le Palais, ni l'Hôtel de Ville, ni les endroits où le Public s'as-

---

(*a*) Platon, *Théetete.*

semble. Ils n'ont aucune part ni aux loix, ni aux décrets, ni aux brigues, ni aux repas publics, où l'on admet de la musique. Ils n'y penfent pas même dans leurs rêves ; ils ne favent pas plus ce qui fe paffe de bien ou de mal dans la ville, ou ce qui eft arrivé de fâcheux à leurs ancêtres, qu'ils favent la quantité d'eau qu'il y a dans la Mer. Ce n'eft point par vanité qu'ils ignorent ces détails. Leur corps eft dans la ville, comme dans un pélérinage ; mais leur ame qui méprife ces petites chofes, ne cherche qu'à s'envôler, comme dit Pindare, & néglige tout ce qui l'environne

XXXVII. Un homme de cette trempe n'aura pas beaucoup de peine à s'accoutumer à l'abftinence des viandes, lorfqu'il fera attention au danger qu'entraîne avec foi l'ufage de cette nourriture, & que le seul moyen d'être très heureux, est de tâcher de ressembler à la Divinité. Il cherchera donc à lui plaire, en menant une vie sobre & dégagée, le plus qu'il est possible, des choses mortelles.

XXXVIII. Ceux qui soutiennent qu'il est permis de faire usage des viandes, prouvent suffisamment qu'ils sont les esclaves de leurs passions. Ce n'est pas une chose indifférente, que de renforcer ses chaînes. Le Philosophe n'accordera à la nature que ce qui lui est absolument nécessaire. Il n'aura recours qu'à des nourritures légeres; il rejettera les autres, comme étant trop capables de porter à la volupté. Il approuve la maxime de celui qui a dit, que les sens étoient les clous qui attachoient l'ame au corps, en réveillant les passions, & en inspirant le désir de jouir des objets corporels. Si les sens ne retardoient pas les opérations de l'esprit, il seroit possible que l'ame se trouvât quelquefois à l'abri des passions, & indépendante des mouvemens du corps.

XXXIX. Mais comment pouvez-vous dire que l'ame ne dépend point de ce qui se passe dans le corps, puisque l'ame est où est le sentiment ? Il est différent de ne point donner son attention aux choses sensibles, d'en détourner même son intention, ou de s'imaginer qu'elles ne prennent rien sur l'ame. Ce seroit vouloir se tromper soi-même, que de croire que Platon ait été de cette derniére opinion. Celui qui se trouve à une grande table, ou au spectacle, ou aux assemblées, où l'on n'est occupé qu'à se divertir, en est sans doute affecté. S'il est distrait, il apprête matiére à rire aux domestiques, &

à toute la compagnie, parce que son ton est différent de celui des autres.

XL. Ceux qui disent que nous avons deux ames, n'osent pas assûrer que nous ayons deux attentions. Ce seroit réunir deux êtres, dont les opérations ne se ressembleroient pas, & pourroient même être opposées l'une à l'autre.

XLI. Mais à quoi bon réprimer nos passions, les anéantir même, & n'être occupé que de cette victoire en tout tems? S'il vous étoit aisé au milieu des périls qui vous environnent, de mener une vie spirituelle, & si en vous livrant à la bonne chére & aux vins les plus exquis, vous pouviez donner votre attention à la contemplation des choses intellectuelles, vous le pourriez donc aussi, quand vous feriez même ce qu'il n'est pas honnête de dire. Ceux qui se proposent de mener une vie parfaite, doivent non-seulement renoncer aux plaisirs de l'amour ; mais aussi s'abstenir d'une infinité de choses. Ils doivent être très-sobres, & n'accorder à la nature que ce qui lui est absolument nécessaire; car les sens ne sont jamais satisfaits qu'au préjudice de la partie intellectuelle : & plus la partie dépourvûe de raison est agitée, plus la raison souffre, parce qu'il n'est pas possible pour lors que son attention ne soit partagée.

XLII. L'opinion que l'on pouvoit se livrer aux sens, & cependant s'appliquer aux choses intellectuelles, a été une occasion de chute pour plusieurs barbares, qui persuadés de cette idée, s'adonnoient à tous les plaisirs. J'en ai entendu quelques-uns, qui vouloient faire ainsi l'apologie de ce malheureux sistême. Les viandes

viandes ne nous souillent pas plus, que les ordures des fleuves ne souillent la Mer. Elle les reçoit, parce qu'elle ne craint pas d'en être infectée. Nous serions les esclaves d'une vaine terreur, si nous apportions trop de précautions sur la nature des alimens dont nous faisons usage : quelques ordures qui se mêlent à une petite quantité d'eau la gâtent ; mais on ne s'en appercevroit pas, si elles étoient jettées dans la Mer. Ce n'est qu'aux petites ames à être précautionnées sur les alimens ; les génies puissans n'ont rien à craindre : ils ne peuvent pas en être souillés. C'est ainsi que ces raisonneurs se trompent, & que sous le faux prétexte de l'indépendance de leur ame, ils se précipitent dans les abîmes du malheur. Ce sont ces principes, qui ont engagé quelques Cyniques à s'abandonner à toutes les fantaisies les plus déréglées, comme si tout étoit indifférent.

XLIII. L'homme prudent à qui les charmes de ce monde sont suspects, & qui connoît le cœur humain, sçait que lorsque le corps est remué par les objets extérieurs, la passion se met aussi-tôt en mouvement, soit que nous le voulions, soit que nous nous y opposions. Pour lors la partie de nous-mêmes qui est sans raison, & qui est incapable de juger & de se contenir dans les bornes de la nature, s'agite avec violence : de même que ces chevaux fougueux, qui ne sont point retenus par un sage conducteur. Il n'est pas possible qu'elle se conduise convenablement quant aux objets extérieurs, si elle n'est dirigée par ce qui doit la gouverner & l'éclairer. Celui qui ôte à sa partie raisonnable le droit qu'elle a de gouverner la partie destituée de raison, & qui permet à celle-ci de suivre ses désirs, ouvre la porte à tous les vices ; & celui qui ne consultera que la raison, ne fera jamais rien que de sage.

XLIV. La différence qu'il y a entre l'homme de bien & le vicieux, c'est que le premier a toujours les yeux sur la raison, afin qu'elle le gouverne ; l'autre ne la consulte pas. Delà vient que tant de gens s'égarent dans leurs discours, dans leurs actions, dans leurs désirs, tandis que les gens vertueux ne font rien que de convenable, parce qu'ils se laissent conduire par la raison jusques dans l'usage qu'ils font des alimens, & dans toutes les opérations corporelles. C'est-elle qui contient les sens : l'homme est perdu, dès qu'elle cesse de le gouverner.

XLV. C'est pourquoi les

gens vertueux doivent s'abstenir des viandes & des plaisirs des sens, parce que ceux qui s'y livrent ont bien de la peine à les concilier avec la raison. C'est ce que ne comprend point la partie de nous-mêmes qui n'est pas raisonnable ; car elle n'est pas capable de réfléxion. Si nous pouvions nous délivrer de la servitude de manger, il nous seroit plus aisé de parvenir à la perfection. La digestion, le sommeil, le repos nécessaire après avoir mangé, demandent une attention continuelle de la part de la raison, pour nous empêcher de nous livrer à des désirs déréglés, suites ordinaires des nourritures trop fortes.

XLVI. La raison réduit à peu de choses le nécessaire. Elle ne cherche point à avoir un grand nombre de domestiques brillans, ni à se procurer beaucoup de plaisirs par le manger, parce qu'elle sçait que lorsque l'estomac est trop plein, l'homme est incapable d'agir, & ne désire que le sommeil. Elle sçait que lorsque le corps est trop gras, ses chaînes en deviennent plus fortes, & qu'il en est moins capable de remplir ses vrais devoirs. Que celui donc qui n'a d'autre intention que de mener une vie spirituelle, & de s'affranchir des passions, nous fasse voir qu'il est plus aisé de se nourrir de viandes, que de fruits ou de légumes ; que l'apprêt en est plus simple ; que la digestion en est plus facile ; qu'elles excitent moins les passions, & qu'elles rendent le corps plus vigoureux.

XLVII. Si ni aucun Médecin, ni aucun Philosophe, ni aucun Maître d'éxercice, ni enfin qui que ce soit n'a osé avancer ce paradoxe, pourquoi ne nous délivrons-nous pas volontairement d'un si grand fardeau ? Pourquoi ne nous affranchissons-nous pas d'une infinité de maux, en renonçant à l'usage de la viande ? Les richesses nous seroient pour lors inutiles. Nous n'aurions pas besoin d'un grand nombre de domestiques, & nous nous passerions d'une multitude de meubles & d'ustensiles. Nous ne serions point appésantis par le sommeil. Nous éviterions de grandes maladies, qui nous obligent d'avoir recours aux Médecins. Nous serions moins portés aux plaisirs de l'amour. Nos chaînes en seroient moins fortes. Enfin nous serions garantis d'une infinité de maux. L'abstinence des viandes remédie à tous ces inconvéniens. En se bornant aux choses inanimées, il n'y a personne qui ne puisse avoir aisément ce qui lui est nécessaire ;

& l'on procure à l'ame une paix qui la met en sûreté contre les passions. Ceux qui ne mangent que du pain d'orge, disoit Diogène, n'ont dessein, ni de nous voler, ni de nous faire la guerre. Les tyrans & les fourbes sont tous mangeurs de viandes. En diminuant les besoins, en retranchant une grande partie des alimens, nous soulagerons le travail de l'estomac ; l'esprit sera plus libre, n'ayant plus rien à craindre, ni des fumées des viandes, ni des mouvemens du corps.

XLVIII. L'évidence de ce sistême n'a besoin, ni de commentaires, ni de preuves. Non-seulement ceux qui se sont proposé de mener une vie spirituelle, ont regardé l'abstinence des viandes, comme nécessaire pour parvenir à leur fin : mais je crois aussi que tout Philosophe pensera de même, dès qu'il voudra donner la préférence à une sage économie sur le luxe, & qu'il fera attention à l'avantage que ceux qui se contentent de peu, ont sur ceux qui ont beaucoup de besoins. Et ce qui paroîtra plus étonnant, quelques-uns d'entre les Philosophes qui font consister le bonheur dans le plaisir, pensent de même. Je veux parler des Epicuriens, dont plusieurs, entre lesquels étoit Epicure, se sont contentés pour toute nourriture de pain d'orge, & de fruits, & ont fait voir dans leurs ouvrages qu'il falloit très-peu de chose pour la nourriture de l'homme, & que des nourritures simples & faciles à se procurer, lui suffisoient.

XLIX. Les besoins de la nature sont bornés, disent-ils, & on peut aisément les satisfaire; il n'en est pas de même de ce qui ne consiste que dans de vaines opinions.

opinions. Ils ne regardent comme néceſſaire, que ce dont la privation fait néceſſairement ſouffrir. Mais pour ce qui n'eſt que de luxe, & que l'on ne déſire pas néceſſairement, ils le regardent comme inutile, puiſqu'on pourroit s'en paſſer ſans douleur, que l'on peut ſubſiſter ſans cela, & que le prétendu beſoin qu'on en a, n'eſt dû qu'à de ridicules & fauſſes opinions. Celui qui ſe nourrit de viandes, ne peut pas ſe paſſer de choſes inanimées pour ſa nourriture : celui qui borne ſon manger aux choſes inanimées, a la moitié moins de beſoins, & il peut ſe les procurer aiſément, & ſans grands frais.

L. Ils ajoutent, qu'il faut que celui qui ne peut pas avoir ce qui lui eſt néceſſaire, ait recours aux conſolations de la Philoſophie, & ſupporte avec courage les maux qui lui ſurviennent. Il est vrai que nous serions mal conseillés, si nous ne consultions pas la Philosophie, lorsqu'il s'agit des besoins de la nature. Que ce soit donc elle qui nous dirige : pour lors nous ne chercherons pas à accumuler des richesses, & nous réduirons nos alimens à très-peu de choses. Nous n'aurons pas de peine à comprendre qu'il est beaucoup plus heureux d'avoir peu de besoins, & que c'est un moyen très-sûr d'éviter de grands inconvéniens.

LI. Tels sont la pesanteur du corps, les embarras attachés à une vie voluptueuse, la difficulté de conserver toujours la présence d'esprit & la raison, & enfin plusieurs autres, qui doivent nous engager à donner la préférence à la vie frugale, puisqu'il n'y a point de compensation qui puisse tenir lieu de tous ces désavantages. Un Philosophe doit être convaincu, que rien ne lui manquera dans cette vie-ci. Il aura d'autant plus facilement cette persuasion, qu'il ne recherchera que des choses qu'il est aisé de se procurer ; car il seroit bien-tôt détrompé, s'il donnoit dans le luxe. La plûpart des gens riches sont toujours dans la peine, comme si tout devoit leur manquer. Un motif pour se contenter de peu de choses, & de celles qu'on trouve aisément, est de faire attention, que toutes les richesses du monde ne sont pas capables de guérir les troubles de l'ame, que les choses communes suffisent pour le besoin, que si elles manquent, elles causent peu de chagrin à celui qui n'est occupé qu'à mourir, & que si l'on n'est séduit par de vaines opinions, il est bien plus aisé à ceux qui sont accoutumés à la frugalité de trouver des remédes à leurs maux, qu'à ceux qui vivent dans l'abondance. La diversité des mets, non-seulement ne remédie pas aux troubles de l'ame; elle n'augmente pas même le plaisir des sens. Car il n'y a plus de plaisir, lorsque la faim est appaisée. L'usage de la chair ne contribue point à la conservation de la vie. On l'a introduit pour varier les plaisirs. On peut le comparer aux plaisirs de l'amour, & aux vins étrangers dont on peut fort bien se passer ; mais ce qui est nécessaire à l'homme, se réduit à peu de chose, est aisé à trouver, & on peut en faire usage, sans que la justice & la tranquillité de l'ame en souffrent.

LII. L'usage de la viande, loin de contribuer à la santé, lui est contraire. Car les mêmes choses qui rétablissent la santé, sont celles qui la conservent. Or on la recouvre par un régime très-frugal, d'où la viande eſt exclue. Si la nourriture des choſes inanimées n'eſt pas capable de procurer autant de forces qu'en avoit Milon, & ne contribue pas à la vigueur du corps, qu'importe à un Philoſophe qui ſe deſtine à la vie contemplative, & qui renonce aux exercices violens & à la débauche ? Il n'eſt pas étonnant que le vulgaire s'imagine que l'uſage de la viande ſoit utile pour la ſanté, puiſqu'il croit que les plaiſirs de l'amour y contribuent, quoique loin d'être ſains, c'eſt beaucoup quand ils n'incommodent point. Mais il faut faire peu d'attention à ce que penſent ces ſortes de gens ; car de même que le plus grand nombre n'eſt pas capable d'une amitié parfaite & conſtante : auſſi n'eſt-il pas fait pour la ſageſſe. Il ne ſçait ni ce qui convient au particulier, ni ce qui eſt utile au public : il ne distingue pas le bien du mal ; l'intempérance, & le libertinage, ont pour lui des attraits : ainsi il n'y a pas sujet de craindre, qu'il ne se trouve pas assez de gens pour manger les animaux.

LIII. Si tout le monde pensoit sainement, on n'auroit besoin ni d'oiseleurs, ni de pêcheurs, ni de chasseurs, ni de porchers. Les animaux se détruiroient les uns les autres, de même qu'il arrive à toutes ces espéces dont les hommes ne mangent point.

Il n'est pas douteux qu'il faille conserver la santé : mais ce n'est point par la crainte de mourir ; c'est afin de ne point trouver d'obstacles dans la contemplation de la vérité. Le meilleur moyen d'entretenir la santé, est de maintenir l'ame dans un état tranquille, & dans une grande attention pour la vérité, ainsi qu'on peut le prouver par l'expérience de plusieurs de nos amis. On en a vû (*a*) qui après avoir été tellement tourmentés pendant huit ans de la goute aux pieds & aux mains, qu'il falloit les porter, en ont été guéris dès qu'ils se sont défaits de leurs richesses, & qu'ils n'ont point eu d'autre objet que celui de s'occuper de la Divinité.

La situation de l'ame influe sur la santé, de même que la diette ; & comme disoit Epicure, il faut craindre les nourritures que nous désirons beaucoup, mais dont nous sommes fâchés d'avoir fait usage. Tels sont les mets succulens que l'on achéte fort cher, & dont l'effet est de causer des réplétions, des maladies, & de mettre hors d'état de s'appliquer.

(*a*) Porphyre parle ici de Rogatien, dont il fait mention dans la Vie de Plotin c. 7.

LIV. Il faut même avoir attention, à ne pas trop se rassasier des nourritures simples ; & l'on doit agir toujours avec modération. En suivant ces conseils, l'on ne s'attachera pas trop à la vie ; l'amour des richesses, & la crainte de la mort ne feront pas trop d'impression sur nous. Le plaisir que donnent les repas somptueux, n'approche pas de celui que produit la sobriété, comme le savent ceux qui en ont fait l'expérience. Rien n'est plus agréable, que de s'appercevoir que nos besoins se réduisent presque à rien. Supprimez la magnificence de la table, la passion pour les femmes, l'ambition, l'argent nous seroit plus à charge qu'utile. Un homme délivré de ces passions a aisément tout ce qu'il lui faut, & goute une joye pure d'avoir ce qui lui est nécessaire avec tant de facilité. Nous ne sçaurions trop en prendre l'habitude, parce qu'en bornant nos besoins, nous ressemblons aux Dieux. Nous ne souhaiterons pas de vivre toujours, afin d'augmenter nos richesses : nous serons vraiment riches, parce que nous mesurerons nos richesses sur le besoin, & non pas sur les vaines opinions. Nous ne serons pas sans cesse dans l'espérance des plaisirs vifs qui sont rares, & toujours accompagnés de troubles; mais contens du présent, le désir d'une longue vie nous occupera peu.

LV. N'est-il pas absurde que celui qui est dans une situation fâcheuse, soit qu'il souffre, soit qu'il soit en prison, ne s'embarrasse en aucune façon de sa nourriture, refuse même quelquefois de manger, tandis que celui qui est vraiment dans les liens, & tourmenté par mille passions fâcheuses, s'occupe de se procurer diverses sortes de mets, qui ne peuvent que rendre ses chaînes plus pesantes ? N'est-ce pas ignorer son état, & aimer sa misére ? Ce n'est pas ainsi qu'en agissent ceux qui sont renfermés dans les prisons : peu sensibles au présent & remplis de troubles, ils ne songent qu'à l'avenir. Quiconque voudra parvenir à la tranquillité, ne recherchera ni une table magnifique, ni des meubles superbes, ni des parfums exquis, ni d'excellens cuisiniers, ni des habits superflus ; on ne désire ces prétendus biens, que parce que l'on n'a point les vraies idées des choses. Ils sont toujours accompagnés de troubles infinis ; mais c'est à quoi les hommes ne font point d'attention : peu contens de ce qu'ils ont, ils ne désirent que ce qu'ils n'ont pas.

LVI. Celui qui aime la vie contemplative, sera frugal : il

sçait ce que c'est que les chaînes de l'ame ; il s'abstiendra des viandes, parce que les alimens inanimés lui suffisent. Je demanderois volontiers à un Philosophe, s'il ne s'exposeroit pas à quelque douleur pour être parfaitement heureux. Lorsqu'il nous survient quelque grande incommodité ; pour en être guéris, ne souffrons-nous pas qu'on employe le fer & le feu ? Nous prenons des remédes désagréables ; encore récompensons-nous généreusement ceux qui nous traitent ainsi : & lorsqu'il s'agit des maladies de l'ame, & de combattre pour parvenir à l'immortalité, pour nous réunir à Dieu malgré les obstacles du corps, n'est-il pas convenable de braver la douleur ? Mais nous ne traitons point ici du mépris de la douleur : il n'est question présentement, que de se priver des plaisirs qui ne sont pas nécessaires. Je crois que ceux qui voudroient encore s'opiniâtrer pour la défense de l'intempérance, n'ont rien à répliquer.

LVII. Si nous voulons parler avec vérité, nous serons obligés de convenir que le seul moyen de parvenir à la fin à laquelle nous sommes destinés, est de ne nous occuper que de Dieu, & de nous détacher du corps, c'est-à-dire, des plaisirs des sens. Notre salut viendra de nos œuvres, & non pas des discours que nous nous serons contentés d'écouter. Il n'est pas possible de s'unir à un Dieu subalterne, & à plus forte raison à celui qui domine sur tout, même sur les natures incorporelles, si l'on ne renonce pas à l'usage de la viande. Ce ne peut-être que par la pureté du corps & de l'ame, que nous pouvons avoir quelque accès auprès de lui. Pour y parvenir, il faut donc vivre purement, & saintement; de sorte que comme ce pere commun est très-simple, très-pur, suffisant à lui-même, & dégagé de toute matiére, quiconque veut s'approcher de lui, doit travailler d'abord à la pureté de son corps, & ensuite à celle de toutes les parties de son ame. Je ne crois pas que personne veuille me contredire; mais on fera peut-être surpris que nous regardions l'abstinence des Animaux, comme une chose essentielle à la sainteté, tandis que nous croyons que le sacrifice des moutons & des bœufs est une action sainte, & agréable aux Dieux : cette matiére étant susceptible d'une longue discussion, nous allons commencer par traiter des sacrifices.

TRAITÉ DE PORPHYRE.

LIVRE SECOND.

I. Près avoir traité de la fragilité, & des moyens d'arriver à la perfection, nous sommes parvenus à la question des sacrifices, qui n'est pas sans grande difficulté, & qui demande une longue discussion, si nous voulons ne rien avancer qui ne puisse plaire aux Dieux. Nous allons exposer les réflexions nécessaires pour l'intelligence de cette matiére, après avoir relevé quelques erreurs qui ont rapport à ce sujet.

II. Premiérement nous nions que ce soit une conséquence, que de ce que la nécessité oblige de tuer les Animaux, il soit permis de les manger. Les loix veulent bien qu'on repousse les ennemis qui nous attaquent ; mais il n'a pas encore été permis de les manger. Secondement, quoiqu'il convienne de sacrifier des êtres animés aux démons, aux Dieux & à quelques Puissances par des raisons ou connues, ou inconnues aux hommes, il ne s'ensuit pas que l'on puisse se nourrir des Animaux ; car on fera voir qu'on en a sacrifié, dont on n'auroit pas osé manger. Et quand on en pourroit tuer quelques-uns, ce n'est pas une preuve qu'on puisse les tuer tous : comme on ne doit point conclure qu'il seroit permis de tuer les hommes, parce qu'on auroit droit de tuer les Animaux.

III. L'abstinence des Animaux, ainsi que nous l'avons remarqué dans notre premier Livre, n'est pas recommandée à tous les hommes : elle ne l'est qu'aux Philosophes, & sur tout à ceux qui font consister leur bonheur à imiter Dieu. Les Législateurs n'ont pas fait les mêmes Réglemens pour les particuliers, & pour les Prêtres. Ils ont permis au peuple l'usage de plusieurs alimens, & de diverses autres choses qu'ils ont interdites aux Prêtres sous de grosses punitions, & même sous peine de la mort.

IV. En ne confondant point ces objets, & en les distinguant, comme il convient, on trouvera la solution de la plûpart des difficultés qu'on nous oppose. On prétend qu'on est en droit de tuer les Animaux à cause des torts qu'ils qu'ils nous font. De-là on conclut qu'il est permis de les manger. Parce qu'on les sacrifie, on soutient qu'on peut s'en nourrir; & parce qu'on a droit d'exterminer les bêtes féroces, on juge qu'il est permis de tuer les Animaux domestiques : comme l'on infére que parce que les Athletes, les soldats & ceux qui font de violents exercices, peuvent manger de la viande, les Philosophes, en un mot tous les hommes ont ce droit là. Toutes ces conséquences sont défectueuses, comme il est aisé de le faire voir, & comme nous le prouverons dans la suite : mais pour le présent nous allons traiter des sacrifices. Nous expliquerons leur origine; nous dirons ce que l'on sacrifia d'abord, les changemens qui arrivérent dans ces cérémonies : nous examinerons si le Philosophe peut tout offrir en sacrifice, & à qui il faut sacrifier des Animaux; nous dirons sur ce sujet ce que nous avons découvert nous-mêmes, & ce que les Anciens nous ont appris.

V. Il paroît qu'il y a un tems infini, que la nation que Théophraste appelle la plus éclairée, & qui habite le bords sacrés du Nil, a commencé à sacrifier aux Dieux célestes dans les maisons particuliéres, non pas à la vérité des prémices de Myrthe, ou de canelle, ou d'encens mêlé avec du safran; car ces choses n'ont été employées que dans la suite des tems, lorsque les hommes s'occupant d'ouvrages pénibles, en offroient une partie aux Dieux: ce n'est pas là ce qu'on sacrifioit dans l'origine; on se contentoit de présenter aux Dieux de l'herbe que l'on arrachoit de ses mains, & que l'on regardoit comme les prémices de la Nature. La terre produisit des arbres, avant qu'il y eût des Animaux ; & avant les arbres, il y avoit des plantes, dont on coupoit tous les ans les feuilles, les racines, & les bourgeons, pour les jetter au feu, & se rendre par-là propices les Dieux célestes. C'étoit par le feu que les Egyptiens rendoient aux Dieux ces honneurs. Ils gardoient dans leurs temples (*a*) un feu éternel, parce que le feu a beaucoup de ressemblance avec les Dieux. Les Anciens avoient une si grande attention à ne point s'éloigner de ces anciennes coûtumes, qu'ils faisoient des imprécations contre ceux qui innoveroient. Il sera facile de reconnoître l'ancienneté de ces sacrifices, si l'on veut faire attention qu'il y a encore un grand nombre de gens, qui sacri-

---

(*a*) Eusebe, Prep. Evang. l. I. p. 29.

fient de petits morceaux de bois odoriferant. La terre ayant produit des arbres, les premiers hommes mangérent des glands : ils en offrirent peu aux Dieux, parce qu'ils les réfervoient pour leur nourriture ; mais ils leur facrifioient beaucoup de feuilles. Les mœurs s'étant polies, on changea de nourriture : on offrit aux Dieux des noix. Ce changement donna lieu au proverbe, voilà affez de gland.

VI. Après les légumes, le premier fruit de Cérès que l'on vit, ce fut l'Orge. Les hommes l'offrirent d'abord en grain aux Dieux : ayant enfuite trouvé le fecret de le réduire en farine & de s'en nourrir, ils cachérent les inftrumens dont ils fe fervoient pour ce travail ; & perfuadés que c'étoit un fecours que le ciel leur envoyoit pour le foulagement de leur vie, ils les refpectérent comme sacrés. Ils offrirent aux Dieux les prémices de cette farine, en la jettant dans le feu ; & encore aujourd'hui à la fin des sacrifices, on fait usage de farine pétrie d'huile & de vin : c'est pour rendre témoignage à l'origine des sacrifices, ce qui est ignoré de presque tout le monde. Les fruits & les bleds étant devenus très-communs, on offrit aux Dieux des gâteaux, & les prémices de tous les fruits : on choisissoit ce qu'il y avoit de plus beau & de meilleure odeur ; on en couronnoit une partie, & l'on jettoit l'autre dans le feu. L'usage du vin, du miel & de l'huile ayant été ensuite trouvé, les hommes offrirent les prémices de ces fruits aux Dieux, qu'ils regardoient comme les auteurs de ces biens.

VII. On voit encore la preuve de ce que nous disons, dans la procession qui se fait à Athènes en l'honneur du Soleil & des Heures. On y porte de l'herbe sur des noyaux d'olive, avec des légumes, du gland, des pommes sauvages, de l'orge, du froment, des pâtes de figues, des gâteaux de froment, d'orge, de fromage & de fleur de farine, avec une marmite toute droite. Ces premiers sacrifices furent suivis d'autres remplis d'injustice & de cruauté ; de sorte que l'on peut dire que les imprécations que l'on faisoit autrefois, ont eu leur accomplissement. Depuis que les hommes ont souillé les Autels du sang des Animaux, ils ont éprouvé les horreurs de la famine & des guerres, & ils se sont familiarisés avec le sang. La Divinité, pour me servir des expressions de Théophraste, leur a par-là infligé la punition qu'ils méritoient ; & comme il y a des Athées & des gens qui pensent mal de la Divinité, en croyant que les Dieux sont méchans, ou du moins qu'ils ne sont pas plus parfaits que nous : aussi voit on des hommes qui ne font aucun sacrifice aux Dieux, & ne leur offrent point de prémices, & d'autres qui leur sacrifient ce qui ne devroit pas être sacrifié.

VIII. Les Thoès qui habitoient sur les confins de la Thrace, n'offroient aux Dieux, ni prémices, ni sacrifices : aussi furent-ils enlevés de ce monde ; de sorte qu'il ne fut possible de trouver ni aucun d'eux, ni aucun vestige de leur demeure. Ils usoient de violence envers les hommes : ils n'honoroient point les Dieux, & ne vouloient pas leur sacrifier malgré l'usage reçû par tout. C'est pourquoi Jupiter fâché de ce qu'ils n'honoroient point les Dieux, & ne leur offroient point de prémices, ainsi que la raison l'éxige, les anéantit. Les

Bassariens sacrifièrent d'abord des taureaux, ensuite des hommes. Ils firent après cela leur nourriture de ceux-ci, comme à présent on mange le reste des Animaux dont on a sacrifié une partie. Mais qui est-ce qui n'a pas oui dire que devenant furieux, ils se jettèrent les uns sur les autres, jusqu'à ce que cette race qui avoit introduit pour la première fois des sacrifices humains, fut détruite.

IX. On ne sacrifia donc des Animaux, qu'après les fruits. La raison qui obligea d'y avoir recours, étoit fort fâcheuse ; c'étoit ou la famine, ou quelque autre malheur. Les Athéniens ne les firent mourir d'abord, que par ignorance, ou par colère, ou par crainte. Ils attribuent le meurtre des cochons à Climéne, qui en tua un, sans en avoir le dessein. Son mari appréhendant qu'elle n'eût commis un crime, consulta l'Oracle ta l'Oracle d'Apollon : le Dieu ne l'ayant pas repris de ce qui étoit arrivé, on en conclut que l'action étoit indifférente. On prétend que l'inspecteur des sacrifices qui étoit de la famille des Prêtres, voulant sacrifier une brebis, consulta l'Oracle, qui lui conseilla d'agir avec beaucoup de circonspection. Voici les propres termes de la réponse : il ne t'est pas permis d'user de violence contre les brebis, descendant des Prêtres ; mais si elles y consentent, je déclare que tu peus justement mêler leur sang avec de l'eau pure.

X. Ce fut sur l'Icare dans l'Attique, que l'on fit mourir pour la premiére fois une chèvre, parce qu'elle avoit brouté la vigne. Diome, Prêtre de Jupiter conservateur d'Athènes, égorgea le premier un bœuf, parce qu'à la fête de ce Dieu, lorsqu'on préparoit les fruits selon l'ancien usage, un bœuf survint, & mangea le sacré gâteau ; Diome aidé de tous ceux qui étoient avec lui, tua ce bœuf. Voilà en partie les occasions, qui ont engagé les Athéniens à tuer les Animaux. Il y en a eû de différentes chez les autres peuples : elles sont toutes destituées de bonnes raisons. Le plus grand nombre croit, que c'est la faim qui a causé cette injustice. Les hommes ayant mangé des Animaux, les ont ensuite sacrifiés : jusques-là ils n'avoient point fait usage de cet aliment. Puis donc que dans l'origine les Animaux ne servoient ni aux sacrifices, ni à la nourriture des hommes, on pourroit fort bien s'en passer ; & ce n'est pas une conséquence que ce soit une chose pieuse de les manger, parce qu'autrefois on en mangeoit & on en sacrifioit, puisqu'il est démontré que l'origine de ces sacrifices n'a rien de pieux.

XI. Ce qui prouve encore que c'est l'injustice qui a introduit le meurtre des Animaux, c'est que l'on ne sacrifie, ni l'on ne mange les mêmes chez toutes les nations. Elles se sont toutes conformées en cela à leurs besoins. Les Egyptiens & les Phéniciens mangeroient plûtôt de la chair humaine, que de la vache. La raison est que cet Animal qui est fort utile, est rare chez eux. Ils mangeoient des taureaux & les sacrifioient : mais ils épargnoient les vaches pour avoir des veaux ; & ils déclarerent que c'étoit une impiété de les tuer. Leur besoin leur fit décider que l'on pouvoit manger les taureaux, & qu'il étoit impie de tuer les vaches.

Théophraste se sert encore d'autres raisons, pour interdire à ceux qui veulent vivre pieusement, le sacrifice des Animaux.

XII. Premiérement c'est que comme nous l'avons déja observé, on n'y a eu recours que dans la plus grande extrémité. Les famines & les guerres ont ensuite obligé les hommes de manger les Animaux. Puisque la terre nous fournit des fruits, pourquoi recourir à des sacrifices qui n'avoient été introduits, que parce que les fruits manquoient ? S'il faut que la reconnoissance soit proportionnée aux bienfaits, nous devons faire de grands présens à ceux qui nous ont comblés de biens ; & il convient que nous leur offrions ce que nous avons de plus précieux, sur tout si c'est d'eux-mêmes, que nous tenons ces avantages. Or les fruits de la terre sont le plus beau & le plus digne présent, que les Dieux nous ayent fait ; car ils nous conservent la vie, & nous mettent en état de vivre raisonnablement.

C'est donc par l'offrande de ces fruits, qu'il faut honorer les Dieux. On ne devroit leur offrir, que ce qu'on peut sacrifier sans commettre de violence. Car le sacrifice ne doit faire tort à qui que ce soit. Si quelqu'un disoit, que Dieu a fait pour notre usage les Animaux, ainsi que les fruits, nous répondrions qu'il ne faut cependant pas les sacrifier, puisque cela n'est pas possible sans les priver de la vie, & par conséquent sans leur faire mal. Le sacrifice est quelque chose de sacré, ainsi que son Etymologie le fait voir. Or il est injuste de rendre graces aux dépens des autres. Il ne seroit pas permis de prendre des fruits ou des plantes pour les sacrifier, malgré celui à qui elles appartiendroient : à plus forte raison seroit-il défendu d'usurper des choses encore plus précieuses, que les fruits & les plantes, même pour les offrir aux Dieux. Or l'ame des bêtes est plus précieuse que les fruits de la terre; il n'est donc pas raisonnable de tuer les Animaux, pour les sacrifier.

XIII. On dira peut-être que nous faisons violence aux plantes, lorsque nous les sacrifions. Mais il y a beaucoup de différence. Nous n'en faisons pas usage malgré elles ; & quand même nous n'y toucherions pas, leurs fruits tomberoient. D'ailleurs en cueillant le fruit, nous ne faisons pas mourir la plante. Quant au travail des abeilles, il est juste que nous en partagions le profit, puisque c'est à nos soins qu'elles sont redevables d'une partie de leurs ouvrages. C'est des plantes qu'elles tirent le miel, & ce sont les hommes qui cultivent les plantes; on peut donc entrer en partage avec elles, mais de façon qu'on ne leur fasse point de tort, & que ce qui leur est inutile, devienne la récompense de ce que nous avons fait pour elles. Abstenons-nous donc des Animaux dans les sacrifices ; ils appartiennent aux Dieux : mais quant aux plantes, il semble qu'elles soient de notre domaine. Nous les semons, nous les plantons, nous les entretenons par nos soins ; nous pouvons sacrifier ce qui nous appartient : mais nous n'avons aucun droit sur ce qui n'est pas à nous. D'ailleurs ce qui coûte peu, ce que l'on peut avoir aisément, est une offrande plus agréable aux Dieux & plus juste, que ce que l'on trouve difficilement. Ce que les Sacrificateurs peuvent se procurer sans peine, est plus convenable à ceux qui sont dans l'exercice continuel de la piété. Enfin il ne faut sacrifier, que ce que la justice permet de sacrifier ; &

il n'est point permis d'avoir recours à des offrandes magnifiques, qu'on est même à portée de trouver aisément, si l'on ne peut les offrir sans violer la sainteté.

XIV. Que l'on fasse attention sur le plus grand nombre des pays: l'on verra qu'il ne faut pas mettre les Animaux entre les choses que l'on peut aisément se procurer, & qui ne coûtent pas cher. Car quoiqu'il y ait des particuliers qui possédent de nombreux troupeaux de brebis & de bœufs, premiérement il y a des nations entiéres, qui n'ont point chez elles des Animaux que l'on puisse sacrifier; car il n'est pas question ici des bêtes, qui sont l'objet du mépris général. Secondement le plus grand nombre des habitans des villes n'a point de ces Animaux. Si l'on dit que les fruits agréables sont rares chez eux, on conviendra qu'ils ont du moins des productions de la terre. Il est plus aisé de trouver des fruits que des Animaux ; & cette facilité est un grand bonheur pour les gens de bien.

XV. L'expérience nous apprend, que les choses simples offertes aux Dieux leur plaisent davantage, que les sacrifices somptueux. La Pythie prononça, que ce Thessalien qui avoit fait dorer les cornes de ses bœufs, & qui offroit des Hécatombes à Apollon, lui plaisoit moins qu'Hermionée, qui se contentoit de sacrifier de la farine pétrie, autant qu'il en pouvoit tirer de son sac avec ses trois doigts ; & comme le Thessalien après cette décision fit brûler sur l'Autel tout ce qui lui restoit, la Prêtresse déclara, qu'il étoit depuis ce dernier sacrifice deux fois moins agréable aux Dieux, qu'il ne l'étoit auparavant. Ce qui prouve que ce n'est point par les offrandes chéres que l'on plaît aux Dieux, & qu'ils ont plus d'égard à la disposition de ceux qui sacrifient, qu'à la quantité des Victimes.

XVI. On trouve des histoires semblables dans Théopompe. Il rapporte qu'un Asiatique de Magnésie, fort riche, & qui possédoit plusieurs troupeaux, alla à Delphes. Il étoit dans l'usage de faire tous les ans de magnifiques sacrifices, non seulement parce qu'il étoit fort riche, mais aussi parce qu'il étoit pieux, & que par là il vouloit plaire aux Dieux. Ce fut dans ces dispositions qu'il alla à Delphes, menant avec lui une Hécatombe qu'il vouloit offrir à Apollon à qui il aimoit à faire des offrandes superbes. Il alla consulter l'Oracle, pour savoir quel étoit le mortel qui plaisoit davantage aux Dieux, & qui leur offroit les sacrifices les plus agréables. Il s'imaginoit être de tous les hommes celui qui servoit le mieux les Dieux ; & il ne doutoit pas que la réponse de la Pythie ne fût en sa faveur. Mais la Prêtresse répondit, que Cléarque habitant de Méthydrie en Arcadie étoit celui, dont le culte étoit le plus agréable à la Divinité. Le Magnésien étonné souhaita faire connoissance avec Cléarque. Il alla le chercher, pour apprendre de lui comment il faisoit ses sacrifices : il se pressa donc de se rendre à Méthydrie Il trouva que c'étoit un fort petit endroit : il commença par le mépriser, persuadé qu'aucun particulier de cette bourgade, même que la ville entiére n'étoit pas en état de faire des offrandes aux Dieux aussi magnifiques que les siennes. Il aborda ensuite Cléarque, pour lui demander comment il honoroit les Dieux. L'Arcadien lui répondit, qu'il obfervoit de faire les facrifices dans les tems ordonnés ; que tous les mois, & à chaque nouvelle lune, il donnoit des couronnes à Mercure, à Hécate & à toutes les Divinités, que fes ancêtres lui avoient appris à refpecter ; qu'il les honoroit, en leur offrant de l'encens & des gâteaux ; qu'il ne laiffoit paffer aucune fête fans faire un facrifice public ; qu'il n'immoloit ni bœuf, ni autre victime, mais qu'il offroit ce que l'on trouve aifément, comme les fruits de la terre, & les prémices de chaque faifon, dont il brûloit une partie fur l'Autel. Il finit par confeiller au Magnéfien de fuivre fon exemple, & de ceffer de facrifier des bœufs.

XVII. Quelques Ecrivains rapportent qu'après la défaite des Carthaginois, les Tyrans de Sicile offrirent avec beaucoup d'émulation des Hécatombes à Apollon ; & que l'ayant consulté pour savoir qui étoit celui dont l'offrande lui étoit le plus agréable, il avoit répondu à leur grande surprise, qu'il donnoit la préférence aux gâteaux de Docimus. C'étoit un homme du pays de Delphes, qui cultivoit un terrain difficile & pierreux : il étoit descendu de sa bourgade ce jour là, & avoit offert au Dieu quelques poignées de farine, qu'il avoit tirés de son havre-sac, ce qui avoit fait plus de plaisir à Apollon, que les sacrifices les plus magnifiques. C'est à quoi un Poëte semble faire allusion, parce que le fait étoit public. Antiphanes dit dans sa mystique : les Dieux acceptent avec plaisir les offrandes de peu de dépense. La preuve en est, qu'après qu'on leur a sacrifié des Hécatombes, on finit par leur offrir de l'encens ; ce qui fait voir que ce qui leur a été présenté jusques là, n'est qu'une dépense inutile, & que les choses les plus simples sont celles qui leur plaisent le plus. Ce qui a fait dire à Ménandre dans son Fâcheux: l'encens & le gâteau sont agréables aux Dieux ; ils les reçoivent avec plaisir, lorsqu'ils ont été purifiés par le feu.

XVIII. C'est pourquoi on se servoit autrefois, sur tout dans les sacrifices publics, de vases de terre, de bois, d'osier, dans l'idée que les Dieux les aimoient mieux que les autres ; & c'est par cette raison, que les plus anciens vases qui sont de terre ou de bois, sont plus respectés, tant à cause de la matière, que de la simplicité de l'Art. On dit que les freres d'Eschyle le priant de faire un hymne en l'honneur d'Apollon, ce Poëte leur répondit (*a*), que Tin-

---
(*a*) Fabricius Bib. Græc. l. II. c. 16. n. 9. T. I.

nichus avoit très-bien travaillé sur ce sujet. On compara les ouvrages de ces deux Auteurs: on trouva qu'il y avoit la même différence, qu'entre les anciennes statues des Dieux & les modernes. Les anciennes, quoique faites simplement, inspirent plus de respect : les autres à la vérité sont mieux travaillées, mais elles laissent une moindre idée de la Divinité. C'est en conséquence de cette estime pour les mœurs anciennes, qu'Héfiode a fait l'éloge des anciens sacrifices, & a dit : suivez les Coutumes de votre ville. L'ancien usage est le meilleur.

XIX. Ceux qui ont écrit sur les cérémonies des sacrifices, & sur les Victimes, recommandent

---

p. 615. Il faut lire Tinnichus, & non Phrinicus : comme on le voit dans les éditions ordinaires de Porphyre.

une grande attention dans l'oblation des gâteaux, comme étant plus agréables aux Dieux que le sacrifice des Animaux. Sophocle faisant la description d'un sacrifice agréable aux Dieux, dit dans une de ses tragédies : il y avoit une toison, des libations de vin, des raisins en abondance, de toute sorte de fruits, de l'huile & de la cire. On voyoit autrefois à Délos des monumens respectables, qui représentoient des Hyperboréens qui offroient des épics. Il faut donc qu'après avoir purifié nos ames, nous consacrions aux Dieux des Victimes qui leur plaisent. Ce ne sont pas celles qui sont d'un grand prix. On ne croit pas qu'il convienne à la sainteté du sacrifice, que le Sacrificateur ait un habit propre, tandis que son corps est impur ; & comment osera-t-on sacrifier avec un habit propre, & avec un corps pur, si

on

on a l'ame souillée par les vices:
C'est la bonne disposition de ce
qui est divin en nous, qui plaît
à Dieu plus que toute chose, par
la ressemblance que nous avons
par-là avec lui. On voyoit écrit
ces vers sur la porte du Temple d'Epidaure : quiconque entre
dans le temple doit être pur. La
pureté consiste à penser saintement.

XX. On peut prouver par
ce qui nous arrive tous les jours
en nous mettant à table, que
ce n'est point l'abondance des
oblations qui plaît à Dieu, &
qu'il se contente des choses les
plus communes. Avant que de
manger, nous offrons les prémices de nos viandes, en petite quantité à la vérité, mais ce peu honore beaucoup la Divinité. Théophraste qui a traité des sacrifices
de chaque pays, a fait voir qu'autrefois on n'offroit aux Dieux que

K

des fruits, & de l'herbe avant les fruits. Il fait enſuite l'hiſtoire des libations : les plus anciennes, dit-il, n'étoient que de l'eau ; on offrit enſuite du miel, après cela de l'huile, & en dernier lieu du vin.

XXI. C'eſt ce qui eſt prouvé par les colonnes qui ſe conſervent à Cyrte en Crete, où ſont décrites exactement les cérémonies des Corybantes. Empédocle rend auſſi témoignage à cette vérité, lorſque parlant des ſacrifices & de la Théogonie, il dit : Mars n'étoit pas leur Dieu. Ils n'aiment point la guerre. Jupiter, Saturne, ni Neptune n'étoient pas leur Roi : is reconnoiſſent pour Reine Vénus, c'eſt-à-dire l'amitié. Ils tâchoient de ſe la rendre favorable, en lui offrant des ſtatues, des figures d'Animaux, des parfums d'une excellente odeur, des ſacrifices de Myrthe & d'encens, & en faisant des libations de miel que l'on répandoit à terre : c'est ce qui se pratique encore aujourd'hui chez certaines nations, & ce qui doit être regardé comme des vestiges des anciens usages. Pour lors les Autels n'étoient point arrosés du sang des Taureaux

XXII. Je crois que tant que les hommes ont respecté l'amitié, & ont eu quelque sentiment pour ce qui avoit du rapport avec eux, ils ne tuoient pas même les Animaux; parce qu'ils les regardoient comme étant à peu près de même nature qu'eux : mais depuis que la guerre, les troubles, les combats se sont introduits dans le monde, personne n'a épargné son semblable ; c'est sur quoi il faut faire des refléxions. Quelque liaison que nous ayons avec les autres hommes, dès qu'ils se livrent à leur méchanceté, pour faire tort aux autres, nous croyons être en droit de les châtier, & même de les exterminer. Il est aussi raisonnable de se défaire des Animaux malfaisans, qui par leur nature ne cherchent qu'à nous détruire. Mais quant à ceux qui ne font aucun mal, & dont le naturel est doux, c'est une injustice de les tuer, comme il est injuste de tuer les hommes qui ne font aucun tort aux autres. Il me paroît qu'il suit delà, que nous n'avons pas droit de tuer tous les Animaux, parce qu'il y en a quelques-uns qui sont naturellement méchans : de même que le pouvoir que nous avons de tuer les hommes malfaisans, ne nous donne pas droit sur la vie des honnêtes gens.

XXIII. Mais ne pourra-t-on pas sacrifier les Animaux que l'on peut tuer ? Il est ici question de ceux qui sont naturellement mauvais ; & il ne convient pas plus de les sacrifier, que ceux qui sont mutilés : ce seroit offrir de mauvaises prémices, ce ne seroit pas honorer les Dieux. S'il étoit donc permis de sacrifier des Animaux, ce ne pourroit être que ceux qui ne nous font point de mal ; mais comme on a été obligé d'avouer qu'il n'est pas permis de faire mourir ceux-ci, il ne peut donc pas être permis de les sacrifier. Si on ne doit pas les sacrifier non plus que les malfaisans, c'est une conséquence, qu'on n'en doit sacrifier aucun.

XXIV. On sacrifie aux Dieux pour trois raisons ; pour les honorer, pour les remercier, ou enfin pour leur demander les biens qui nous sont nécessaires. Il est juste de leur offrir les prémices de nos biens, puisque nous les donnons aux honnêtes gens. Nous honorons les Dieux, afin qu'ils éloignent de nous les maux que nous craignons, ou pour les prier de nous accorder les biens que nous souhaitons, ou pour les remercier de leurs bienfaits, & en demander la continuation, ou enfin pour rendre hommage à leurs perfections. S'il est permis d'offrir aux Dieux les prémices des Animaux, c'est pour quelqu'une de ces raisons ; car nous n'en avons point d'autres qui nous obligent de sacrifier : mais Dieu se croira-t-il honoré par des prémices qu'on ne peut lui offrir, sans commettre d'injustice ? Ou plûtôt ne pensera-t-il pas qu'on le déshonore, en faisant mourir ce qui ne nous a fait aucun tort, puisque nous convenons nous mêmes que c'est une injustice ? On n'honore donc point les Dieux, en sacrifiant les Animaux : ce n'est pas aussi par cette espéce de sacrifices, qu'il faut rendre graces aux Dieux de leurs bienfaits ; car la reconnoissance aux dépens d'un tiers à qui l'on feroit tort, ne seroit pas raisonnable, & celui qui prendroit le bien de son voisin pour le donner à quelqu'un, dont il auroit reçû un plaisir, ne seroit pas censé reconnoissant. Ce n'est pas aussi dans l'espérance d'obtenir des biens, qu'il faut sacrifier les Animaux aux Dieux ; car quiconque veut obtenir une grace par une injustice, donne lieu de croire qu'il ne l'aura pas plûtôt reçûe, qu'il deviendra ingrat. On peut bien se cacher aux hommes ; mais il n'est pas possible de tromper Dieu. On peut conclure de tout ce que nous venons de dire, qu'il n'y a aucune bonne raison pour sacrifier les Animaux.

XXV. Le plaisir que nous prenons à ces sacrifices, nous empêche de faire attention à la vérité ; mais si nous nous trompons nous mêmes, nous ne trompons pas Dieu. Nous ne sacrifions aucun de ces vils Animaux, qui ne sont d'aucune utilité aux hommes; car qui est-ce qui s'est jamais avisé d'offrir aux Dieux des serpens, des scorpions, des singes, & des Animaux de pareille espéce ? Mais quant à ceux qui nous sont utiles, nous n'en épargnons aucun: nous les tuons, & nous les écorchons dans l'idée de mériter par-là la protection des Dieux. C'est ainsi que nous traitons les bœufs, les brebis, les cerfs, les oiseaux, & même les cochons gras. Malgré leur impureté, on les sacrifie aux Dieux. De ces Animaux, les uns travaillent pour nous procurer les besoins de la vie ; les autres nous servent de nourriture, ou à d'autres usages ; quelques-uns qui ne sont d'aucune utilité, mais simplement agréables, sont employés aux sacrifices. On ne sacrifie

sacrifie ni les ânes, ni les éléphans, ni aucun de ceux que nous faisons travailler, & qui d'ailleurs ne contribuent pas à nos plaisirs : on les tue à la vérité, non pas pour les sacrifier, mais pour en tirer quelque usage. Quant aux animaux que nous destinons aux sacrifices, nous choisissons moins en cela ceux qui seroient les plus agréables aux Dieux, que ceux qui servent à contenter nos désirs ; & nous faisons voir par-là, que dans nos sacrifices nous avons plus en vûe nos plaisirs que les Dieux mêmes.

XXVI. Les Juifs de Syrie, ainsi que le remarque Theophraste, conservent encore dans les sacrifices les usages qu'ils ont reçûs de leurs peres. Si on nous ordonnoit de les imiter, nous serions bien-tôt rebutés des sacrifices. Ils ne mangent point de ce qui a été sacrifié ; ils brûlent la victime toute la nuit : ils verfent deſſus du miel & du vin ; ils la confument toute entiére, afin que le Soleil qui voit tout, ne foit point témoin de leurs myſtéres. Ils jeûnent de deux jours l'un ; & pendant tout ce tems, comme ils font naturellement Philoſophes, ils ne s'entretiennent que de la Divinité : ils éxaminent les Aſtres toute la nuit, & recourent à Dieu par leurs priéres. Ce furent eux qui les prémiers offrirent les prémices des animaux, & même des hommes, ce qu'ils firent plûtôt par néceſſité, que par aucune autre raiſon. Que l'on jette les yeux ſur les Egyptiens qui ſont les plus ſages de tous les hommes, & l'on verra que bien loin de tuer les animaux, ils ſe repréſentoient les Dieux ſous leurs figures ; de forte qu'ils regardoient les animaux, comme ayant beaucoup de rapport avec les Dieux & les hommes.

XXVII. Dans l'origine des tems, on ne sacrifioit que des fruits. Ensuite les mœurs s'étant corrompues, les fruits étant devenus rares, les hommes portèrent la fureur jusqu'à se manger les uns les autres ; ils offrirent aux Dieux les prémices de ce qu'ils avoient de plus beau, & enfin des hommes même. Encore aujourd'hui en Arcadie aux Fêtes des Lupercales, & à Carthage, on sacrifie des hommes en certain tems de l'année, quoique par les Loix des sacrifices, ceux qui sont coupables de meurtre, soient déclarés indignes d'assister aux mystéres. Après cela, ils ont substitué les animaux; & rassasiés de la nourriture permise, ils ont porté l'oubli de la piété dans leurs goûts, jusqu'à manger de tout ce qui existoit, sans avoir aucune attention aux Loix de la tempérance. Ils étoient dans l'usage de goûter de ce qu'ils offroient aux Dieux ; & ils continuerent, lorsqu'après les fruits ils sacrifierent les animaux. Dans l'origine, les hommes contens d'une nourriture frugale, ne chagrinoient point les bêtes. Le sang des taureaux ne couloit point sur l'Autel, & l'on regardoit comme un très-grand crime de priver quelque être de la vie.

XXVIII. C'est ce que l'on peut prouver par un Autel que l'on conserve encore à Délos, & que l'on surnomme l'Autel des pieux, parce que l'on ne sacrifie jamais dessus aucun animal : ce nom de pieux fut donné également à ceux qui construisirent l'Autel, comme à ceux qui y sacrifioient. Les Pythagoriciens approuverent cet usage, & s'abstenoient pendant toute leur vie de manger de la viande. Seulement lorsqu'ils offroient les prémices de quelques animaux aux Dieux, ils en goûtoient ; & nous nous en remplissons : mais il n'auroit jamais fallu répandre le sang sur les Autels des Dieux, & les hommes auroient dû s'interdire la nourriture dès animaux, ainsi que celle de leurs semblabes. Il seroit à propos de ne jamais oublier une coutume qu'on observe encore à Athènes, & qui devroit nous tenir lieu de Loi.

XXIX. Autrefois lorsqu'on n'offroit aux Dieux que des fruits, comme nous l'avons déja remarqué, & que les animaux ne servoient pas encore de nourriture aux hommes, on dit qu'au moment qu'on préparoit un sacrifice public à Athènes, un bœuf qui revenoit de la charue, mangea le gâteau, & une partie de la farine que l'on avoit exposée sur une table pour la facrifier, renversa l'autre, & la foula aux pieds; ce qui avoit mis en colére à un tel point Diome ou Sopatre, Laboureur de l'Attique, & Etranger, qu'ayant pris fa hache, il avoit frappé le bœuf qui en étoit mort. Le premier mouvement de colére étant paffé, Sopatre fit réfléxion fur l'action qu'il venoit de faire ; il enterra le bœuf, & il fe condamna à un exil volontaire, comme s'il avoit fait une impiété : il s'enfuit en Créte. Une fécherefle fuivie d'une famine étant furvenue, on confulta Apollon : la Pythie répondit que le fugitif qui étoit en Créte, appaiferoit la colére des Dieux ; qu'il falloit punir le meurtrier, & reffufciter le mort. Cette réponfe ayant donné lieu à des informations, on découvrit ce qu'avoit fait Sopatre. Celui-ci qui fe fentoit coupable, s' magina qu'il détourneroit l'orage qui le menaçoit, s'il engageoit les Crétois à faire la même chose qu'il avoit faite. Il dit à chacun de ceux qui le vinrent voir, que pour se rendre le Ciel favorable, il falloit que la Ville sacrifiât un bœuf. On étoit dans l'embarras de sçavoir, qui est-ce qui pourroit se résoudre à tuer cet animal. Sopatre s'y offrit, à condition qu'il seroit fait Citoyen, & que les habitans consentiroient à être complices du meurtre. Cela lui fut accordé. On retourna dans la Ville, & on régla les cérémonies telles qu'elles subsistent encore aujourd'hui.

XXX. On choisit des Vierges pour porter l'eau ; & cette eau sert à aiguiser la hache & le glaive. Quand cela est fait, on donne la hache à quelqu'un qui frappe le bœuf ; un autre l'égorge ; les autres l'écorchent. Ensuite tout le monde en mange. On coût après cela le cuir du bœuf ; on le remplit de foin ; on le met fur fes jambes, comme s'il étoit vivant ; on l'attache à la charue, comme s'il alloit labourer ; on informe enfuite fur le meurtre ; on affigne tous ceux qui y ont eu part. Les porteufes d'eau rejettent le crime fur ceux qui ont aiguifé la hache & le glaive ; ceux-ci accufent celui qui a donné la hache. Ce dernier s'en prend à celui qui a égorgé ; & enfin celui-ci accufe le glaive, qui ne pouvant fe défendre, eft condamné comme coupable du meurtre. Depuis ce tems jufqu'à préfent, dans la Citadelle d'Athènes, à la Fête de Jupiter Confervateur de la Ville, on facrifie ainfi un bœuf. On expofe fur une table d'airain un gâteau, de la farine. On conduit des bœufs vers cette table ; & celui qui mange de ce qui est dessus, est égorgé. Les familles de ceux à qui ces fonctions appartiennent, subsistent encore. On appelle boutyres les ~~types~~ descendans de Sopatre. Ceux qui viennent de celui qui chassoit les bœufs, sont nommés centriades, & on appelle daitres les petits fils de celui qui égorgea le bœuf : ce nom lui fut donné à cause de la distribution qui se faisoit de la chair de cet animal, après qu'on l'avoit tué ; on finit ensuite par jetter le glaive dans la mer.

XXXI. Il n'étoit donc pas permis dans l'Antiquité de tuer les animaux qui travaillent pour nous. On devroit encore s'en abstenir, & se persuader qu'il n'est pas convenable d'en faire usage pour notre nourriture. Nous trouverions même notre sureté dans cette abstinence ; car il n'y a que trop sujet de craindre que ceux qui mangent des animaux, ne se portent à la fureur de manger leurs semblables. Ceux qui auroient assez de sentiment pour craindre de manger des animaux, ne seroient point capables de faire tort aux hommes. Cherchons donc à expier les fautes que nous avons commises par le manger, & ayons devant les yeux ces vers d'Empédocle : Pourquoi ne suis-je pas mort, avant que d'avoir approché de mes lévres une nourriture défendue ? Le repentir est le reméde que nous pouvons opposer à nos fautes. Sacrifions aux Dieux des Hosties pures, afin de parvenir à la sainteté, & d'obtenir la protection du Ciel.

XXXII. Les fruits sont un des grands avantages, que nous recevions des Dieux. Il faut leur en offrir les prémices, & à la terre qui nous les donne. C'est elle qui est la demeure commune des Dieux & des hommes. Il faut que nous la regardions comme notre nourrice & notre mere; que nous chantions ses louanges, & que nous l'aimions comme lui ayant obligation de la vie. C'est par-là qu'à la fin de nos jours nous serons trouvés dignes d'être admis dans le Ciel, à la compagnie des Dieux : mais il ne faut pas s'imaginer qu'il faille leur offrir des sacrifices de tout ce qui existe, & que tout ce qu'on leur sacrifie leur soit également agréable.

Voilà l'abrégé des principales raisons dont se sert Théophraste, pour prouver qu'il ne faut pas sacrifier les animaux; nous en avons supprimé quelques-unes de fabuleuses, & nous avons ajouté quelques autres preuves.

XXXIII. Je n'ai point dessein d'entrer dans le détail de tous les sacrifices usités chez les diverses Nations; & je ne prétends pas faire un traité du Gouvernement. Mais les Loix du pays dans lequel nous vivons, nous permettant d'offrir aux Dieux des choses simples & inanimées, nous devons donner la préférence à celles-ci dans nos sacrifices, en suivant néanmoins la coutume de la Ville où nous sommes établis. Tâchons d'être purs en approchant des Dieux, & présentons leur des sacrifices convenables. Enfin si les premiers sacrifices plaisoient aux Dieux, & leur témoignoient suffisamment la reconnoissance des bienfaits que nous recevons d'eux, n'auroit-il pas été absurde de leur offrir les prémices des animaux, tandis que nous nous abstenions de les manger ? Car enfin les Dieux ne sont pas pires que nous : ils peuvent bien se passer de ce qui ne nous est pas nécessaire ; & il ne seroit pas raisonnable de leur donner les prémices de ce que nous croyons ne pas devoir manger. Nous sçavons que lorsqu'on ne mangeoit point les animaux, on ne les sacrifioit pas ; & dès qu'on a commencé à en manger, on les a sacrifiés : il seroit donc très-convenable que celui qui s'abstient des animaux, n'offrît aux Dieux que les alimens dont il fait usage.

XXXIV. Il faut sans doute sacrifier aux Dieux ; mais les sacrifices doivent être différens, suivant les diverses Puissances auxquelles ils sont offerts. On ne doit rien présenter au Dieu suprême, ainsi que l'a dit un Sage ; car ce qui est matériel, est indigne d'un Etre qui est dégagé de la matiére. C'est pourquoi il est inutile de s'adresser à lui, ou en lui parlant, ou même intérieurement. (*a*) Si l'ame est souillée par

───────────────
(*a*) On sent assez combien ces principes sont faux. Nos vœux sont un hommage que la nature pure nous apprend à rendre à Dieu,

quelque passion, c'est par un silence pur, & par de chastes pensées que nous l'honorons : il faut donc qu'en nous unissant avec lui, & en lui ressemblant, nous devenions une sainte Hostie qui lui serve de louange, & que par-là nous opérions notre salut. La perfection du sacrifice consiste à dégager son ame des passions, & à se livrer à la contemplation de la Divinité. Quant aux Dieux qui ont pour principe ce premier Être, il faut chanter des Cantiques de louange en leur honneur, & sacrifier à chacun les prémices des biens qu'ils nous donnent, soit pour nous servir de nourriture, soit pour l'employer à des sacrifices ; & si le Laboureur offre les prémices de ses fruits ; offrons leur de bonnes pensées, & remercions les de ce qu'ils nous ont donné le pouvoir de les contempler, de ce que cette contemplation est la vraie nourriture de l'ame, & de ce que conversant avec nous, & nous favorisant de leurs apparitions, ils nous éclairent pour nous sauver.

XXXV. Ce n'est cependant pas de cette façon qu'en agissent même plusieurs de ceux qui s'appliquent à la Philosophie. Ils cherchent plus à se conformer aux préjugés, qu'à honorer Dieu. Ils ne songent qu'aux statues, & ne se proposent point d'apprendre des Sages quel est le véritable culte. Nous ne disputerons pas avec eux. Notre but est d'arriver à la vérité, de prendre pour modéles les gens vertueux de l'Antiquité, de profiter des instructions qu'ils nous ont données, & qui ne peuvent qu'être très-utiles pour arriver à la perfection.

XXXVI. Les Pythagoriciens qui s'appliquoient beaucoup aux nombres & aux lignes, en offroient souvent les prémices aux Dieux. Ils donnoient le nom d'un nombre à Minerve, à Diane, à Apollon, à la Justice, à la Tempérance. Ils faisoient la même chose à l'égard des lignes; & ils plûrent tellement aux Dieux par cette espéce de sacrifices, qu'ils en recevoient le don de Prophétie, lorsqu'ils les invoquoient, & qu'ils en étoient favorisés dans les recherches, où ils avoient besoin de leur secours. Quant aux Dieux du Ciel, soit les planétes, soit les étoiles fixes, parmi lesquelles le Soleil doit avoir le premier rang, & la Lune le second, nous les honorerons par le feu qui est de même nature qu'eux, ainsi que le remarque le Théologien. Il ajoute qu'il ne sacrifie rien d'animé, mais seulement du miel, des fruits, & des fleurs, & que son Autel n'est jamais souillé par le sang; mais il est inutile le d'en transcrire d'avantage. Il faut que celui qui s'applique à la piété, ne sacrifie aux Dieux rien d'animé, mais seulement aux Démons, soit bons, soit mauvais : il connoît quels sont les sacrifices qu'il faut leur offrir, & qui sont ceux qui doivent leur sacrifier. Je n'en dirai pas davantage. Quant aux Platoniciens, puisque quelques-uns d'eux ont publié leur doctrine, je vais exposer leurs sentimens : voici donc ce qu'ils pensent.

XXXVII. Le Dieu suprême est incorporel, immobile & indivisible. Il n'est borné en aucun endroit ; il n'a besoin de rien qui soit hors de lui. L'ame du monde a ces trois propriétés : elle a le pouvoir de se remuer elle-même, & de communiquer un mouvement régulier au corps du monde ; & quoiqu'incorporelle, & non sujette aux passions, elle s'est revêtue d'un corps. Quant aux autres Dieux, le monde, les étoiles fixes, les planétes, & les Dieux composés de corps & d'ame, & qui sont visibles, il ne faut leur sacrifier que des choses inanimées. Il y a outre cela une infinité d'êtres invisibles, que Platon appelle Démons sans distinction ; quelques-uns de ceux-là à qui les hommes ont donné des noms particuliers, reçoivent d'eux les mêmes honneurs que l'on rend aux Dieux. Ils ont leur culte : il y en a plusieurs autres qui n'ont point de nom, & que l'on honore d'un culte assez obscur, dans quelque ville ou dans quelque bourgade. Le reste de cette multitude d'êtres intelligens est appellé Démon. L'opinion commune est, que si nous n'avions aucune attention pour eux, & que nous négligeassions leur culte, ils en seroient indignés, &

nous feroient du mal, & qu'au-contraire ils nous font du bien, lorfque nous tâchons de nous les rendre favorables par des priéres, par des facrifices, & par les autres cérémonies ufitées.

XXXVIII. Puifqu'il y a beaucoup de confufion dans tout ce que l'on penfe de ces intelligences, & qu'on n'épargne point la calomnie à leur égard, il eft néceffaire d'entrer dans un plus grand détail de leurs différentes natures. Remontons jufqu'à l'origine de l'erreur, & faifons les diftinctions fuivantes. Toutes les ames qui ont pour principe l'ame de l'Univers, gouvernent les grands pays qui font fitués fous la Lune. Leur adminiftration eft conforme à la raifon. Il faut être perfuadé que ce font de bons Démons, qui n'agiffent que pour l'utilité de ceux fur lefquels ils préfident, foit qu'ils foient chargés du soin de quelques animaux, soit qu'ils veillent sur les fruits, soit que ce soient eux qui procurent la pluie, des vents modérés, le beau tems, & tout ce qui contribue à rendre les saisons favorables. Nous leur avons l'obligation de la Musique, de la Médecine, de la Gymnastique, & enfin de tous les Arts. Il n'est pas vrai-semblable que nous ayant procuré de si grands avantages, ils cherchent à nous nuire. Il faut mettre au rang des bons démons ceux qui, comme dit Platon, sont chargés de porter aux Dieux les priéres des hommes, & qui rapportent aux hommes les avertissemens, les exhortations & les oracles des Dieux : mais toutes les ames qui au lieu de dominer l'esprit qui leur est uni, s'en laissent gouverner jusqu'à être transportées par la colére & par les passions, sont avec raison appellées des démons mal-faisans.

XXXIX. Ils font invisibles, & échappent aux sens des hommes; ils n'ont point un corps solide, & ils ont des figures différentes : les formes qui enveloppent leur esprit, se font quelquefois appercevoir, & quelquefois on ne peut pas les envisager: Ces méchans esprits changent de figure. Leur esprit, en ce qu'il est corporel, est sujet aux passions, & est corruptible ; & quoiqu'il soit joint à leur ame pour être uni avec elle un très-long temps, il n'est pas éternel ; car il y a apparence qu'il en sort des écoulemens, & qu'il se nourrit. Il y a une proportion régûliére entre l'esprit & l'ame des bons génies. On s'en apperçoit lorsqu'ils apparoissent corporellement ; mais il n'y en a aucune entre l'esprit & l'ame des mauvais génies. Ceux-ci habitent les espaces qui font autour de la terre. Il n'y a sorte de maux qu'ils n'entreprennent de faire avec leur caractére violent & fournois, lorsqu'ils ne sont point observés par un bon génie plus puissant qu'eux; ils usent de violence, & font de fréquentes attaques, quelquefois en se cachant, d'autres fois ouvertement : ainsi ils causent aux hommes de grands maux ; & les remédes que les bons génies procurent, sont lents à venir. Car le bien va toujours d'un pas réglé, & avec ordre. Dès que vous serez persuadé de la vérité de ce que je dis, vous serez bien éloigné de tomber dans cette absurdité, que les bons génies soient auteurs des maux, ou que les mauvais nous procurent des biens.

XL. Une des choses les plus fâcheuses que nous ayons à craindre des mauvais génies, c'est que quoiqu'ils soient cause de tous les malheurs que nous éprouvons dans cette vie, des pestes, des stérilités, des tremblemens de terre, des sécheresses, & autres semblables fléaux, ils voudroient nous persuader que ce sont eux qui nous procurent les biens contraires à ces maux, c'est-à-dire, la fertilité. Ils voudroient nous nuire, sans que nous le sçussions; ils cherchent à nous engager à des priéres, & à des sacrifices, pour appaiser les bons génies, comme s'ils étoient fâchés contre nous. Leur intention est de nous empêcher d'avoir des opinions saines des Dieux, & de nous attirer à eux-mêmes. L'erreur & la confusion leur plaisent. Jouant ainsi le personnage des autres Dieux, ils profitent de nos extravagances, ayant pour eux le plus grand nombre des hommes, à qui ils inspirent un amour violent des richesses, des honneurs, des plaifirs, de la vaine gloire, source des divisions, des guerres, & des malheurs qui affligent la terre : mais ce qu'il y a de plus triste, c'est qu'ils nous donnent ces mêmes idées des plus grands Dieux, & que dans leurs calomnies ils n'épargnent pas même le meilleur de tous les êtres, qu'ils accusent d'avoir tout confondu. Ils inspirent ces opinions, non-seulement au peuple, mais aussi à plusieurs Philosophes ; & le peuple voyant ces sentimens soutenus par ceux que l'on met au rang des Sages, se confirme par-là davantage dans ses erreurs.

XLI. La Poësie a aussi contribué à corrompre les opinions des hommes. Son style enchanteur n'a pour but, que de faire croire les choses les plus impossibles : mais il faut croire très-fermement que ce qui est bon ne fait point de mal, & que ce qui est

est mauvais ne fait point de bien: & comme dit Platon, ainsi que la chaleur ne refroidit pas, & que le froid n'échauffe pas; ce qui est juste ne peut pas faire de tort. Or Dieu est par sa nature ce qu'il y a de plus juste, autrement il ne seroit pas Dieu. Il faut donc supposer que les bons génies n'ont pas le pouvoir de mal-faire. Une Puissance qui seroit mal-faisante par sa nature, & qui voudroit faire du mal, seroit toute différente d'une Puissance bien-faisante. Les contraires ne peuvent pas se réunir dans le même sujet. Les mauvais génies font aux hommes tous les maux qu'ils peuvent: les bons au contraire avertissent les hommes des dangers, dont ils sont menacés par les génies mal-faisans; & ils donnent ces avis ou par des songes, ou par des inspirations, ou enfin par d'autres moyens. Si quelqu'un avoit le talent de discerner ces divers avertissemens, il se mettroit facilement en garde contre tous les maux, que les mauvais génies sont capables de nous faire. Les bons génies donnent des avis à tous les hommes; mais tous les hommes ne les entendent pas: comme il n'y a que ceux qui ont appris à lire, qui puissent lire. Toute la magie n'est qu'un effet des opérations des mauvais génies; & ceux qui font du mal aux hommes par des enchantemens, rendent de grands honneurs aux mauvais génies, & sur tout à leur chef.

XLII. Ces esprits ne sont occupés qu'à tromper par toute sorte d'illusions & de prodiges. Les filtres amoureux sont de leur invention: l'intempérance, le désir des richesses, l'ambition viennent d'eux, & principalement l'art de tromper; car le mensonge leur est très familier. Leur ambition est de passer pour Dieux ; & leur chef voudroit qu'on le crût le grand Dieu. Ils prennent plaisir aux sacrifices ensanglantés (*a*) : ce qu'il y a en eux de corporel s'en engraisse ; car ils vivent de vapeurs & d'exhalaisons, & se fortifient par les fumées du sang & des chairs.

XLIII. C'est pourquoi un homme prudent & sage se gardera bien de faire de ces sacrifices, qui attireroient ces génies. Il ne cherchera qu'à purifier entiérement son ame, qu'ils n'attaqueront point, parce qu'il n'y a aucune sympathie entre une ame pûre & eux. Nous n'examinons point si c'est une nécessité aux Villes de les appaiser. On y regarde les richesses & les choses extérieures & corporelles, comme de vrais biens, & le contrai-

---

(*a*) Eusebe Prep. Ev. l. 4. p. 173.

re comme des maux. On y est fort peu occupé du soin de l'ame. Pour nous, autant qu'il sera possible, n'ayons pas besoin des faveurs de ces génies, mais faisons tout ce qui dépendra de nous, pour tâcher de nous rendre semblables à Dieu & aux bons génies; & nous y parviendrons, si en nous guérissant des passions, nous tournons toutes nos pensées vers les vrais êtres, afin qu'ils nous servent continuellement de modele, & que nous évitions de ressembler aux méchans hommes & aux mauvais génies, en un mot à tout ce qui se complaît dans les choses mortelles & matérielles: de sorte que, comme l'a dit Théophraste, nous ne sacrifierons que ce sur quoi les Théologiens sont d'accord, très-persuadés que moins nous aurons de soin de nous dégager de nos passions, plus nous dépendrons des mauvaises Puissances, & plus il sera nécessaire de leur sacrifier pour les appaiser. Car comme disent les Théologiens, c'est une nécessité pour ceux qui sont dominés par les choses extérieures, & qui ne maîtrisent pas leurs passions, de fléchir les mauvais esprits ; autrement ils ne cesseront de les tourmenter.

XLIV. Tout ce que nous venons de dire ne regarde que les sacrifices. Revenons à ce que nous avons dit au commencement de cet Ouvrage, que quoiqu'on sacrifie des Animaux, il ne s'ensuit pas qu'on puisse les manger. Nous allons présentement faire voir, que quand il seroit nécessaire de les offrir en sacrifice, on devroit cependant s'abstenir de les manger. Tous les Théologiens conviennent, que l'on ne doit point manger des viandes qui ont servi aux sacrifices offerts pour détourner les maux : il ne faut avoir recours pour lors qu'aux expiations. Que personne, disent-ils, n'aille ni à la Ville, ni dans sa propre maison, avant qu'il ait purifié ses habits & son corps dans la riviére ou dans la fontaine. Ils ont ordonné à ceux à qui ils ont permis de sacrifier, de s'abstenir de ce qui avoit été sacrifié, de se préparer en se sanctifiant par des jeûnes, & sur tout par l'abstinence des Animaux ; ce pieux régime étant comme la sauve-garde de l'innocence, & comme le symbole ou le sceau Divin, qui empêche les mauvais effets des génies que l'on veut appaiser. Car on n'a rien à craindre d'eux, lorsqu'on n'est pas dans les mêmes dispositions, & lorsque le corps & l'esprit purifiés, ont la piété pour bouclier.

XLV. Il n'est pas jusqu'aux Enchanteurs, qui n'ayent eu recours à ces précautions ; ils les ont regardées comme nécessaires : mais elles ne sont pas toujours efficaces ; car ils ne s'adressent aux mauvais génies que pour de vilaines actions. La pureté n'est pas faite pour eux ; c'est la vertu des hommes Divins & des Sages : elle leur sert de sauve-garde, & les introduit chez les Dieux. Si les Enchanteurs se faisoient une habitude de la pureté, bientôt ils renonceroient à leur profession ; parce qu'ils cesseroient de désirer ce qui les porte à l'impiété. Remplis de passions & n'aimant que le désordre, ils ne s'abstiennent que pour un tems des nourritures impures ; & ils sont punis de leurs déréglemens, non seulement par les mauvais génies qu'ils mettent en mouvement, mais aussi par cette suprême justice, qui voit toutes les actions des hommes & pénetre jusqu'à leurs pensées. La pureté intérieure & extérieure n'est donc que pour les hommes Divins, qui travaillent à délivrer leurs ames des passions, & qui renoncent aux alimens qui mettent les passions en mouvement. Ils ne respirent que la sagesse, & n'ont sur Dieu que des idées saines : ils se sanctifient par un sacrifice spirituel ; & ils s'approchent de Dieu avec un habit blanc & pur, c'est-à-dire avec une ame dégagée de passions, & avec un corps léger, qui n'est point appesanti par des sucs étrangers qui ne lui étoient pas destinés.

XLVI. Si dans les sacrifices institués par les hommes en l'honneur des Dieux, la chaussure que l'on porte doit être pure & sans tache, ne convient-il pas que notre peau qui est notre derniére robbe soit pure, & que nous vivions purement dans le Temple de notre Pere, c'est-à-dire, dans ce monde ? S'il ne s'agissoit que de la pureté du corps, il n'y auroit peut-être pas si grand danger à la négliger : mais tout corps sensible recevant quelques écoulemens des génies grossiers, on aura trop de ressemblance avec eux, si l'on ne se met en garde contre l'impureté qu'il y a à craindre de l'usage de la chair & du sang.

XLVII. C'est pourquoi les Théologiens ont observé avec grande attention l'abstinence de la viande. L'Egyptien nous en a découvert la raison, que l'expérience lui avoit apprise. Lorsque l'ame d'un Animal est séparée de son corps par violence, elle ne s'en éloigne pas, & se tient près de lui. Il en est de même des ames des hommes qu'une mort violente a fait périr ; elles restent près du corps : c'est une raison qui doit empêcher de se donner la mort.

Lors donc qu'on tuë les Animaux, leurs ames se plaisent auprès des corps qu'on les a forcés de quitter; rien ne peut les en éloigner : elles y sont retenues par sympathie ; on en a vû plusieurs qui soupiroient près de leurs corps. Les ames de ceux dont les corps ne sont point en terre, restent près de leurs cadavres: c'est de celles là que les Magiciens abusent pour leurs opérations, en les forçant de leur obéïr, lorsqu'ils sont les maîtres du corps mort, ou même d'une partie. Les Théologiens qui sont instruits de ces mystéres, & qui savent quelle est la sympathie de l'ame des bêtes pour les corps dont elles ont été séparées, & avec quel plaisir elles s'en approchent, ont avec raison défendu l'usage des viandes, afin que nous ne soyons pas tourmentés par des ames étrangéres, qui cherchent à se réunir à leurs corps, & que nous ne trouvions point d'obstacles de la part des mauvais génies en voulant nous aprocher de Dieu.

XLVIII. Une expérience fréquente leur a appris, que dans le corps il y a une vertu secrete qui y attire l'ame qui l'a autrefois habité. C'est pourquoi ceux qui veulent recevoir les ames des Animaux qui savent l'avenir, en mangent les principales parties, comme le cœur des corbeaux, des taupes, des éperviers. L'ame de ces bêtes entre chez eux en même tems qu'ils font usage de ces nourritures, & leur fait rendre des oracles comme des Divinités.

XLIX. C'est donc avec raison que le Philosophe qui est en même tems le Prêtre du Dieu suprême, s'abstient dans ses alimens de tout ce qui a été animé : il ne cherche qu'à s'approcher de Dieu tout seul, en prévenant les persécutions des génies importuns. Il étudie la nature; & en qualité de vrai Philosophe, il s'applique aux signes, & comprend les diverses opérations de la nature. Il est intelligent, modeste, moderé, toujours occupé de son salut ; & de même que le Prêtre d'un Dieu particulier s'applique à placer convenablement ses statues, & à se rendre habile dans les mystéres, dans les cérémonies, dans les expiations, en un mot dans tout ce qui a rapport au culte de son Dieu : aussi le Prêtre du Dieu suprême étudie avec attention les expiations, & tout ce qui peut l'unir à Dieu.

L. Si les Prêtres des Dieux subalternes & les devins ordonnent de s'éloigner des tombeaux, d'éviter la fréquentation des méchans, de n'avoir aucun commerce avec les femmes qui ont leurs régles, de ne point se trouver à aucun spectacle indécent ou lugubre, de ne pas s'expofer à rien entendre qui puiffe mettre les paffions en mouvement, parce que l'on s'apperçoit fouvent que la préfence des gens impurs trouble le devin, & qu'il y a plus de danger que d'utilité à facrifier indifcrettement; le Prêtre du Dieu fuprême, qui eft le pere de la nature, pourra-t'il fe réfoudre à devenir lui-même le tombeau des corps morts? Lorfqu'il fera rempli d'impuretés, comment cherchera-t'il à s'unir avec le plus parfait de tous les êtres? C'eft bien affez que pour vivre nous ayons recours aux fruits, quoique ce foit proprement recevoir les parties de la mort: mais il n'eft pas encore tems de nous expliquer fur ce fujet; il faut encore traiter des facrifices.

LI. Quelqu'un dira peut-être que nous anéantiffons une grande partie de la divination, celle qui se fait par l'infpection des entrailles, fi nous nous abftenons de tuer les Animaux : mais celui qui fait cette objection, n'a qu'à tuer les hommes auffi ; car on dit que l'on voit encore mieux l'avenir dans leurs entrailles, & c'eft ainfi que plufieurs Barbares confultent ce qui doit arriver. Mais comme il n'y a que l'injuftice & la cupidité qui pourroient nous engager à tuer un de nos femblables, pour apprendre l'avenir, auffi eft-il injufte de faire mourir les Animaux par ce motif de curiofité. Ce n'eft pas ici le lieu d'examiner, fi ce font les Dieux ou les Démons qui nous découvrent les fignes des évenemens futurs, ou fi c'eft l'ame de l'Animal féparée de fon corps, qui répond aux queftions qu'on lui fait par fes entrailles.

LII. Quant à ceux qui ne font occupés que des chofes extérieures, puisqu'ils se manquent à eux mêmes, permis à eux de se laisser emporter par l'usage : mais pour le vrai Philosophe qui est délivré de l'esclavage des choses extérieures, nous prétendons avec raison qu'il n'importunera pas les démons, & ne recourera ni aux oracles, ni aux entrailles des Animaux. Il ne cherche qu'à se détacher des choses qui font recourir aux devins. Il renonce au mariage : pourquoi iroit-il consulter un oracle au sujet d'une femme ? Il ne l'importunera pas non plus ni sur le commerce, ni sur les domestiques, ni sur son avancement, ni sur les autres vanités humaines. Ce qu'il souhaite de sçavoir, ni aucun devin, ni les entrailles des Animaux ne le lui découvriront pas. Il se recueillera en lui même ; c'est-là que Dieu réside : il en recevra des conseils propres à le conduire à la vie éternelle ; & tout occupé de ce grand objet, il ne cherchera point à être devin, mais il se proposera d'être l'ami du grand Dieu.

LIII. S'il se trouve réduit dans quelque extrémité fâcheuse, les bons génies accourerontà son secours & lui découvriront l'avenir, soit par des rêves, soit par des préssentimens; ils lui apprendront ce qu'il doit éviter. Il faut seulement qu'il s'éloigne de ce qui est mauvais, qu'il connoisse ce qu'il y a de meilleur dans la nature. Mais la méchanceté des hommes & l'ignorance dans laquelle ils sont des choses divines, les portent à mépriser ce qu'ils ignorent, & à en mal parler ; d'autant plus que ce n'est point par des voix sensibles, que ces natures s'expriment. Comme elles sont spirituelles, ce n'est que par l'esprit qu'elles se communiquent à ceux qui les respectent. Quoique l'on
sacrifie

sacrifie des Animaux pour connoître l'avenir, il ne s'enfuit pas qu'il faille les manger : comme ce n'est pas une conséquence qu'il soit permis de manger de la chair, parce que l'on en sacrifie aux Dieux & aux démons. Car les histoires rapportées par Théophraste & par plusieurs autres font mention d'hommes sacrifiés; il n'est cependant pas permis de manger les hommes.

LIV. Les Histoires sont remplies de ces faits : nous en rapporterons quelques uns, qui suffisent pour prouver ce que nous avons avancé. On sacrifioit à Rhodes un homme à Saturne le 6 du mois Metagectmon (*a*); & cette coutume après avoir subsisté longtems, fut enfin changée. On conservoit en prison jusqu'à la fête de Saturne un de ceux qui avoient été condamnés à mort ; & le jour de

_____

(*a*) Il répond au mois de Juillet.

la fête on menoit cet homme hors des Portes vis-à-vis l'Hôtel du bon Conseil, & après lui avoir fait boire du vin, on l'égorgeoit. Dans (a) Salamine qu'on nommoit autrefois Coronis, pendant le mois appellé par les Cypriens Aphrodisium, on sacrifioit un homme à Agraule fille de Cécrops & de la Nymphe Agraulis. Cette coutume dura jusqu'au tems de Diomede, où elle fut changée. On sacrifia un homme à Diomede. Le temple de Minerve, d'Agraule & de Diomede étoit enfermé par une même muraille. Celui qui devoit être sacrifié étoit mené par de jeunes gens : il faisoit trois tours autour de l'Hôtel en courant ; le Prêtre ensuite le frappoit d'un coup de lance dans l'estomac, & le brûloit après cela tout entier sur un Bucher.

(a) Eusebe Prep. Evang. L. 4. p. 155.

LV. Ce sacrifice fut aboli par Diphile Roi de Cypre vers le tems de Seleucus le Théologien : il changea cet usage en celui de sacrifier un bœuf ; & le démon agréa ce bœuf à la place de l'homme. Amosis supprima le sacrifice des hommes à Heliopole d'Egypte, comme le témoigne Manethon dans son livre de l'Antiquité & de la Piété. On les sacrifioit à Junon : on les examinoit pour sçavoir s'ils étoient sans imperfection, de même qu'on auroit fait un Veau, & on les scelloit. On en immoloit trois. Amosis ordonna qu'on leur substitueroit trois figures d'homme, faites de cire. Dans l'Isle de Chio & à Ténédos on sacrifioit un homme à Bacchus le cruel, & on le mettoit en piéces, comme le dit Evelpis de Caryste. Apollodore rapporte aussi, que les Lacédémoniens sacrifioient un homme au Dieu Mars.

LVI. Les Phéniciens dans les grandes calamités soit de guerre, soit de sécheresse, soit de famine, sacrifioient ce qu'ils avoient de plus cher à Saturne; & ce sacrifice se faisoit en conséquence d'une déliberation publique. L'Histoire Phénicienne est pleine de ces sacrifices. Sanchoniathon l'a écrite en langue Phénicienne, & Philon de Biblos l'a traduite en Grec en huit Livres. Istre dans le recüeil qu'il a fait des sacrifices de Crete rapporte, qu'autrefois les Curetes sacrifioient des enfans à Saturne. Pallas qui de tous les Auteurs est celui qui a le mieux écrit sur les mystéres de Mythra, prétend que les sacrifices humains ont été presque abolis par tout sous l'Empire d'Adrien. On sacrifioit autrefois à Laodicée de Syrie une vierge à Pallas: présentement on lui sacrifie une biche. Les Carthaginois qui habitent l'Afrique sacrifioient aussi des hosties humaines : ce fut Iphicrate qui les abolit. Les Dumatiens, peuples de l'Arabie, sacrifioient tous les ans un enfant, & l'enterroient sous l'Autel qui leur servoit de représentation de la Divinité. Philarque rapporte que tous les Grecs, avant que d'aller à la guerre, sacrifioient des hommes. Je ne dis rien ni des Thraces, ni des Scithes, ni comment les Athéniens ont fait mourir la fille d'Éricthée & de Praxithée. Qui ne sçait que présentement à Rome même, à la fête de Jupiter Latialis, on immole un homme? Ce n'est pas à dire pour cela que l'on puisse manger de la chair humaine. Quoique dans quelques nécessités l'on se soit crû obligé de sacrifier des hommes, & que quelques assiegés pressés par une extrême famine ayent crû pouvoir manger des hommes, ils n'en ont pas moins été regardés comme exécrables, & leur conduite a été traitée d'impie.

LVII. Après la premiére guerre des Romains en Sicile contre les Carthaginois, les Phéniciens qui étoient à la folde de ceux-ci, s'étant révoltés, & voulant engager les Africains dans leur rebellion, Amilcar furnommé Barcas leur fit la guerre, & les réduisit à une si grande famine, qu'ils mangerent d'abord ceux qui avoient été tués en combattant ; & lorsqu'ils les eurent mangés tous, ils mangerent ensuite leurs prisonniers, & enfin leurs domestiques. Ils finirent par se manger les uns les autres, après avoir tiré sur qui le sort tomberoit. Amilcar ayant pris ceux qui restoient à discrétion, les fit fouler aux pieds par ses éléphans, comme si c'eût été une impiété de laisser ces misérables en société avec les autres hommes. Il ne voulut jamais malgré cet exemple se soumettre à l'usage de manger les hommes ; ni Annibal son fils à qui quelqu'un donna le conseil d'accoutumer son armée qui étoit en Italie à cette nourriture, afin qu'elle ne manquât jamais de vivres. Ce sont les guerres & les famines qui ont introduit l'usage de la viande ; il ne falloit donc pas s'accoutumer à cette nourriture par le seul motif du plaisir, comme il ne conviendroit pas de manger des hommes par cette raison. Et par ce qu'on sacrifie des Animaux à quelques Puissances, il n'est pas pour cela permis d'en manger. Ceux qui sacrifioient des hommes, ne croyoient pas pour cela être en droit de s'en servir pour alimens. Il est donc démontré par ce que nous venons de dire, que de l'usage de sacrifier les Animaux, la permiſſion de les manger ne s'enſuit pas.

LVIII. C'eſt une choſe avérée chez les Théologiens, que l'on offroit des ſacrifices enſanglantés, non aux Dieux, mais aux démons; & ceux qui les offroient connoiſſoient la nature de ces Puiſſances. Il y a des génies malfaiſans; il y en a de bien-faiſans, qui ne nous tourmentent point, lorſque nous leur donnons les prémices ſeulement des choſes que nous mangeons, & dont nous nourriſſons ou notre corps, ou notre ame: voilà ce qui n'étoit pas ignoré de ces Théologiens. Mais il eſt tems de finir ce Livre, après avoir ajoûté quelque choſe pour faire voir que pluſieurs ont eû de ſaines idées de la Divinité: quelques Poëtes raiſonnables ſe ſont expliqués ainſi?

Qui eſt l'homme aſſez fol, aſſez imbécille, ou aſſez crédule, pour s'imaginer s'imaginer que les Dieux prennent plaisir à des os sans chair, à la bile cuite dont à peine les chiens qui ont faim veulent manger, & qu'ils reçoivent ces mets comme un présent ? Un autre Poëte a dit : je n'offrirai que des gâteaux & de l'encens ; car je sacrifie aux Dieux, & non à mes amis.

LIX. Quand Apollon nous ordonne de sacrifier suivant l'usage du pays, c'est-à-dire conformément à l'usage de nos peres, il nous rappelle aux anciennes coutumes. Or nous avons prouvé, que dans les anciens tems on n'offroit aux Dieux que des gâteaux & des fruits (*a*).

LX. Ceux qui les premiers ont fait de grandes dépenses en

(*a*) On omet ici quelques étymologies Grecques, qui outre qu'elles ne sont pas susceptibles de traduction, ne font rien à ce que l'Auteur veut prouver.

P

sacrifices, ne savoient pas quel essain de maux ils introduisoient dans le monde, la superstition, le luxe, l'opinion que l'on pouvoit corrompre les Dieux, & s'assûrer l'impunité du crime par les sacrifices. C'est dans cette vûe que quelques-uns ont sacrifié trois victimes avec des cornes dorées, d'autres des hécatombes. Olympias mere d'Alexandre sacrifia cinq mille victimes en une seule fois; c'est ainsi que l'on fait servir la magnificence à la superstition. Lorsqu'un jeune homme s'est persuadé que les Dieux aiment la dépense des sacrifices, & se réjouissent, ainsi qu'on le dit, aux repas des bœufs & des autres Animaux, comment pourra-t'il garder de la modération ? Et lorsqu'il s'imaginera que la multitude des victimes est agréable aux Dieux, il aura moins de répugnance à commettre des injustices, parce qu'il croira pouvoir racheter ses péchés par des sacrifices. Mais s'il se persuade que les Dieux n'en ont pas besoin, qu'ils ne regardent qu'aux dispositions de ceux qui approchent d'eux, & que l'Hostie qui leur est la plus agréable, est d'avoir des idées exactes de leur nature & de leurs opérations, il travaillera à devenir sage, saint & juste.

LXI. Les meilleures prémices que l'on puisse offrir aux Dieux, ce sont un esprit pur & une ame dégagée de passions. Si on leur offre quelque autre chose, il faut que ce soit avec recuëillement & zéle. Le motif qui nous fait honorer les Dieux doit être le même, que celui qui nous porte à respecter les gens de bien, à leur céder la premiére place, à nous lever lorsque nous les voyons, à leur parler avec égard. Ce n'est pas comme s'il s'agissoit de payer un impôt. Car on ne doit pas dire aux Dieux : (*a*) « Si vous vous ressouvenez de mes bien-faits, Philinus, & que vous m'aimiez, j'en suis content ; c'étoit là mon intention » Dieu n'est pas content de ces dispositions. C'est ce qui a fait assûrer à Platon, qu'un homme de bien doit toujours sacrifier aux Dieux, & continuellement s'approcher d'eux par des priéres, par des offrandes, par des sacrifices, en un mot par tout le culte que l'on doit à la Divinité. Quant au méchant, le tems qu'il employe à honorer les Dieux, est un tems perdu. L'homme de bien sçait ce qu'il faut employer en sacrifices, en offrandes, en prémices, & ce dont il faut s'abstenir : mais le vicieux qui ne consulte que son humeur, honore les Dieux sui-

_____

(*a*) Vers d'un Ancien.

vant ses caprices ; son culte approche plus de l'impiété que de la piété. C'est pourquoi Platon croit, que le Philosophe ne doit point suivre les mauvais usages, parce que cela n'est ni agréable aux Dieux, ni utile aux hommes, qu'il doit chercher à en substituer de meilleurs ; que s'il ne peut pas y réussir, il faut du moins qu'il ne prenne aucune part à ce qui est mauvais ; & que lorsqu'il est dans le bon chemin, il doit toujours continuer sa route, sans craindre les dangers ni les mauvais discours. Il seroit effectivement honteux, que tandis que les Syriens s'abstiennent de poissons, les Hébreux de cochons, un grand nombre de Phéniciens & d'Egyptiens de vaches, & que ces peuples ont été si attachés à ces usages, qu'envain plusieurs Rois ont tenté de les faire changer, & qu'ils ont mieux aimé souffrir la mort que de violer leurs Loix ; nous tranfgreffions les Loix de la nature, les préceptes Divins, par la crainte des hommes & de leurs mauvais propos. Certes l'affemblée des Dieux & des hommes Divins auroit fujet de nous regarder avec mépris, s'ils voyoient que nous qui ne fommes continuellement occupés qu'à mourir aux chofes extérieures, foyons devenus les efclaves des vaines opinions, & que nous appréhendions les dangers qu'il y a à ne nous y pas conformer.

TRAITÉ DE PORPHYRE.

LIVRE TROISIE'ME.

I. NOUS avons démontré dans les deux premiers Livres, que l'usage de la viande est contraire à la tempérance, à la frugalité & à la piété, qui nous conduisent à la vie contemplative. La perfection de la justice est renfermée dans la piété envers les Dieux ; & l'abstinence des viandes contribuant beaucoup à la piété, il n'y a pas sujet de craindre, que tant que nous conserverons la piété à l'égard des Dieux, nous violions la justice que nous devons aux hommes. Socrate disoit un jour à ceux qui disputoient si le plaisir devoit être la fin de l'homme, que quand tous les cochons & les boucs en conviendroient, il n'avoueroit jamais, tant qu'il auroit l'usage de son esprit, que la vraie félicité consistât dans les plaisirs des sens. Pour nous, quand tous les loups & tous les vautours du monde approuveroient l'usage de la viande, nous ne conviendrions pas que ce fût une chose juste ; parce que l'homme ne doit point faire de mal, & doit s'abstenir de se procurer du plaisir par tout ce qui peut faire tort aux autres. Mais puisque nous en sommes sur la justice, que nos adversaires prétendent ne nous obliger qu'à l'égard de nos semblables, & nullement à l'égard des Animaux, nous allons faire voir que les Pythagoriciens ont raison, de soutenir que toute ame qui est capable de sentiment & susceptible de mémoire, est en même tems raisonnable : ceci étant une fois démontré, il suit que les loix de la justice nous obligent à l'égard de tous les Animaux. Nous n'exposerons qu'en abrégé ce qui a eté dit à ce sujet par les Anciens.

II. Il y a deux sortes de raisons selon les Stoïciens, l'une intérieure & l'autre extérieure. Celle-ci se communique au dehors. Il y en a une droite ; il y en a une défectueuse. Il faut éxaminer de laquelle les Animaux sont privés. Est-ce de la droite raison ? Est-ce de la raison en général ? Est-ce de la raison intérieure ? Est-ce de la raison extérieure ? Il semble qu'on veuille leur ôter non feulement l'ufage de la droite raifon, mais auffi quelque raifon que ce foit, parce qu'autrement ils reffembleroient aux hommes, chez lefquels à peine y a-t-il un Sage ou deux, fur qui la raifon domine toujours. Les autres font vicieux, quoiqu'ils ayent la raifon en partage. Mais les hommes portant l'amour propre trop loin, ont décidé que les Animaux étoient privés de toute raifon. S'il faut cependant dire la vérité, non feulement tous les Animaux ont de la raifon ; mais auffi il y en a quelques-uns qui la portent jufqu'au plus haut degré de perfection.

III. Puifqu'il y a deux raifons, l'une qu'on montre au dehors, & l'autre intérieure, commençons à parler de celle qui fe fait connoître par les fons. C'eft la voix qui s'exprime par l'organe de la langue, qui fait connoître ce qui se passe au dedans de nous & les passions de notre ame. C'est de quoi tout le monde sera obligé de convenir. Peut-on dire que cette voix manque aux Animaux ? N'expriment-ils point ce qu'ils sentent ; & ne pensent-ils point avant que de s'expliquer ? Car j'entends par la pensée ce qui se passe intérieurement dans l'ame, avant qu'on l'exprime par la voix. De quelque façon ensuite que l'on parle, soit comme les Barbares, soit comme les Grecs, soit comme les chiens, soit comme les bœufs, c'est la raison qui s'exprime ; & les Animaux en sont capables. Les hommes conversent entr'eux suivant les régles qu'ils ont établies ; & les Animaux ne consultent dans leur façon de s'exprimer, que les loix qu'ils ont reçues de Dieu & de la Nature. Si nous ne les entendons pas, cela ne prouve rien. Car les Grecs n'entendent point le langage des Indiens ; & ceux qui sont élevés dans l'Attique, ne comprennent rien à la Langue des Scithes, des Thraces, & des Syriens. C'est la même chose pour eux que le cri des grues. Cependant ils écrivent & articulent leur Langue, comme nous écrivons, & comme nous articulons la nôtre ; & nous ne pouvons ni articuler, ni lire la Langue des Syriens & des Perses non plus que celle des Animaux. Nous entendons seulement du bruit & des sons, sans rien comprendre. Lorsque les Scithes parlent entr'eux, il nous semble qu'ils ne font que gasouiller, tantôt haussant, tantôt baissant la voix ; c'est un langage absolument inintelligible pour nous. Cependant ils s'entendent aussi bien entr'eux, que nous nous entendons nous-mêmes. Il en est de même des Animaux. Chaque espéce entend le langage de la sienne; & ce langage ne nous paroît qu'un simple son qui ne signifie rien, que parce qu'il ne s'est encore trouvé aucun homme, qui ait pû nous apprendre la Langue des Animaux, & nous servir d'interprête. Cependant s'il en faut croire les Anciens, & quelques-uns de ceux qui ont vêcu du tems de nos peres & même du nôtre, il y a eu des gens qui ont entendu & compris le langage des Animaux. On compte parmi les Anciens Melampe & Tiresias avec quelques autres, & parmi les Modernes Apollonius de Tyanes. On assûre de ce dernier qu'étant avec ses amis, & entendant une hirondelle qui gasouilloit, il dit qu'elle avertissoit ses compagnes qu'un âne chargé de bled étoit tombé près de la ville, & que le bled étoit répandu par terre. Un de nos amis nous a raconté, qu'il avoit eu un jeune domestique qui entendoit le langage des oiseaux. Il assûroit qu'il etoit prophéte, & qu'il annonçoit ce qui étoit près d'arriver ; que cette faculté lui avoit été ôtée par sa mere, qui appréhendant que l'on n'envoyât ce jeune homme à l'Empereur en présent, avoit uriné dans son oreille losqu'il étoit endormi.

IV. Mais laissons ces faits à part, à cause de l'incrédulité qui n'est que trop naturelle. Personne, je crois, n'ignore qu'il y a plusieurs nations, qui ont encore une grande facilité pour entendre la voix de quelques Animaux. Les Arabes entendent le langage des Corbeaux, les Tyrrhéniens celui des aigles ; & peut-être que tous tant que nous sommes d'hommes, nous entendrions tout ce que disent les Animaux, si un dragon léchoit nos oreilles. La variété & la différence de leurs sons prouvent assez qu'ils signifient quelque chose. Ils s'expriment différemment, lorsqu'ils ont peur, lorsqu'ils s'appellent, lorsqu'ils avertissent leurs petits de venir manger, lorsqu'ils se caressent, ou lorsqu'ils se défient au combat; & cette différence est si difficile à observer à cause de la multitude des diverses infléxions, que ceux même qui ont passé leur vie à les étudier, y sont fort embarrassés. Les Augures qui examinent le croassement de la corneille & du corbeau, en ont bien remarqué un très-grand nombre de différens; mais ils n'ont pas pû les observer tous, parce que cela n'est pas possible aux hommes. Quand les Animaux parlent entr'eux, les sons dont ils se servent sont très-significatifs, quoique nous ne les entendions pas. Mais s'ils paroissent nous imiter, apprendre la langue Grecque, & entendre ceux qui les gouvernent, qui est celui qui peut avoir aſſez peu de bonne foi pour nier qu'ils ſoient raiſonbles, parce qu'il ne les entend pas ? Les corbeaux, les pies, les bouvreuils, les perroquets imitent le langage des hommes, ſe ſouviennent de ce qu'ils ont entendu, & apprennent ce qu'on leur dit. Ils obéiſſent à leurs maîtres. Pluſieurs d'entr'eux ont découvert le mal qui s'étoit fait dans la maiſon où on les élevoit. L'hyéne des Indes, appellée par les gens du pays Crocotale, imite ſi parfaitement la voix humaine, ſans avoir été inſtruite, que lorſqu'elle approche des maiſons, elle appelle ceux qu'elle croit pouvoir aiſément enlever, en contrefaiſant la voix de leurs amis, à qui elle ſait bien qu'ils obéiront ; & quoique les Indiens ſoient inſtruits de cette ruſe, ils ſont cependant ſouvent attrapés par la reſſemblance de la voix. Ils ſortent de chez eux

eux, & périssent ainsi. S'il y a des Animaux qui ne peuvent ni imiter notre langage, ni l'apprendre, cela ne prouve rien ; n'y-a-t-il pas des hommes qui ne peuvent ni imiter, ni apprendre, je ne dis pas les cris des Animaux, mais même les cinq différentes dialectes ? Il y a des Animaux qui ne parlent pas ; mais peut-être est-ce pour n'avoir point été instruits, ou pour n'avoir pas les organes de la voix ? Nous-mêmes étant près de Carthage, nous avons nourri une perdrix qui avoit volé droit à nous. Elle a été long-tems chez nous ; & elle étoit devenue si familiére qu'elle nous carressoit, badinoit avec nous, & répondoit à notre voix, autrement que les perdrix ne s'appellent entr'elles.

V. On rapporte que parmi les Animaux qui sont sans voix, il y en a d'aussi obéissans à leurs maîtres, qu'aucun domestique pourroit l'être. Tel étoit le poisson de Crassus, appellé par les Romains Murene. Il étoit si familier avec son maître, & son maître l'aimoit à un tel point, que lui qui avoit supporté avec constance la mort de trois de ses enfans, pleura sa Murene, lorsqu'elle mourut. On prétend qu'il y a des anguilles dans l'Aréthuse, & des Coracins dans le Méandre, qui obéissent à la voix de ceux qui les appellent. On voit par-là, que les Animaux qui ne font point usage de leur langue pour exprimer ce qu'ils pensent, sont cependant affectés des mêmes sentimens que ceux qui parlent. Ce seroit donc une chose fort déraisonnable de dire, qu'il n'y a de la raison que dans le discours de l'homme, parce que nous le comprenons ; & qu'il n'y en a point dans le langage des Animaux, parce qu'il nous eſt inintelligible. C'eſt comme ſi les corbeaux ſoutenoient, que leur croaſſement eſt le ſeul langage raiſonnable, & que nous ſommes ſans raiſon, parce qu'ils n'entendent pas ce que nous diſons ; ou comme ſi les habitans de l'Attique prétendoient qu'il n'y a de Langue que la leur, & que tous ceux qui ne la parlent point, ſont privés de raiſon. Cependant un habitant de l'Attique entendroit plûtôt le croaſſement du corbeau, que la Langue des Syriens ou des Perſes. Ce ſeroit donc une abſurdité de décider, qu'une telle eſpéce eſt raiſonnable ou non, parce qu'on entend ce qu'elle dit, ou qu'on ne l'entend point, ou parce qu'elle parle, ou parce qu'elle garde le ſilence. On pourroit par la même raiſon aſſûrer, que l'Etre ſuprême & les autres Dieux ſont dépourvûs de raiſon, puisqu'ils ne parlent point ; mais les Dieux même en se taisant, indiquent ce qu'ils pensent. Les oiseaux les entendent plûtôt que les hommes ; & après les avoir entendus, ils rendent aux hommes les volontés des Dieux, autant qu'ils le peuvent : car ce sont les oiseaux qui servent d'interprêtes aux Dieux. L'aigle l'est de Jupiter, l'épervier & le corbeau le sont d'Apollon, la cicogne l'est de Junon, l'aigrette & la chouette le sont de Minerve, la grue l'est de Cérès ; d'autres oiseaux le sont des autres Dieux. Ceux parmi nous qui étudient les Animaux & qui les nourrissent, entendent leur langage. Le Chasseur comprend à l'aboyement du chien, s'il cherche le liévre, s'il l'a trouvé ; si après l'avoir trouvé, il le poursuit ; s'il l'a pris & s'il s'est échappé. Ceux qui conduisent les vaches, savent quand elles ont faim, quand elles ont soif, quand elles sont fatiguées, quand elles sont en colére, quand elles cherchent leur veau : le lion par son rugissement fait entendre qu'il menace ; le loup par son hurlement nous indique qu'il est malade, & le berger connoît au bélement de la brebis ce qui lui manque.

VI. Ces Animaux entendent aussi la voix des hommes, soit qu'ils soient en colére, soit qu'ils les carressent, soit qu'ils les appellent, soit qu'ils les chassent ; en un mot ils obéissent à tout ce qu'on leur ordonne, ce qui leur seroit impossible, s'ils ne ressembloient pas à l'homme par l'intelligence. La musique adoucit certains Animaux, & de sauvages les rend doux : tels sont les cerfs, les taureaux & plusieurs autres. Ceux même qui prétendent que les Animaux n'ont point de raison, conviennent que les chiens suivent les régles de la Dialectique, & font dans quelques occasions des Syllogismes. Lorsqu'ils poursuivent une bête, & qu'ils sont arrivés à un carrefour qui se termine à trois chemins, ils raisonnent ainsi : Elle n'a pû passer que par l'une de ces trois routes : or elle n'a passé ni par celle-là, ni par celle-ci ; donc c'est par cette troisiéme-ci qu'il faut la poursuivre. On répondra sans doute, que c'est par un instinct naturel que les Animaux agissent ainsi, puisqu'ils n'ont point été instruits. Mais ne recevons-nous pas de la nature notre raison ? Et, s'il faut croire Aristote, il y a des Animaux qui apprennent à leurs petits à faire plusieurs choses, & même à former leur voix ; tel est le rossignol. Il ajoute que plusieurs Animaux apprennent diverses choses les uns des autres

& des hommes : ce qui est confirmé par tous les écuyers, par tous les palfreniers, par les cochers, par les chasseurs, par ceux qui ont soin des éléphans, des bœufs, des bêtes sauvages & des oiseaux. Tout homme raisonnable conviendra, que ces faits prouvent que les Animaux ont de l'intelligence. L'insensé & l'ignorant le nieront, parce que la gourmandise les empêche de raisonner. Il ne faut point être étonné de voir tenir de mauvais discours à cette espéce d'hommes, lorsqu'on les voit mettre en piéces les Animaux avec la même insensibilité que si c'étoient des pierres. Mais Aristote, Platon, Empédocle, Pythagore, Démocrite, & tous ceux qui ont recherché la vérité, ont reconnu que les Animaux avoient de la raison.

VII. Il faut présentement faire voir, que les Animaux ont la raison intérieure. Elle différe de la nôtre, suivant Aristote, non point par sa nature, mais seulement du plus au moins : de même que, selon plusieurs, la nôtre différe de celle des Dieux, seulement en ce que celle des Dieux est plus parfaite. Tout le monde convient que les Animaux ont les sens, les organes & le corps à peu près semblables à nous. Ils nous ressemblent non seulement par les passions, par les mouvemens de l'ame, mais aussi par les maladies extraordinaires. Aucun homme sensé n'osera dire, qu'ils sont privés de raison à cause de l'inégalité de leurs divers tempérammens, puisque chez les hommes même on remarque tant de différence dans les familles & dans les nations, & que cette différence ne détruit pas la raison. L'âne est sujet au cathare, ainsi que l'homme, & meurt de même, lorsque

lorsque ce mal tombe sur les poulmons. Le cheval de même que l'homme crache ses poulmons & devient étique : il est sujet au torticolis, à la goutte, à la fiévre à la rage ; & l'on dit que pour lors il baisse les yeux vers la terre. Lorsqu'une jument est pleine, si elle sent l'odeur d'une lampe qui s'éteint, elle avorte de même qu'une femme. Le bœuf & le chameau ont la fiévre, & entrent en fureur. La corneille est sujette à la galle & à la lépre, de même que le chien : celui-ci a la goutte, & devient enragé. Le cochon s'enrhume. Le chien est encore plus sujet au rhume : le rhume même des hommes a tiré son nom Grec (a) du chien. Nous connoissons les maladies de ces animaux, parce qu'ils vivent avec nous ; nous ignorons celles

---

(a) Κυνάγχη.

des autres, parce qu'ils ne nous font pas familiers. Les animaux que l'on coupe, perdent leurs forces. Les chapons ne chantent plus : leur voix ressemble à celle de la poule. Il en est de même des Eunuques, dont la voix ressemble à celle des femmes. Il n'est pas possible de distinguer le mugissement & les cornes d'un bœuf coupé, d'avec ceux d'une vache. Les cerfs coupés ne jettent plus leurs bois ; ils les gardent toujours, comme les Eunuques conservent leur poil. Si on coupe un cerf avant qu'il ait son bois, il ne lui en vient point : de même que si l'on fait Eunuque quelqu'un avant qu'il ait de la barbe, il ne lui en croît point. On voit par-là que les corps de presque tous les animaux sont disposés comme les nôtres.

VIII. Voyons après cela s'ils ne nous ressemblent pas quant aux passions de l'ame. Parlons d'abord des sens. Les animaux les partagent avec l'homme ; car ce n'est pas lui seul qui goute les saveurs, qui voit les couleurs, qui sent les odeurs, qui entend le bruit, qui est sensible au chaud, au froid & à ce qui est l'objet de l'attouchement. Les animaux ont ces mêmes sensations ; & s'ils les ont, quoiqu'ils ne soient pas hommes, pourquoi leur ôteroit-on la raison, parce qu'ils ne sont pas hommes ? On pourroit dire de même que les Dieux ne sont pas raisonnables, puisqu'ils ne sont pas hommes. On pourroit nous dépouiller nous-mêmes de la raison, puisque les Dieux sont raisonnables, & que nous ne sommes pas Dieux. Les animaux ont les sens bien plus parfaits que les hommes. Je ne veux point parler de Lyncée. Il n'est (a) si fameux que

---

(a) Lyncée étoit un Argonaute, qui avoit

dans la fable. Y a-t-il un homme qui ait la vûe auſſi bonne que le dragon? D'où vient que les Poëtes ont employé ſon nom, pour exprimer l'action de voir. Quelque élevée dans les airs que ſoit une aigle, le liévre ne peut pas échapper à ſa vûe. Qui a l'ouïe auſſi fine que les grues, qui entendent d'auſſi loin qu'aucun homme peut appercevoir? Preſque tous les Animaux ont l'odorat beaucoup plus excellent que nous; de ſorte qu'ils ſentent ce qui nous échappe, & connoiſſent chaque choſe à la piſte: auſſi les hommes ſe laiſſent-ils conduire par les chiens,

---

la vûe ſi excellente, qu'elle pénétroit les choſes les plus ſolides. Ce Lyncée a quelquefois été confondu par les Traducteurs avec le Linx. Dalechamp s'y eſt trompé dans ſa verſion d'Athénée, & Fougerolles dans celle de Porphyre: voyez les obſervations de Menage ſur le ſecond Livre de Malherbe, p. 128.

lorsqu'ils vont à la chasse du sanglier & du cerf. Les animaux sentent bien plûtôt que nous les influences de l'air. La connoissance qu'ils en ont, contribue à nous découvrir le tems qu'il fera dans la suite. Les plus habiles Médecins ne distinguent pas aussi exactement les saveurs, ne savent ni ce qui est nuisible, ni ce qui est sain, ni ce qui peut servir de contre-poison, aussi bien que les animaux. Aristote prétend que ceux d'entr'eux qui ont les sens les plus parfaits, sont ceux qui ont le plus d'esprit. La différence des corps peut les rendre à la vérité plus ou moins sensibles, plus ou moins vifs : mais elle ne peut point changer l'essence de l'ame ; & comme dans les mêmes espéces il y a des corps plus sains les uns que les autres, des maladies fort différentes, & des dispositions fort opposées :

aussi il y a de bonnes & de mauvaises ames, & il y a divers dégrés de bonté & de méchanceté. Socrate, Aristote & Platon n'ont pas été également bons. Cette egalité de bonté ne se trouve pas même dans ceux qui ont les mêmes sentimens. Si nous avons plus d'intelligence que les animaux, ce n'est pas une raison pour soutenir qu'ils n'en ont point: comme on auroit tort de dire que les perdrix ne vòlent pas, parce que les eperviers vòlent mieux qu'elles, ou que ceux-ci ne savent pas vôler, parce qu'il y en a une espéce qui vôle beaucoup mieux que toutes les autres. Il faut bien convenir que l'ame dépend des dispositions du corps; cependant il ne change point sa nature : elle agira différemment, selon les diverses organisations du corps dans lequel elle se trouve ; & avec un corps différent du nôtre, elle fera des choses que nous ne pourrions pas faire : mais sa nature ne changera point pour cela.

IX. Non seulement les animaux raisonnent ; il faut faire voir aussi qu'ils ont de la prudence. Premiérement ils savent ce qu'il y a de foible en eux, & ce qu'il y a de fort. Ils précautionnent leurs parties foibles, & se servent des fortes. La panthére attaque ou se défend avec ses dents, le lion avec ses dents & ses ongles, le cheval avec son pied, le bœuf avec ses cornes, le coq avec son éperon, le scorpion avec son éguillon, les serpens d'Egypte avec leur crachat, d'où le nom leur en est resté ; ils aveuglent en crachant, ceux qui les attaquent. Les autres animaux ont recours à d'autres défenses pour leur conservation. Il y en a qui se tiennent éloignés des hommes, & ce sont ceux qui sont forts : ceux qui sont foibles, s'éloignent des bêtes féroces, & s'approchent des hommes; les uns plus loin, comme les moineaux & les hirondelles qui font leurs nids dans les toits; d'autres sont plus privés, comme les chiens : il y en a qui changent de demeure suivant les saisons; enfin chacun d'eux connoît ce qui lui est avantageux. On peut remarquer les mêmes raisonnemens dans les poissons & dans les oiseaux; ce qui a été en grande partie recueilli dans les livres, que les Anciens ont écrits sur la prudence des animaux, parmi lesquels Aristote qui a traité cette question avec beaucoup d'éxactitude, assûre que tous les animaux se construisent une demeure, où ils vivent en sûreté.

X. Ceux qui disent que les animaux font toutes ces choses naturellement, ne prennent pas garde qu'ils conviennent par-là qu'ils font naturellement raisonnables, ou que la raison n'est pas naturellement en nous, & n'est susceptible d'augmentation que suivant que la nature nous a formés. La Divinité est raisonnable, sans avoir appris à le devenir. Il n'y a point eu de tems où elle ait été sans raison. Elle a été raisonnable dès son éxistence ; & l'on ne peut pas dire qu'elle ne soit pas raisonnable, parce qu'elle n'a pas appris à l'être. La Nature a enseigné plusieurs choses aux animaux & aux hommes. L'instruction leur en a appris d'autres. Les animaux apprennent plusieurs choses les uns des autres. Ils en apprennent aussi quelques-unes des hommes, comme nous l'avons dit. Ils ont de la mémoire, qui est la chose la plus essentielle pour perfectionner le raisonnement & la prudence. On trouve chez eux de la méchanceté & de l'envie, quoiqu'en moindre dégré que chez les hommes. Un Architecte ne pose point les fondemens d'une maison, qu'il ne soit de sang-froid. On ne construit point de vaisseau, qu'on ne soit en santé. Un vigneron ne travaille point à la vigne, quand il ne se trouve pas capable de l'attention nécessaire pour bien faire son ouvrage ; & presque tous les hommes travaillent ivres à la propagation de l'espéce. Les animaux s'approchent les uns des autres, pour avoir des petits, & la plûpart ne regardent plus leurs femelles lorsqu'elles sont pleines ; elles ne le souffriroient même pas. L'incontinence des hommes n'est que trop connue. Parmi les animaux le mâle prend part aux douleurs de la femelle, lorsqu'elle met bas ; tels sont les coqs : il y a des mâles qui couvent ; les pigeons sont de ce nombre. Ils examinent l'endroit favorable où la femelle pourra pondre : ils nétoyent leurs petits, dès qu'ils font nés. Si l'on y fait attention, l'on remarquera que tout fe fait avec ordre chez les Animaux ; qu'ils vont au devant de ceux qui les nourriffent, pour les carreffer ; qu'ils reconnoiffent chacun leur maître, & que lorfqu'on veut le mal-traiter, ils le lui font entendre.

XI. Qui eft-ce qui ignore que les Animaux qui vivent enfemble, obfervent entr'eux la juftice ? C'eft ce que l'on peut voir dans les fourmis, dans les abeilles, & dans les autres animaux de pareille efpéce. Qui ne fçait jufqu'où va la chafteté des Palumbes à l'égard de leurs mâles ? S'il arrive qu'elles ayent été furprifes par un autre mâle, elles ne manquent pas de le tuer, fi elles en peuvent trouver l'occafion. Tout le monde à ouï parler de la piété des Cicognes à l'égard de ceux qui leur ont donné le jour. Chaque espéce d'Animaux a une vertu éminente & particuliére, que la nature lui a donnée. Il ne faut pas leur ôter la raison, parce que c'est la nature qui leur donne cette qualité, & qu'ils ne se démentent pas. Si nous ne comprenons pas comment cela se fait, c'est que nous ne pouvons pas entrer dans leurs pensées: mais ce n'est pas une raison d'attaquer leur raison; car nous ne pouvons pas entrer aussi dans les raisons de Dieu; mais nous jugeons par ses ouvrages qu'il est intelligent & raisonnable.

XII. Ceux qui conviennent que la justice nous lie envers tout ce qui est raisonnable, mais que les Animaux sauvages ne méritent point notre compassion, parce qu'ils sont injustes, & n'ont aucune communication avec nous, ne sont pas mieux disposés à l'égard des Animaux qui vivent avec nous, même à l'égard de ceux qui ne peuvent vivre sans le secours des hommes. Les oiseaux, les chiens, plusieurs autres animaux à quatre pieds, comme les chevres, les chevaux, les brebis, les ânes, les mulets, s'ils sont éloignés de la société des hommes, sont dans la nécessité de périr. La nature, qui en les créant les a rendus utiles aux hommes, a arrangé les choses de façon que nous avons besoin d'eux, & qu'il y a une justice d'eux à nous & de nous à eux. Il n'est pas surprenant qu'il y en ait de sauvages à l'égard des hommes. Car ce que dit Aristote est vrai : si les animaux avoient des vivres en abondance, ils ne seroient sauvages, ni entr'eux, ni avec les hommes. C'est la nécessité de la vie, qui les porte à des actions cruelles ; comme aussi c'est en les nourrissant, que l'on acquiert leur amitié. Si les hommes se trouvoient réduits dans les mêmes extrémités que les animaux, ils seroient encore plus féroces que ceux qui nous paroissent sauvages. C'est ce que l'on peut prouver par les guerres & par les famines, pendant lesquelles ils se mangent les uns les autres ; & même sans guerre & sans famine, ils ne craignent pas de manger les animaux familiers qui vivent avec eux.

XIII. On dira peut-être que l'on avoue que les animaux sont raisonnables, mais qu'ils n'ont point de convention avec nous. C'est parce qu'on les suppose sans raison, qu'on nie cette convention. On a d'abord décidé qu'ils n'avoient point de raison : ensuite les hommes sont entrés en société avec eux à cause du besoin qu'ils en avoient, mais sans faire attention s'ils sont raisonnables. Voyons s'il n'y a point de convention entr'eux ; & remarquons auparavant, qu'on auroit tort de nier la raison à un homme, parce que nous ne serions pas en traité avec lui, puisque nous n'avons fait aucune convention avec la plûpart des hommes. Plusieurs animaux se sont rendus esclaves des hommes ; & comme a fort bien dit quelqu'un, tout ingrats que sont les hommes, les animaux par leur sagesse & par leur justice ont obligé leurs maîtres de les servir, & d'avoir soin d'eux. La méchanceté des animaux même prouve qu'ils ont de la raison. Les mâles sont jaloux de leurs femelles, & les femelles de leurs mâles. Il ne leur manque qu'une seule méchanceté ; d'attaquer ceux qui leur font du bien. Ils ont tant d'amitié & tant de confiance pour leurs bienfaiteurs, qu'ils les suivent même lorsqu'on les méne à la mort où à un péril manifeste. Et quoique les hommes les nourrissent pour leur propre utilité, ils les aiment. Les hommes au contraire ne sont jamais si mal intentionnés, que contre ceux qui les nourrissent, & ne souhaitent rien tant que leur mort.

XIV. Les animaux sont si raisonnables dans leur façon d'agir, que lorsque la gourmandise ou la faim les engage à s'approcher du manger où l'on a mis des hameçons, ils y viennent avec réfléxion; les uns tâchent de séparer la nourriture d'avec ce qui leur pourroit faire mal, il arrive souvent qu'ils se retirent sans avoir mangé, parce que la raison l'emporte sur l'appétit: les autres s'en vangent sur les appas qu'on leur a tendus, en les salissant de leur urine. Il y en a qui sont si gourmands

mands, que quoi qu'ils fachent qu'ils feront pris, ils ne craignent pas de manger ce qui doit les faire mourir ; femblables en cela aux compagnons d'Uliffe. Quelques animaux ont prouvé par les endroits qu'ils ont choifis pour leur demeure, qu'ils l'emportoient fur nous du côté de la prudence. Les êtres qui font leur réfidence dans les régions éthérées, font raifonnables : ceux qui habitent dans l'air participent auffi à la raifon. Les animaux aquatiques en ont moins. Les terreftres ne viennent qu'après. Nous fommes du nombre de ces derniers, nous qui réfidons dans la partie la plus baffe du monde ; & fi nous jugeons de l'excellence des Dieux par les endroits qu'ils habitent, nous devons porter le même jugement des êtres mortels.

XV. Lorfqu'on voit que les Animaux font capables de fe rendre habiles dans les arts en usage chez les hommes, qu'ils peuvent apprendre à danser, à mener un char, à se battre seul à seul, à marcher sur des échasses, à écrire, à lire, à jouer de la flûte & de la guitarre, à tirer de l'arc, à monter à cheval, peut on douter qu'ils n'ayent de la raison, puisque ce n'est que par la raison que l'on s'exerce dans les arts ? Notre voix ne produit pas seulement un son dans leurs oreilles, mais ils comprennent la différence des signes ; ce qui ne peut venir que de l'entendement & de la raison. Mais, dit-on, ils font mal les actions humaines. Les hommes les font-ils tous bien ? On ne peut pas le dire ; car si cela étoit, il n'y auroit dans un combat ni vainqueurs ni vaincus. Ils n'ont, dit-on, ni conseil, ni assemblée, ni ne rendent point de Jugement. Dites-moi comment les hommes agissent; n'y en a t'il pas plusieurs qui se déterminent avant que d'examiner? Et comment pourra-t'on prouver que les Animaux ne délibérent point? Personne n'en peut donner la preuve; & ceux qui ont écrit l'Histoire particuliére des Animaux, ont démontré le contraire. Les autres objections qu'on fait contre la raison des Animaux, sont toutes aussi frivoles. On dit qu'ils n'ont point de villes. Les Scithes qui n'ont d'autres demeures que leurs chars, n'ont point de villes, non plus que les Dieux. Si les Animaux n'ont point de loix écrites, les hommes n'en ont point eû tant qu'ils ont été heureux. On dit qu'Apis fut le premier qui donna des Loix aux Grecs, quand ils commencerent à en avoir besoin.

XVI. C'est la gourmandise qui a persuadé aux hommes, que les

Animaux n'avoient point de raison. Cependant les Dieux & les Sages ont eu pour les Animaux la même considération, que pour les suppliants. Apollon répondant à Aristodique de Cume, lui dit que les moineaux étoient les supplians. Socrate juroit par les Animaux ; & avant lui Rhadamante. Les Egyptiens les ont crû des Divinités ; soit qu'effectivement ils ayent été persuadés qu'ils étoient des Dieux ; soit que de dessein formé ils ayent représenté les Dieux sous les figures des bœufs, des oiseaux & des autres Animaux, afin que les hommes s'abstinssent de manger ces animaux, ainsi que leurs semblables. Peut-être ont-ils eu encore quelques autres raisons secrettes. Les Grecs attachoient les cornes d'un belier à la statue de Jupiter, celles d'un taureau à la statue de Bacchus. Ils ont composé Pan d'un homme & d'une chevre. Ils ont donné des aîles aux Muses & aux Sirenes, de même qu'à la Victoire, à Iris, à l'Amour & à Mercure. Pindare dans ses hymnes a fait ressembler tous les Dieux poursuivis par Tiphon, non aux hommes, mais aux animaux. Lorsque Jupiter devint amoureux de Pasiphaé, il se changea en taureau: il a pris une autre fois la figure d'une aigle & celle d'un cigne. C'est pourquoi les Anciens rendoient de si grands honneurs aux animaux; ils les honoroient encore davantage, lorsqu'ils disoient que Jupiter avoit été nourri par une chevre. C'étoit une Loi chez les Crétois, introduite par Rhadamante, de jurer par tous les animaux; & quand Socrate juroit par le chien & par l'oie, ce n'étoit point une plaisanterie: il suivoit les Loix du juste fils de Jupiter. Il ne badinoit point non-plus, lorſqu'il appelloit les cignes ſes camarades. La fable nous ſignifie auſſi que les animaux ont une ame pareille à la nôtre, lorſqu'elle rapporte que la coléṛe des Dieux a changé des hommes en animaux, dont ils ont enſuite eu compaſſion, & qu'ils ont aimés dans ce dernier état. C'eſt ce qu'on dit des dauphins, des alcions, des roſſignols & des hirondelles.

XVII. Ceux des Anciens qui ont eu le bonheur d'être nourris par des animaux, en ont autant tiré de vanité que de leurs peres. L'un s'eſt vanté d'avoir été nourri par une louve, d'autres par une biche, ou par une chevre, ou par des abeilles. Sémiramis a eu des colombes pour nourrices, Cirus un chien, le chantre de Thrace un cigne dont le nom lui eſt reſté. Les ſurnoms que l'on a donnés à Bacchus, à Apollon, à Neptune, à Minerve, à Hécate, sont tirés des animaux pour lesquels ces Divinités avoient de l'inclination : celui de Bacchus vient du belier ; ceux d'Apollon du loup & du dauphin ; ceux de Neptune & de Minerve du cheval ; & si l'on donne à Hécate les noms de vache, de chienne, de lionne, on en est plus facilement exaucé. Que si ceux qui après avoir sacrifié les Animaux les mangent, soutiennent pour se justifier, qu'ils sont sans raison, il faut donc aussi qu'ils disent, que lorsque les Scithes mangent leurs peres, ils prétendent qu'ils n'ont point de raison.

XVIII. Il est clair par ce que nous avons dit jusqu'à présent, & par ce que nous dirons encore dans la suite en parcourant les sentimens des Anciens, que les animaux sont raisonnables, &

que quoique plusieurs d'entr'eux n'ayent qu'une raison imparfaite, ils n'en sont cependant pas absolument privés. S'il doit y avoir un commerce de justice entre tout ce qui est raisonnable, comme en conviennent ceux contre lesquels nous disputons, pourquoi n'observerions-nous pas les Loix de la Justice avec les animaux? Nous ne prétendons pas que l'on doive étendre ce principe jusqu'aux plantes, parce qu'il n'est pas facile de concevoir qu'elles ayent de la raison. Nous mangeons les fruits; nous ne détruisons pas pour cela la tige. Quant aux cadavres des animaux, si on excepte les poissons, nous ne mangeons que ceux que nous avons tués; & nous commettons à cet égard beaucoup d'injustice. Car comme remarque Plutarque, parce que nous avons besoin de diverses choses, & que nous en faisons

sons usage, ce n'est pas une raison d'être injuste à l'égard de tout ce qui existe. La nature nous permet de faire quelque tort, lorsqu'il s'agit de nous procurer le nécessaire, si toutefois on peut appeller tort ce qu'on enleve aux plantes, en leur laissant la vie: mais de détruire ou de gâter le reste pour satisfaire les plaisirs, cela est assûrément cruel & injuste, puisque l'abstinence de ces choses ne nous empêcheroit ni de vivre, ni d'être heureux. Si le meurtre des animaux & leur chair nous étoient aussi nécessaires pour vivre, que l'air, l'eau, les plantes & les fruits sans lesquels nous ne pouvons pas vivre, la nature nous auroit mis dans la nécessité de commettre cette injustice : mais si plusieurs Prêtres des Dieux, plusieurs Rois barbares qui menoient une vie pieuse, & une infinité d'animaux ne font point ufage de cette nourriture, & cependant vivent conformément à l'intention de la nature, n'eft-il pas déraifonnable, quand bien même nous ferions obligés de faire la guerre à quelques animaux, de ne point vivre en paix avec ceux qui ne nous font point de tort, de n'obferver la juftice à l'égard d'aucun, & d'ufer de violence envers tous ? Lorfque les hommes pour leur confervation, ou pour celle de leurs enfans & de leur patrie, enlevent le bien des autres, ravagent les pays & les villes, la néceffité leur fert d'excufe pour pallier leur injuftice ; mais quiconque fait ces mêmes violences, ou pour s'enrichir, ou pour fatisfaire à fes plaifirs, ou pour fe procurer des chofes qui ne font pas néceffaires, paffe pour cruel, brutal & méchant, Quant à ceux qui fe contentent d'endommager les plantes, de faire usage du feu & de l'eau, de tondre les brebis, d'en prendre le lait, d'apprivoiser les bœufs, de les faire travailler pour se procurer ce qui est nécessaire à la vie, Dieu sans doute leur pardonne : mais de tuer les animaux pour son plaisir & par gourmandise, cela est absolument injuste & cruel. Ne devroit-il pas suffire que nous nous en servissions pour les travaux ausquels ils nous sont nécessaires ?

XIX. Celui qui pense que nous ne devrions point nous nourrir de la chair des bœufs, ni ôter la vie aux animaux, pour satisfaire notre gourmandise, & pour parer nos tables, ne nous ôte rien de ce qui est nécessaire pour la vie, ou utile pour la vertu. Ce seroit outrer les choses, que de comparer les plantes aux animaux ; car ceux-ci ont du sentiment. Ils sont susceptibles de douleur, de crainte :

on peut leur faire tort, & par conséquent commettre de l'injustice, à leur égard. Quant aux plantes, elles ne sentent point : ainsi on ne peut leur faire ni mal, ni tort, ni injustice. On ne peut avoir ni amitié, ni haine pour ce qui n'a point de sentiment. Les disciples de Zénon prétendent, que la Justice est fondée sur la ressemblance qu'il y a entre les êtres. N'est-il pas absurde de se croire obligé d'observer les Loix de la Justice avec une infinité d'hommes, qui n'ayant que le sentiment, sont dépourvus d'esprit & de raison, surpassent en cruauté, en colére & en avidité les plus cruels animaux, n'épargnant ni la vie de leurs enfans, ni celle de leurs peres, tyrans ou ministres de tyrans ; tandis que l'on ne se croit obligé à rien à l'égard du bœuf qui laboure, du chien avec lequel on vit, des animaux qui nourrissent l'homme de leur lait, & l'habillent de leur toison ? En vérité cette contradiction est trop ridicule.

XX. Mais y auroit-il de la vraisemblance dans ce qu'a prétendu Chrysippe, que les Dieux nous avoient fait pour eux & pour nous, & que les animaux avoient été faits pour les hommes ; les chevaux pour combattre avec eux, les chiens pour les aider à chasser, les panthéres, les ours & les lions pour leur donner occasion d'exercer leurs forces ? Le cochon suivant ce système n'a été fait que pour être tué ; & ce que l'on doit regarder comme une grande faveur des Dieux, ils n'ont eu d'autre intention en le produisant, que de nous procurer un manger agréable, & afin que nous ayons des jus & des entremets en abondance. Ils ont fait diverses sortes d'huitres, & plusieurs espéces différentes d'oiseaux, imitant en cela les nourrices, & même les surpassant en bonté. Ils n'ont cherché qu'à nous rendre la vie délicieuse, & à remplir la terre de plaisirs & de jouissances. Ceux à qui ces principes plairoient, & qui croiroient qu'ils ne seroient pas indignes de la Divinité, peuvent examiner les objections qu'a fait à ce sujet Carneade. Tout ce qui existe dans la nature a quelque utilité, lorsqu'on en fait l'usage pour lequel il est destiné : par exemple, si le cochon est fait pour être tué & pour être mangé, lorsqu'on le tue & qu'on le mange, il a rempli sa destinée, & est utile : mais si Dieu a fait les animaux pour l'usage de l'homme, quel usage faisons nous des mouches, des cousins, des chauve-souris, des scarabées, des scorpions, des vipéres? Quelques uns de ces animaux sont d'un aspect désagréable : il y en a parmi eux que l'on ne peut toucher fans danger; l'odeur de quelques autres eft infupportable : les cris de quelques-uns font déplaifans & affreux ; enfin il y en a dont la rencontre eft mortelle à ceux qui les trouvent en leur chemin. Pourquoi l'Auteur de la nature ne nous a t.'il point appris de quelle utilité pouvoient être les baleines & les autres monftres marins, que la venteufe Amphitrite nourrit dans fon fein? Si, pour parler fuivant le langage d'Homére, l'on dit que tout n'a pas été fait pour nous, cette diftinction fera un grand fujet de confufion & d'obfcurité, & nous aurons bien de la peine à ne pas pécher contre la juftice, lorfque nous voudrons faire violence à des êtres, qui n'ont peut-être pas été faits pour nous, mais comme nous, pour fervir aux intentions de la nature. Je ne veux pas dire que fi l'on décidoit de la justice des choses par l'utilité que l'on en retire, nous serions obligés de convenir, que nous avons été faits pour des animaux très-pernicieux, c'est-à-dire pour les crocodiles, pour les baleines & pour les dragons; car nous n'en tirons aucun profit: au lieu qu'eux, lorsqu'ils saisissent un homme, ils le mangent; en quoi ils ne sont pas plus méchans que nous. C'est la nécessité & la faim qui les portent à cette injustice: au lieu que nous, nous tuons la plûpart des animaux pour nous amuser; ce qu'il est aisé de prouver par ce qui se passe dans les amphythéâtres & à la chasse; ce qui fortifie le penchant que nous avons à la cruauté. Ceux qui les premiers se sont portés à ces excès, ont presque détruit chez les hommes la compassion & l'humanité; & les Pythagoriciens, par leur douceur à l'égard des bêtes, ont travaillé à rendre les hommes plus humains & plus compatissans, & ils y ont beaucoup plus réussi, que ceux qui pensent différemment d'eux, parce qu'ils accoutumoient les hommes à avoir de l'horreur pour le sang, & que l'habitude a un grand empire sur les passions.

XXI. (*a*) La Nature que l'on convient agir toujours sagement, a donné aux animaux le sentiment, afin qu'ils cherchassent ce qui leur est utile, & qu'ils évitassent ce qui leur est contraire; ce qu'ils ne peuvent faire que par le sentiment. Or la faculté de choisir ce qui est avantageux, & de rejetter ce qui est pernicieux, ne peut résider que dans un su-

_____

(*a*) On a passé ici quelques raisonnemens fort obscurs & peu concluans, copiés d'après Plutarque dans son traité : Quels sont les animaux qui ont le plus d'esprit?

jet capable de raisonner, de juger, & d'avoir de la mémoire. Ceux à qui vous ôteriez le pressentiment de l'avenir, la mémoire, les préparatifs, l'espérance, la crainte, le désir, le chagrin, n'ont plus besoin d'yeux, ni d'oreilles, ni de sentiment, ni d'imagination. Ces facultés ne pouvant plus leur servir, il auroit beaucoup mieux valu en être privé, que d'être dans les peines, dans les chagrins, dans la douleur, & ne pouvoir pas y remédier. Nous avons un discours du Physicien Straton, pour prouver que le sentiment suppose nécessairement de l'intelligence. Il arrive souvent que nous parcourons des yeux quelque écrit, ou que nous ne faisons pas attention à quelque chose que l'on nous dit, parce que notre esprit est ailleurs, & que revenant à ce qui a été ou lû ou dit, nous y donnons notre application. C'est ce qui a fait dire, que c'étoit l'esprit qui voyoit & qui écoutoit, que le reste étoit aveugle & sourd ; car les yeux & les oreilles sont insensibles, si l'esprit n'est pas affecté. C'est pourquoi le Roi Cléomenes étant un jour dans un repas, où l'on chantoit une chanson qui étoit fort applaudie, quelqu'un lui ayant demandé s'il la trouvoit à son gré, il répondit que c'étoit aux autres à en dire leur sentiment, parce que son esprit étoit pour lors dans le Péloponèse. C'est donc une conséquence necessaire, que dès qu'on a du sentiment, on a de l'intelligence.

XXII. Mais supposons que le sentiment puisse faire ses fonctions sans l'intelligence. Quand il a rempli son objet, qui consiste à discerner ce qui convient ou ce qui est contraire, qui est-ce qui s'en ressouvient ? Qui est-ce qui craint ce qui afflige ? Qui est-ce qui désire les choses utiles ? Qui est ce qui songe à se les procurer, lorsqu'elles sont éloignées ? Qui est ce qui se prépare des lieux de sûreté, des retraites ? Qui est-ce qui tend des embûches ? Qui est-ce qui cherche à échapper à des filets, lorsqu'il est pris ? C'est ce que les Philosophes ne manquent pas d'examiner jusqu'à l'ennui dans leurs introductions, lorsqu'ils parlent de la résolution, qui est le dessein de venir à bout d'une chose, de l'entreprise, des préparatifs, de la mémoire qui n'est autre chose que l'attention à quelque chose qui est passée, & que le sentiment nous a rendu autrefois présente. Or tout cela suppose le raisonnement ; & tout cela se trouve dans les animaux. Il est étonnant qu'on ne fasse point réfléxion à leurs actions, à leurs mouvemens, dont plusieurs ont pour principe la colére, la crainte, l'envie & la jalousie ; ce qui fait que ceux même qui ne pensent pas comme nous, punissent leurs chiens & leurs chevaux, lorsqu'ils font quelque faute : en quoi ils ont raison, puisque par-là ils les perfectionnent, en leur donnant par la douleur ce sentiment que nous appellons repentir. Les animaux sont sensibles aux plaisirs que l'on goûte par les oreilles & par les yeux. Les cerfs & les chevaux sont flattés par les sons des flutes & des hautbois. Le chalumeau fait sortir le cancre de son trou, comme par une espéce de violence. On dit que l'alose vient sur l'eau pour entendre chanter. Quant à ceux qui sont assez déraisonnables, pour soutenir que les animaux ne se réjouissent, ni ne se fâchent, ni ne craignent, ni n'usent de précautions, ni n'ont point de mémoire, mais qu'il semble seulement que l'abeille se ressouvienne, que l'hirondelle fasse des provisions, que le lion se mette en colére, que le cerf ait peur, je ne sçais pas ce qu'ils répondroient à ceux qui leur soutiendroient que les animaux ne voient ni n'entendent, mais qu'ils semblent seulement voir & entendre, qu'ils n'ont point de voix, mais qu'ils paroissent en avoir, en un mot qu'ils ne vivent pas, mais qu'ils paroissent vivre; car tout homme sensé s'appercevra, que ces deux suppositions sont également contraires à l'évidence. Mais, dira-t-on, lorsqu'on compare les procédés des hommes avec ceux des animaux, on remarque dans ceux-ci beaucoup d'imperfection, peu de désir de la vertu, nulle envie de se perfectionner, & l'impossibilité de parvenir à la fin pour laquelle la nature les a faits, & dont elle leur a donné les premiéres notions. Mais cela n'est point regardé par ces Philosophes (*a*) comme une inconséquence. Ils enseignent que l'amour paternel est le principe de la societé, & le fondement de la justice ; & quoiqu'ils ne puissent pas douter que les animaux aient une passion très-vive pour leurs petits, ils prétendent cependant que nous ne sommes pas obligés de garder la justice avec eux : ils se servent de l'exemple des mulets, à qui il ne manque rien des parties génitales, qui les employent avec plaisir, & qui cependant ne peuvent point parvenir à la génération. Voyez s'il n'est pas ridicule que ceux qui accusent les Socrates, les Platons, les Zenons, d'être aussi mé-

_____

(*a*) C'est-à-dire les Stoïciens. Voyez le traité de Plutarque.

chans, auſſi fols, auſſi injuſtes que les derniers des hommes, ſe plaignent de la méchanceté des bêtes, & de ce qu'elles ne ſe portent point avec aſſez de vivacité à la vertu : comme ſi c'étoit à la privation abſolue de la raiſon, & non pas à ſa foibleſſe, qu'il fallût attribuer ces imperfections qu'on convient être dans les animaux ; ce qui paroît par la timidité, l'intempérance, l'injuſtice & la méchanceté, que l'on remarque dans pluſieurs d'eux.

XXIII. Celui qui prétendroit, que ce qui ne peut point arriver à la perfection de la raiſon, n'en eſt point ſuſceptible, reſſembleroit à quelqu'un qui ſoutiendroit, que le ſinge n'a point reçû de la nature ſa laideur, ni la tortue ſa lenteur, parce que le ſinge n'eſt pas ſuſceptible de beauté, ni la tortue de vîteſſe. Ils ne font pas attention à une diſtinction qu'il faut faire.

faire. La raison vient de la nature ; mais la parfaite raison vient de l'attention & de l'instruction. Tout ce qui est animé participe à la raison ; & dans toute la multitude des hommes, on n'en peut pas nommer un qui ait atteint la perfection de la raison, ou de la sagesse. N'y a-t-il pas de la différence entre les façons de voir & de vôler ? Car les éperviers ne vôlent pas de même que les cigales, & les aigles vôlent différemment des perdrix. De même parmi tout ce qui participe à la raison, l'on ne remarque pas la même facilité à se pouvoir perfectionner. Il y a de si fortes preuves que les animaux sont capables de vivre en societé, qu'ils ont du courage, qu'ils ont recours à la ruse, lorsqu'il est question de se procurer ce qui leur est nécessaire ; qu'il y en a d'injustes, de lâches, de stupides ; que l'on a agité une dispute, pour savoir si les animaux terrestres l'emportoient sur ceux de la mer. Il est aisé de faire à ce sujet des comparaisons. Les cicognes nourrissent leurs peres, & les chevaux marins tuent leurs peres pour pouvoir saillir leurs meres. Les perdrix agissent bien différemment des pigeons. Les mâles des perdrix cassent les œufs de leurs femelles, parce que celles-ci, tant qu'elles couvent, chassent leurs mâles. Les pigeons au contraire partagent avec leurs femelles la peine de couver leurs œufs. Ils portent les premiers la becquée à leurs petits dès qu'ils sont nés : le mâle bat la femelle, lorsqu'elle est trop long-tems hors de son nid ; & il l'oblige de retourner à ses œufs & à ses petits. Je ne sais pas pourquoi Antipater, qui reproche aux ânes & aux brebis leur mal-propreté, ne parle ni des chats, ni des hirondélles. Les premiers cachent leurs ordures de façon qu'elles ne paroissent jamais ; & les hirondelles apprennent à leurs petits à mettre le derriére hors de leurs nids, afin de ne le pas gâter. Pourquoi ne disons nous pas qu'un arbre est plus indocile qu'un autre arbre, comme nous disons que le chien est plus docile que la brebis ; ou qu'un légume soit moins brave qu'un autre légume, comme nous disons que le cerf à moins de courage que le Lion ? Et comme dans les choses qui n'ont point de mouvement, l'une n'est pas plus tardive que l'autre ; & dans celles qui ne rendent point de son, l'on ne peut pas dire que l'une ait la voix moins forte que l'autre : aussi ne dira-t-on que de ce qui a reçû de la nature le don de l'intelligence, celui-ci est plus timide, celui-là est plus paresseux, cet autre est plus intempérant, puisque ces divers dégrés supposent de l'intelligence. Il ne faut point être étonné, si l'homme surpasse les animaux par sa facilité d'apprendre, par sa pénétration, par la justice & par les qualités sociables. Entre les animaux, il y en a plusieurs qui ont beaucoup d'avantage sur les hommes par la grandeur, par la vîtesse, par la pénétration de la vûe, & par la subtilité de l'ouie. Cependant l'homme n'est pas pour cela ni sourd, ni aveugle, ni sans forces. Nous courons à la vérité moins vîte que les cerfs, nous voyons moins bien que les éperviers. La nature nous a donné des forces & de la grandeur, quoique les élephans & les chameaux soient beaucoup plus forts & plus grands que nous. Nous pouvons faire le même raisonnement à l'égard de l'intelligence des animaux ; & nous ne devons pas prétendre qu'ils ne pensent point & qu'ils n'ont point de raison, parce qu'ils nous sont inférieurs du côté de la pensée & de la raison. Il vaut mieux dire, qu'ils les ont foibles & troubles.

XXIV. Si cela n'avoit déja été fait plusieurs fois, nous rapporterions une infinité de faits, qui prouvent l'adresse des animaux. Faisons quelques autres réfléxions. Il semble que chaque partie de notre corps, ou chacune de nos puissances, soit susceptible de quelque dérangement, ou par la mutilation, ou par les maladies, qui empêchent les fonctions auxquelles ces parties & ces puissances sont destinées par la nature. Ainsi l'œil peut cesser de voir, la cuisse peut boiter, la langue peut bégayer, & ces divers défauts sont affectés à ces seuls membres ; car ce qui n'est pas fait pour voir, ne peut pas devenir aveugle, ce qui ne doit pas marcher, ne peut pas boiter, & ce qui n'a point de langue, n'est point susceptible de bégaïement. Aussi n'appellera-t-on ni fol, ni insensé, ni furieux, ce que la nature n'a point fait pour penser & pour raisonner. Il n'y a point de faculté, qui ne soit sujette à quelque altération. J'ai souvent vû des chiens enragés. On assûre que les chevaux, les bœufs & les renards enragent. L'exemple des chiens suffit; car il est hors de dispute : & il sert de preuve que ces animaux pensent, ont de la raison, & que ce qu'on appelle rage & fureur chez eux, n'est que la raison troublée & confondue; car ils n'ont ni la vûe ni l'oüie altérée : & comme il y auroit de l'absurdité à nier, qu'un homme qui seroit accablé de mélancolie, ou tombé en démence, n'a point souffert d'altération ni dans son esprit, ni dans son raisonnement, ni dans sa mémoire : de même ce seroit contredire la verité, de nier que les chiens enragés ne souffrent point de dérangement dans leurs pensées, dans leurs raisonnemens & dans leur mémoire ; puisque le trouble où ils sont, leur fait méconnoître ceux qu'ils aiment le mieux, changer de façon de vivre, & les empêche de voir ce qui se présente devant eux. Voilà les argumens que l'on trouve dans plusieurs des ouvrages que Plutarque a écrits contre les Stoïciens & contre les Péripateticiens.

XXV. Théophraste employe le raisonnement suivant. Nous regardons comme parens & comme unis par la nature, ceux qui sont nés du même pere & de la même mere, ou ceux qui descendent des mêmes aïeux. Nous traitons les citoyens de notre ville comme nos alliés, parce que nous habitons le même pays, & que nous vivons en société avec eux. Le Grec est allié du Grec, le Barbare l'est du Barbare : il y a même une alliance générale entre tous les hommes par l'une de ces deux raisons, ou parce qu'ils ont les mêmes auteurs, ou parce qu'ils sont de même espece, & que par-conséquent ils ont les mêmes mœurs & le même caractére. Or les mêmes principes des corps se trouvent dans tous les animaux. Je ne prétends point parler des premiers élémens, dont les plantes sont aussi composées, mais de la semence des chairs & des liqueurs qui sont naturelles à tous les animaux. Je parle de leurs ames, qui se ressemblent par les désirs, par la colére, par le raisonnement, & sur tout par le sentiment. Les corps des animaux,

de

de même que leurs ames, ont différens degrés de perfection : mais ce sont les mêmes principes chez les uns & chez les autres ; ce qui est bien prouvé par la ressemblance de leurs passions. Si tout ce que nous venons de dire est vrai, il faut convenir que tous les animaux pensent, & que la seule différence qui est entr'eux & nous, ne consiste que dans le genre de vie, de sorte que nous devons les regarder comme nos alliés. Car comme dit Euripide, ils ont les mêmes nourritures & les mêmes passions que nous : le sang qui coule dans leurs veines est de même couleur que le nôtre, ce qui démontre que nous avons les mêmes Auteurs, c'est-à-dire le ciel & la terre.

XXVI. Les animaux étant donc ainsi nos alliés, s'il est vrai, comme l'a enseigné Pythagore, qu'ils ayent une ame semblable à la nôtre, c'est à juste titre que l'on accuse d'impiété quiconque ose manger son semblable; & quoi qu'il y ait quelques animaux sauvages, il ne faut pas croire que cela détruise l'espéce d'alliance, qui est entre nous & les bêtes. N'y a t'il pas chez les hommes des méchans, que leur caractére dépravé porte à nuire à ceux avec lesquels ils vivent? Nous les faisons mourir, & nous vivons en société avec les autres: de même s'il y a des animaux féroces, il est permis de les tuer, comme l'on tueroit les hommes qui leur ressemblent; mais il faut traiter avec bonté ceux qui sont d'un naturel doux, & il ne faut manger ni les uns ni les autres, comme nous ne mangeons pas les hommes injustes. Notre conduite est bien peu conforme à la Justice. Nous faisons mourir les animaux familiers, parce qu'il y en a de sauvages & de féroces, & nous mangeons les familiers, en quoi nous commettons une double injustice. Premiérement, en les tuant, secondement, en les mangeant. On peut ajoûter à tout ceci, que ceux qui disent que c'est détruire la Justice que de l'étendre jusqu'aux bêtes, non-seulement n'ont pas de vraies idées de la Justice, mais ne travaillent que pour le plaisir, qui est l'ennemi capital de la Justice. Car dès que le plaisir est la fin de nos actions, il ne peut plus y avoir de Justice. Qui est-ce qui ne sait pas, que l'amour de la Justice s'augmente par la privation du plaisir ? Quiconque s'abstient de tout ce qui est animé, & même des animaux qui ne sont pas utiles à la société, aura beaucoup plus de répugnance à faire tort à ses semblables ; & mieux il sera disposé vers les animaux en général, plus il conservera d'amitié pour les espéces particuliéres. Mais celui qui restraint les devoirs de la Justice à l'homme seul, est toujours sur le point de commettre quelque injustice. La table de Pythagore étoit plus agréable, que celle de Socrate. Celui-ci disoit, que la faim étoit le meilleur de tous les assaisonnemens ; & Pythagore prétendoit, que le repas le plus satisfaisant étoit de ne faire tort à personne, & de ne s'écarter jamais de la Justice. Ceux qui ne veulent point manger des animaux, n'ont aucune part aux injustices qui se commettent à l'occasion de cette nourriture. Dieu ne nous a pas fait de façon, que pour travailler à notre conservation nous fussions obligés de faire tort aux autres : ou il auroit mis chez nous un principe d'injustice. Ceux-là ne me paroissent pas avoir une véritable idée de la Justice, qui enseignent qu'on ne doit l'observer que pour maintenir la société entre les hommes: autrement on n'entendroit par Justice, que l'amour pour le genre humain; mais elle consiste à ne faire aucun tort à ce qui ne nous nuit pas, de sorte qu'il faut l'étendre à tout ce qui est animé. L'essence de la Justice consiste, à faire dominer ce qui n'a point de raison par la partie raisonnable, de sorte que ce qui n'a point de raison, obéisse à ce qui en a, moyennant quoi l'homme ne fera jamais tort à qui que ce soit. Car dès que les passions seront retenues, les désirs réprimés, la colére calmée, la raison prendra le dessus: pour lors l'homme ressemblera à ce qu'il y a de plus parfait. Or ce qui est parfait, ne fait tort à rien. Il se sert de sa puissance, pour conserver les autres êtres, pour leur faire du bien; &

il n'a besoin de rien. Pour nous tant que nous voudrons être justes, nous ne ferons tort à rien. En tant que mortels, nous manquons de plusieurs choses qui nous sont nécessaires. L'usage de ces choses n'est point injuste; car quel tort faisons-nous aux plantes, lorsque nous prenons ce qu'elles rejettent, ou aux fruits, lorsque nous mangeons ceux qui sont prêts de tomber, ou aux brebis, en prenant leurs laines ? Au contraire nous leur rendons service ; & le soin que nous en prenons, nous autorise à partager avec elles leur lait. Ainsi quoique l'homme de bien paroisse avoir peu d'attention pour son corps, il ne commet cependant point d'injustice contre lui-même, puisque par la tempérance il augmente ses vertus, & en devient plus semblable à Dieu.

XXVII. Si le plaisir est la

fin de l'homme, il est impossible que la Justice subsiste ; elle ne subsistera jamais qu'autant qu'on s'en tiendra aux premiéres décisions de la nature, qui suffisent pour rendre l'homme heureux. Les désirs de la nature déraisonnable, & de prétendues nécessités ont introduit l'injustice dans le monde. C'est de là qu'est venu l'usage de manger les animaux, afin, disoit-on, de conserver la nature humaine, & de lui procurer ce dont elle a besoin. Mais la fin de l'homme devant être de ressembler à Dieu, il ne peut y parvenir qu'en ne faisant tort à quoique ce soit. Celui qui est dominé par ses passions, se contente de ne nuire ni à ses enfans, ni à sa femme. Il méprise les autres devoirs, parce que la partie déraisonnable qui est en lui, tourne toute son attention vers les choses périssables, & il n'admire qu'elles. Celui au contraire qui est dominé par la raison, ne fait tort ni au citoyen, ni à l'étranger, ni à quelque homme que ce soit, parce qu'il maîtrise la partie déraisonnable ; & plus il écoute la raison, plus il est semblable à Dieu. Un homme de ce caractére ne se contente pas de ne point faire de tort aux hommes ; il n'en veut pas même faire aux animaux. Il conserveroit cet esprit de Justice avec les plantes s'il le pouvoit, pour être plus semblable à Dieu. Si nous ne pouvons pas porter la perfection jusques là, imitons nos Anciens, & plaignons le défaut de notre nature, qui est composée de parties si discordantes, qu'il est impossible que nous soyons entiérement parfaits ; car nous avons des besoins, ausquels nous ne pouvons remédier que par des choses étrangéres ; & on est d'autant plus pauvre, que l'on a plus de besoin des choses extérieures. Plus l'on a de besoins, moins l'on ressemble à Dieu. Ce qui ressemble à Dieu posséde les vraies richesses. Celui qui est riche & qui n'a besoin de rien, ne fait tort à personne. Car dès qu'il fait quelque injustice, eût-il toutes les richesses de l'Univers, toutes les terres du monde, il est pauvre, parce qu'il est injuste, impie, & sujet à toute la méchanceté que la descente de l'ame dans la matiére a occasionnée, depuis qu'elle est privée du vrai bien. Tout n'est que bagatelles, lorsqu'on s'éloigne de son principe. Nous sommes toujours dans la misére, lorsque nous ne sommes pas occupés de celui qui peut seul nous rassasier, & que nous ne cherchons qu'à satisfaire ce qu'il y a de périssable en nous, sans faire attention à ce que nous avons de plus noble. L'injustice persuade aisément ceux qu'elle a subjugués, parce qu'elle fournit des plaisirs à ceux qui la suivent. De même que dans le choix d'un genre de vie, celui qui a fait l'épreuve de deux, juge mieux que celui qui n'en connoît qu'un : aussi lorsqu'il s'agit de choisir ce qu'il faut faire ou ce qu'il faut suivre, le meilleur juge est celui qui a la connoissance des choses élevées, & qui les compare avec celles qui sont d'un ordre inférieur. Il prendra mieux son parti, que celui qui jugera des choses du premier ordre par celles qui sont subalternes. Par conséquent celui qui consulte la raison est bien plus en état de suivre le bon parti, que celui qui se laisse conduire par ce qui est déraisonnable en nous. Le premier sçait ce que c'est que la raison, & ce qui lui est opposé, parce qu'avant que d'être raisonnable, il a passé par ce dernier état. L'autre au contraire n'a aucune expérience des choses raisonnables. Il persuade cependant ses semblables. C'est un enfant qui joue avec des enfans. Mais, dit-on, si tout le monde suivoit ces principes, que deviendrions-nous? Nous en serions plus heureux. L'injustice seroit bannie de chez les hommes, & la Justice habiteroit chez eux, comme dans le ciel. C'est précisément comme si on disoit, que les Danaïdes seroient fort embarrassées de ce qu'elles feroient, si elles n'étoient plus obligées de travailler à remplir leur tonneau percé comme un crible. On demande ce que nous ferions, si nous réprimions nos passions & nos désirs, qui sont la source funeste de tous les maux qui inondent notre vie. Nous imiterions le siécle d'or, où l'on étoit véritablement libre. La pudeur, la crainte de faire tort, la Justice habitoient chez les hommes, parce qu'ils se contentoient des fruits de la terre, qui sans être cultivée leur communiquoit ses richesses avec abondance. Or comme les affranchis acquierent pour eux ce qu'ils acquéroient pour leurs maîtres, avant qu'ils fussent libres, ainsi lorsque vous serez délivré de la servitude du corps & des passions, que vous entretenez par toutes les choses extérieures, vous fortifierez votre intérieur, en ne faisant usage que de ce qui vous appartient, & ne prenant point par violence le bien des autres.

TRAITÉ
DE
PORPHYRE.

LIVRE QUATRIE'ME.

I. NOUS avons répondu à presque toutes les difficultés que font ceux qui admettent la nourriture de la viande. Ce n'est véritablement que par intempérance qu'ils prennent ce parti : mais pour se justifier, ils n'ont pas honte de chercher des prétextes dans la nécessité, ce qui leur donne lieu de faire beaucoup d'exagérations. Il reste encore deux questions à examiner : l'une est, si cette nourriture est utile ; car c'est par là qu'on a séduit ceux qui se laissent dominer par les plaisirs. L'autre est, s'il est vrai qu'aucun Sage ni aucune nation ne rejette l'usage de la chair des animaux. C'est à la faveur de cette assertion, que les hommes se sont prêtés à l'injustice. Nous allons faire voir qu'elle est contraire à la vérité de l'histoire. Nous répondrons ensuite à la question de l'utilité de cette nourriture, & à quelques autres.

II. Nous commencerons par parler de quelques peuples, qui se sont abstenus de la nourriture des animaux. Les Grecs seront les premiers, parce que nous connoissons mieux ceux qui nous ont appris leurs usages. Dicearque le Péripatéticien, qui est un de ceux qui a fait l'abrégé le plus exact des mœurs des Grecs, assûre que les anciens qui étoient plus près des Dieux que nous, étoient aussi meilleurs que nous, qu'ils travailloient à se rendre parfaits, de sorte qu'on les regarde comme faisant l'âge dor, comparés aux hommes d'apréfent, qui sont formés d'une matiére corrompue. Ils ne tuoient rien d'animé. C'est pour cela que les Poëtes ont appellé ce siécle l'âge d'or. La terre d'elle-même leur produisoit des fruits en abondance. Tranquilles & menant une vie pacifique, ils travailloient avec leurs compagnons qui étoient tous gens de bien. Dicearque raisonnant à ce sujet, prétend que c'est ainsi que l'on vivoit du tems de Saturne, si l'on doit croire qu'il ait existé, & que ce qu'on dit de lui, ne soit pas fabuleux ni allégorique. La terre produisoit sans être cultivée. Les hommes n'étoient point obligés, d'uſer de précaution pour ſe procurer des vivres. Les Arts étoient inconnus, & on ne ſavoit encore ce que c'étoit que labourer la terre. Il arrivoit de là que les hommes menoient une vie tranquille, ſans travail, ſans inquiétude, & même ſans maladie, s'il faut s'en rapporter à ce que diſent les plus habiles Médecins. Car quelle meilleure recette pour la ſanté, que d'éviter les plénitudes auxquelles il n'étoient nullement ſujets, n'uſant jamais que des alimens moins forts que leur nature, toujours avec modération malgré l'abondance, comme s'ils en avoient eû diſette ? C'eſt pourquoi l'on ne voyoit chez eux ni guerre, ni ſédition. Il n'y avoit aucune raiſon qui pût occaſionner chez eux des différends; de ſorte que toute leur vie ſe paſſoit dans le repos & dans la tranquillité. Ils ſe portoient bien, ils vivoient

voient en paix, & s'aimoient. Leurs descendans étant devenus ambitieux, éprouverent de grands malheurs, & regretterent avec raison le genre de vie de leurs ancêtres. Le proverbe, *assez de gland*, qui fut en usage dans la suite, prouve la frugalité des premiers tems, & la facilité de se procurer des vivres sur le champ ; car il y a apparence que c'est celui qui a donné l'origine à ce proverbe, qui a changé la premiére façon de vivre. Vint ensuite la vie pastorale, pendant laquelle on fit plus d'acquisition que l'on n'avoit de besoins ; & l'on toucha aux animaux. On remarqua qu'il y en avoit qui ne faisoient point de mal, que d'autres étoient méchans & dangéreux. On chercha à apprivoiser les premiers, & à se défaire des autres. Ce fut pendant ce siécle que la guerre s'introduisit chez les hommes. Ce n'est pas moi qui avance ces faits : on peut les voir dans les Historiens. Il y avoit déja des richesses, dont on faisoit beaucoup d'estime; on chercha à se les enlever, & pour y réussir on s'attroupoit. Les uns attaquoient, & les autres se défendoient, pour conserver ce qu'ils avoient. Peu de tems après les hommes faisant refléxion sur ce qu'ils croyoient être de leur utilité, en vinrent au troisiéme genre de vie, c'est-à-dire, à l'agriculture. Voilà ce que nous apprend Dicearque, lorsqu'il traite des mœurs des anciens Grecs, & qu'il fait l'histoire de l'heureuse vie des premiers tems, à laquelle contribuoit beaucoup l'abstinence des viandes. Il n'y avoit point de guerre, parce que l'injustice étoit bannie de dessus la terre. Ensuite parut la guerre avec l'avidité, & l'on commença à faire violence aux animaux. C'est pourquoi on ne peut-être trop surpris de la hardiesse de ceux qui ont osé avancer, que l'abstinence des animaux est la mere de l'injustice, puisque l'histoire & l'expérience nous apprennent, que dès qu'on eut commencé à les tuer, le luxe, la guerre & l'injustice s'introduisirent dans le monde.

III. Ce qui ayant été remarqué par Licurgue le Lacédémonien, il fit des Réglemens tels, que quoique l'usage de manger des animaux fût déja reçû, on ne fut pas dans la nécessité de recourir à cette nourriture. Il assigna à chaque Citoyen une part, non pas en troupeaux de bœufs, de brebis, de chévres, de chevaux, ou en argent, mais en terre, qui rapportoit à chaque homme soixante & dix mesures d'orge, douze à chaque femme, & d'autres fruits à proportion. Il étoit persuadé, que ces alimens suffisoient pour se conserver en parfaite santé, & que les hommes n'en avoient pas besoin d'autres. On dit que long-tems après parcourant la Laconie au retour d'un voyage qu'il avoit fait, voyant les bleds coupés depuis peu, & les aires égales, il se mit à rire, & dit à ceux qui étoient avec lui, que la Laconie paroissoit être un pays qui venoit d'être partagé tout nouvellement entre plusieurs freres. Dès qu'il se proposoit de bannir le luxe de Sparte, il falloit qu'il abolît la monnoye d'or & d'argent, & que celle de fer fût seule en usage. Le poids en étoit grand, & la valeur petite, de sorte que la matiere qui faisoit la valeur de dix mines tenoit beaucoup de place, & qu'il falloit deux bœufs pour la traîner. Ce réglement supprima plusieurs espéces d'injustices à Lacédémone. Car qui auroit voulu ou dérober, ou se laisser corrompre, ou prendre de force ce que l'on ne pouvoit pas cacher, ce que l'on possédoit sans en être plus estimé, & dont l'on ne pouvoit faire aucun usage, en le mettant en piéces (*a*)? Les arts inutiles disparurent avec l'or & l'argent. Il n'y avoit point de commerce entre les Lacédémoniens & les autres peuples de la Grece. Il n'étoit pas facile de transporter la monnoye de fer, qui loin d'être estimée en Grece, n'étoit qu'une occasion de raillerie. Les Lacédémoniens se trouvoient donc dans l'impossi-

―――――――――――

(*a*) Pour comprendre ceci, il faut ajouter ce qu'on lit dans Plutarque, que les ouvriers avoient ordre de tremper le fer tout rouge dans le vinaigre, pour en émousser la pointe, & le rendre inutile à tout autre emploi, ce fer ainsi trempé devenant si aigre, qu'on ne pouvoit plus ni le battre, ni le forger. *Vie de Licurgue.*

bilité d'acheter des marchandises étrangeres, qui entretiennent le luxe. Les vaisseaux marchands n'entroient point dans leurs ports; & l'on ne voyoit point aborder en Laconie ni Sophiste, ni diseur de bonne avanture, ni Marchand de filles, ni orfévre, ni jouailler, parce qu'il n'y avoit point d'argent. Le luxe s'anéantit ainsi peu à peu, n'étant plus soutenu par ce qui l'excite & l'entretient. Ceux qui étoient plus riches que les autres, ne pouvant faire aucun usage de leurs richesses qui demeuroient comme ensévelies : il arriva de-là que les meubles d'usage & dont-on ne peut pas se passer, comme les lits, les siéges, les tables, étoient très-bien faits chez eux ; & le gobelet de Lacédémone appellé Cothon, étoit très-estimé à l'armée, ainsi que dit Critias. La couleur empêchoit que l'on pût s'appercevoir si l'eau qui étoit dedans étoit propre ; & les bords étoient faits de maniére, qu'ils retenoient tout ce qui étoit trouble dans le gobelet, ensorte que ce qui étoit de plus pur en sortoit. C'étoit une invention de leur Législateur, comme le rapporte Plutarque. Les ouvriers n'étant donc plus occupés à des ouvrages inutiles, emploïerent toute leur adresse à perfectionner les nécessaires.

IV. Pour détruire encore davantage le luxe, & anéantir le désir des richesses, il fit un troisiéme réglement très-beau. C'est celui par lequel il étoit ordonné de manger ensemble, & de ne se nourrir que d'alimens ordonnés par la loi. Il étoit défendu de manger chez soi sur des lits somptueux, & d'avoir des tables magnifiques, apprêtées par des cuisiniers pour s'engraisser pendant les ténébres, ainsi que des animaux gourmands, & pour corrompre par ce moyen les mœurs & les corps, en se livrant à toute sorte de désirs, en dormant beaucoup, puis ayant recours aux bains chauds, & passant ainsi la vie dans l'indolence, qui devient par ce régime comme une maladie habituelle. Ce qu'il fit donc de mieux, c'est d'avoir détruit le désir des richesses par la communauté des repas & par leur frugalité ; car il n'y avoit aucun moyen de faire usage ni ostentation de magnificence, le pauvre & le riche mangeant ensemble ; de sorte que Sparte étoit la seule ville du monde, où ce que l'on dit communément de Plutus, qu'il est aveugle, se trouvât vrai. Il y étoit sans fonction, comme une statue sans ame & sans mouvement. Il n'étoit pas permis de manger chez soi,

&

& d'aller au repas commun, n'ayant plus faim. On examinoit avec grand soin celui qui ne buvoit ni ne mangeoit ; on lui reprochoit ou son intempérance ou sa délicatesse, qui lui faisoit dédaigner les repas publics. Les tables étoient de quinze personnes chacune, ou un peu plus un peu moins. Chacun apportoit par mois une mesure de farine, huit pots de vin, cinq mines de fromage, deux & demie de figues, & quelque peu d'argent pour l'apprêt.

V. Ces repas étant aussi sages & aussi sobres, c'étoit avec raison que les enfans y alloient comme à une école de tempérance. Ils entendoient parler des affaires publiques. Il étoient témoins d'une gayété digne de gens libres. Ils s'accoutumoient à se plaisanter sans aigreur & sans se fâcher ; car c'étoit le propre des Lacédémoniens de souffrir la raillerie ; & si celui qui étoit raillé n'étoit pas content, il demandoit grace, & le railleur aussi-tôt cessoit. Telles étoient les loix des Lacédémoniens au sujet des repas, quoiqu'elles fussent faites pour la multitude. Ceux qui avoient été élevés à Lacédémone, étoient beaucoup plus braves, plus tempérans, plus attachés à leur patrie que les autres peuples, dont les ames & les corps étoient corrompus. On voit par là que cette République faisoit profession d'une abstinence parfaite. Il n'y a que les peuples chez lesquels la corruption regnoit, qui n'avoient aucune répugnance pour manger de la chair. Car si nous passons aux autres nations qui ont eu un grand respect pour les loix sages, pour l'humanité & pour la piété, nous verrons clairement que l'abstinence des viandes a été observée, si non de tous, au moins de plufieurs, pour la conservation & l'avantage des villes, afin que ceux qui servoient les Dieux & leur sacrifioient pour l'Etat, pussent les fléchir, & effacer les péchés du peuple : c'est ce que fait l'enfant dans les cérémonies des mystéres, lorsqu'il cherche à appaiser les Dieux pour les initiés, en pratiquant exactement ce qui est prescrit. C'est ce que font dans toutes les nations & dans toutes les villes les Prêtres qui sacrifient pour tout le monde, & qui par leur piété déterminent les Dieux à protéger l'Etat. L'usage de tous les animaux est interdit à certains Prêtres. Il y en a qui ne sont obligés de s'abstenir que de certaines espéces. Si donc ceux qui sont préposés pour présider au salut des villes, ausquels le culte des Dieux est confié, s'abstiennent des animaux, qui osera dire que l'abstinence des viandes soit dangéreuse pour les villes?

VI. Cheremon le Stoïcien traitant des prêtres Egyptiens, dit qu'ils étoient regardés comme des Philosophes en Egypte, & qu'ils choisissoient un endroit où ils pussent s'appliquer tout entiers aux choses sacrées. L'ardeur qu'ils avoient pour la contemplation, les engageoit à habiter près des statues des Dieux. Ils étoient dans une singuliére vénération. Ils ne quittoient leur solitude que les jours de grandes fêtes. Dans les autres tems, il étoit presque impossible d'avoir aucun commerce avec eux. Ceux qui vouloient les aborder, devoient d'abord se purifier & s'abstenir de plusieurs choses, conformément aux loix sacrées de l'Egypte. Ils renonçoient à tout travail & à toute sorte de commerce, pour s'appliquer uniquement à la contemplation des choses divines ; par-là ils acquéroient de l'honneur. Ils vivoient dans une considération, qui leur procuroit une pleine sûreté. Ils devenoient pieux & savans ; car cette application continuelle aux choses divines, les mettoit en état de réfréner leurs passions, & de mener une vie spirituelle. Ils étoient grands partisans de la frugalité, de la modestie dans le vêtement, de la tempérance, de la patience, de la justice, & du détachement des richesses. La difficulté que l'on avoit de les aborder, les rendoit plus respectables. Dans le tems de leurs purifications, à peine voyoient-ils leurs plus proches. Ils n'avoient de commerce pour lors qu'avec ceux qui se purifioient aussi. Ils habitoient dans des endroits inaccessibles à ceux qui n'étoient pas purifiés, & qui n'étoient destinés qu'au service des

Dieux Les autres tems ils voyoient leurs confréres : mais ils n'avoient aucune liaison avec ceux qui n'étoient pas initiés dans leurs mystéres. On les voyoit toujours près des statues des Dieux ; ou ils les portoient, ou ils alloient en procession. Ils agissoient en tout avec décence & dignité. La vanité n'y avoit aucune part. On remarquoit que la raison seule les dirigeoit. Leur posture même prouvoit leur gravité. Ils marchoient avec ordre. Leur regard étoit assûré. On ne voyoit point remuer leurs yeux d'une façon égarée. Ils rioient rarement, & leur joie n'alloit même jamais que jusqu'au sourire. Leurs mains étoient toujours cachées par leurs habits. Chacun d'eux avoit la marque du rang qu'il tenoit dans le sacrifice ; car il y avoit chez eux différens ordres. Leur nourriture étoit frugale & simple. Les uns ne buvoient point de vin, les autres n'en buvoient que très peu. Ils disoient qu'il attaquoit les nerfs, qu'il rendoit la tête pesante, ce qui est un obstacle à la recherche de la vérité, enfin qu'il portoit à l'amour. Ils s'abstenoient de plusieurs autres choses. Ils n'usoient pas même de pain dans le tems de leurs purifications ; & dans les autres tems où ils en mangeoient, ils le coupoient en petits morceaux, le mêloient avec de l'hyssope, parce qu'ils prétendoient que par ce mélange il perdoit beaucoup de sa force. Le plus souvent ils ne faisoient pas usage d'huile ; & si par hazard ils en mettoient dans leurs légumes, c'étoit toujours en petite quantité, & autant seulement qu'il en falloit pour en corriger le goût.

VII. Il ne leur étoit pas permis de manger, ni de boire de ce qui croissoit hors de l'Egypte.

ce qui fermoit la porte à une partie considérable du luxe. Encore s'abstenoient-ils des poissons même d'Egypte, des bêtes à quatre pieds, soit qu'elles n'eussent qu'un ongle, soit qu'elles en eussent plusieurs. Ils ne mangeoient pas de celles qui n'avoient point de cornes, ni des oiseaux carnaciers. Il y en avoit entr'eux plusieurs, qui s'abstenoient de tout ce qui étoit animé. Aucun d'eux ne mangeoit rien pendant le tems de sa purification de ce qui avoit été animé. Pour lors même ils ne faisoient point usage des œufs. Ils ne touchoient point aux vaches, ni aux animaux mâles qui étoient jumeaux, ni à ceux qui avoient quelques défauts, ou qui étoient de diverses couleurs, ou qui avoient quelque difformité, ou qui étoient domptés, comme étant déja destinés aux travaux. Ils ne mangeoient point aussi de ceux qui avoient quelque rapport de ressemblance avec ceux que l'on respectoit en Egypte, ni ceux qui n'avoient qu'un œil, ni ceux qui avoient du rapport avec l'homme. On avoit fait plusieurs observations, qui appartenoient à l'art de ceux qui étoient préposés à marquer les veaux destinés aux sacrifices, ce qui a donné occasion à divers livres. Les oiseaux étoient un des principaux objets de leur attention. Ils ne vouloient pas que l'on mangeât des tourterelles. Ils prétendoient qu'il arrivoit souvent, que l'épervier après avoir pris une tourterelle, s'accouploit avec elle, & lui rendoit la liberté, comme le prix de sa complaisance ; & afin de ne point s'exposer à manger de celles-là, ils n'en prenoient aucune. C'étoit là leur discipline générale. Il y avoit des usages différens, suivant la différence des Prêtres & des Dieux, lorsqu'ils se purifioient.

Quand ils se préparoient à leurs cérémonies sacrées, ils étoient un certain nombre de jours, les uns de quarante-deux, les autres plus, les autres moins, mais au moins sept jours, pendant lesquels ils s'abstenoient de tout ce qui étoit animé, même des légumes & du commerce des femmes. Quant aux garçons, même dans les autres tems, ils n'en faisoient aucun usage. Ils se lavoient trois fois le jour dans de l'eau froide, en se levant, avant le dîner, & avant que de se coucher. S'il leur arrivoit d'avoir quelque rêve voluptueux, ils se baignoient aussi-tôt après leur réveil. Dans les autres tems, ils n'usoient pas du bain si fréquemment. Leur lit étoit de branches de palmier; leur oreiller étoit un demi-cilindre de bois bien poli. Ils s'exerçoient pendant toute leur vie à supporter la soif & la faim, & à manger très-peu.

VIII. Une grande preuve de leur tempérance eſt que ne faiſant aucun exercice, ils n'étoient jamais malades, & qu'ils avoient toute la vigueur dont ils avoient beſoin. Ils ſatisfaiſoient à toutes les fonctions de leur miniſtére, qui ſuppoſoient une force peu commune. Ils étoient occupés la nuit à obſerver les cieux, & quelquefois à ſe purifier. Le jour étoit employé au culte des Dieux. Ils chantoient leurs louanges trois ou quatre fois, le matin & le ſoir, lorſque le ſoleil étoit au milieu de ſa courſe, & lorſqu'il ſe couchoit. Le reſte du tems ils étudioient l'arithmétique & la géométrie : toujours occupés à faire des découvertes & des expériences, ils paſſoient les nuits d'hyver à ces exercices, étudiant auſſi la Philologie, n'ayant aucune attention pour s'enrichir, & ayant ſecoué le joug du luxe qui eſt toujours un mauvais maître. Leur travail assidu étoit une preuve de leur patience, & de la modération avec laquelle ils réprimoient leurs désirs. Ils regardoient comme un des plus grands crimes de voyager hors de l'Egypte, parce qu'ils avoient en horreur les mœurs & le luxe des étrangers. Ils croyoient qu'il n'étoit permis de voyager qu'à ceux qui y étoient contraints pour les affaires du Roi. Ils s'entretenoient continuellement de la nécessité d'observer les coutumes qu'ils avoient reçûes de leurs peres ; & pour peu qu'ils fussent convaincus de s'en être éloignés, ils étoient dégradés : la vraie méthode de philosopher étoit chez leurs Prophétes & chez leurs Ecrivains sacrés. Quant aux autres Prêtres, les porte-cierges & les sacristains, ils menoient une vie pure, mais non pas tout à fait si auſtére. C'eſt ainſi que l'écrit un Auteur très ami de la vérité, très-exact & des plus célébres parmi les Stoïciens.

IX. Ceux qui étoient ainſi accoutumés à de pareils exercices, & à ſe rendre la Divinité familiére, étoient perſuadés que l'homme n'étoit pas le ſeul des êtres qui fût rempli de la divinité : ils croyoient que l'ame n'habitoit pas ſeulement dans l'homme, mais qu'il y en avoit une dans preſque toutes les eſpéces des animaux. C'eſt pourquoi ils repréſentoient Dieu ſous la figure des bêtes, même des ſauvages & des oiſeaux, auſſi bien que ſous celle de l'homme. Vous voyez chez eux des Dieux qui reſſemblent à l'homme juſqu'au col, & qui ont le viſage ou d'un oiſeau, ou d'un lion, ou de quelque autre animal. Quelquefois Dieu eſt repréſenté chez eux ayant une tête humaine, &

les autres parties d'autres animaux. Ils veulent nous faire voir par-là que suivant l'intention des Dieux, il y a société entre les hommes & les animaux, & que c'est en conséquence de la volonté de ces êtres suprêmes, que les animaux sauvages s'apprivoisent & vivent avec nous. C'est pourquoi le lion est respecté chez eux comme un Dieu ; & il y a une province de l'Egypte que l'on appelle Léontopolis du nom de cet animal, comme il y en a une autre appellée Busiris, & une autre que l'on nomme Lucopolis, à cause du bœuf & du loup. Ils adoroient la puissance de Dieu sous la figure de différens animaux: Entre les élémens, ils respectoient sur tout l'eau & le feu, comme ayant plus de part à notre conservation : on les voyoit dans leurs temples ; & encore aujourd'hui à l'ouverture de la chapelle de Sérapis, on lui fait un sacrifice par le feu & par l'eau. Celui qui chante l'hymne, verse l'eau & montre le feu, tandis que celui qui est à la porte, adresse la parole à Dieu en langue Egyptienne. Ils avoient un respect particulier pour tout ce qu'ils croyoient avoir quelque rapport avec ce qui étoit sacré. Ils adorent un homme dans le canton d'Anubis. On lui sacrifie, & on brûle des victimes sur son autel, après quoi il mange ce qui lui a été apprêté. Il n'est pas plus permis de manger des animaux que des hommes. Ceux qui ont excellé par leur sagesse, & qui ont eu le plus de communication avec la Divinité, ont découvert que quelques animaux sont plus agréables à certains Dieux que les hommes, comme l'épervier au Soleil. Cet oiseau est tout sang & tout esprit. Il prend l'homme en compassion : il pleure lorsqu'il rencontre un cadavre ; il jette de la terre sur ses yeux, dans la persuasion où il est que la lumiére du soleil y habite. Ces mêmes hommes ont aussi remarqué que l'épervier vivoit très-long tems ; qu'après sa mort il avoit la faculté de prédire l'avenir ; que dés qu'il étoit dégagé de son corps, il devenoit très raisonnable, connoissoit ce qui devoit arriver, animoit les statues des Dieux, & mettoit leurs temples en mouvement. Quelque ignorant peu instruit dans les choses divines aura horreur du Scarabée. Les Egyptiens au contraire l'honoroient, comme l'image vivante du Soleil. Tout Scarabée est mâle, & jette sa semence dans un endroit humide en forme sphérique : il la remue de ses pieds de derriére, en tournant ainsi que fait le Soleil dans le ciel ; & il est vingt-huit jours

à

à faire ce même exercice, ce qui est le cours périodique de la Lune. Les Egyptiens font d'autres raisonnemens à peu près dans le même goût sur le belier, sur le crocodile, sur le vautour, sur l'ibis, enfin sur les autres Animaux; & ce n'est qu'à force de réflexions, & par une suite de leur profonde sagesse, qu'ils en sont venus à respecter les Animaux. Un ignorant n'a pas la moindre idée des raisons qui ont engagé les Egyptiens à ne point suivre le torrent, & à honorer ce que le vulgaire méprisoit.

X. Ce qui a autant contribué encore que ce que nous venons de dire, à leur donner du respect pour les Animaux, c'est qu'ils ont découvert que lorsque l'ame des bêtes est délivrée de leur corps, elle est raisonnable, & prévoit l'avenir, rend des oracles, & est capable de faire tout ce que l'ame de l'homme peut faire lorsqu'elle est dégagée du corps. C'est par cette raison qu'ils respectoient les Animaux, & s'abstenoient d'en manger, autant qu'il leur étoit possible. Il y avoit beaucoup de raisons, qui déterminoient les Egyptiens à respecter les Dieux sous la forme des Animaux. Nous serions trop longs, si nous voulions les approfondir toutes. Nous nous contenterons de ce que nous en avons déja dit. Il ne faut cependant point omettre, que lorsqu'ils embaument les corps des gens de condition, ils en séparent les entrailles, les mettent dans une caisse. Entre plusieurs cérémonies qu'ils pratiquent en rendant les derniers devoirs aux morts, ils tournent cette caisse du côté du Soleil; & un de ceux qui a embaumé les entrailles, fait cette priére, qu'Euphante a traduite de l'Egyptien: Ô Soleil nôtre Seigneur, & tous les autres Dieux qui donnez la vie aux hommes, recevez-moi, & livrez-moi aux Dieux de l'enfer, avec lesquels je vais habiter. J'ai toujours respecté les Dieux de mes peres; & tant que jai vécû dans le monde, j'ai honoré ceux qui ont engendré mon corps. Je n'ai tué aucun homme. Je n'ai point violé de dépôt, ni fait aucune faute irréparable; & si j'ai commis quelque péché dans ma vie, soit en mangeant, soit en buvant ce qui n'étoit pas permis, ce n'est pas moi qui ai péché, mais ceci. Il montroit en même-tems la caisse dans laquelle étoient les entrailles; & après avoir fini cette priére, il jettoit la caisse dans la riviére, & embaumoit le reste du corps qui étoit regardé comme pur. Les Egyptiens croyoient donc être obligés de se justifier auprès de la Divinité, pour les fautes qu'ils avoient commises par le manger & par le boire.

XI. Parlons présentement des nations qui sont plus connues. Les Juifs s'abstenoient de plusieurs animaux avant la persécution qu'ils souffrirent sous Antiochus, qui viola leurs Loix, & ensuite sous les Romains, lorsque le temple fut pris, & qu'il fut accessible à tous ceux qui vouloient y entrer. Jusqu'alors l'entrée en avoit été interdite. La Ville même fut détruite. Les Juifs ne faisoient aucun usage du cochon; & encore aujourd'hui ils s'en abstiennent. Il y avoit chez eux trois sectes de Philosophes. Les premiers étoient les Pharisiens, les seconds les Saducéens, les troisiémes les Esséniens, les plus respectables de tous. Joseph parle dans plusieurs endroits de la façon de vivre de ces derniers; dans le second Livre de son Histoire Juive qui est en sept Livres, dans le dix-huitiéme de ses Antiquités qui contiennent dix-huit Livres, & enfin dans son second Livre contre les Grecs, lequel ouvrage n'en renferme que deux. Les Esséniens sont Juifs d'origine : ils ont beaucoup d'amitié les uns pour les autres, & ils s'aiment beaucoup plus qu'il n'aiment les autres hommes. Ils ont horreur des plaisirs, comme de quelque chose de mauvais ; & ils font consister la vertu dans la tempérance & dans la victoire sur les passions. Ils dédaignent de se marier : mais ils se chargent des enfans des autres, pour les élever dans leur façon de vivre ; & ils en usent avec eux comme s'ils étoient leurs parens. Ils ne condamnent cependant pas le mariage, ni la génération qui en est le fruit : mais ils blament beaucoup l'amour immoderé des femmes. Ils méprisent les richesses,

C'est une chose admirable, que la façon dont ils vivent en commun. On ne trouve chez eux personne, qui ait plus de bien qu'un autre. C'est une Loi, que quiconque entre dans cette secte, lui donne tous ses biens, de sorte qu'il n'y a ni pauvre ni riche parmi eux. Tous leurs biens sont réunis. On prendroit les Esséniens pour des fréres. L'usage des parfums est regardé chez eux comme quelque chose de honteux; & si quelqu'un avoit été parfumé, même malgré lui, il se lave bien tôt. Ils croient qu'il est raisonnable de ne se piquer pas d'une propreté trop recherchée, & d'être toujours habillé de blanc. Ils choisissent ceux qui doivent faire leurs affaires; & on fournit à chacun ses besoins sans aucune distinction. Ils n'habitent pas une seule Ville: il n'y en a point où il n'y ait plusieurs de cette secte; & lorsqu'ils arrivent d'ailleurs dans une Ville, ceux de leur parti les préviennent. On ne les laisse manquer de rien ; & dès qu'on les voit, ils sont traités comme s'il y avoit longtems qu'on les connût : c'est pourquoi lorsqu'ils voyagent, ils ne portent rien avec eux, n'étant obligés à aucune dépense. Ils ne changent jamais d'habits ny de souliers qu'ils ne soient déchirés ou usés par le tems. Ils n'achetent ni ne vendent rien ; mais chacun d'eux donne à son confrére ce qui lui manque, & reçoit de lui ce qui lui est utile. Il ne leur est néanmoins pas défendu de recevoir sans rien rendre.

XII. Ils ont un respect singulier pour la Divinité. Avant que le Soleil soit levé, ils ne disent rien de profane; ils lui adressent quelques priéres, qu'ils ont apprises de leurs péres, comme pour le supplier de se lever. Leurs directeurs enfuite les envoient travailler aux arts qu'ils favent. Ils font occupés au travail avec beaucoup d'attention jufqu'à la cinquiéme heure, après laquelle ils s'affemblent dans un même endroit: ils vont enfuite fe laver dans de l'eau froide, couverts d'un voile de lin. Après cette purification, chacun d'eux fe retire dans fa cellule. Il n'eft point permis à ceux qui ne font pas de leur fecte, d'y entrer. Ainfi purifiés ils vont au réfectoire, qui reffemble à un lieu facré ; ils s'affeoient en gardant un grand filence: le boulanger leur donne à chacun leur pain par ordre, & le cuifinier leur donne un plat, où il n'y a qu'un feul mets. Le Prêtre fait la priére, & quoique les vivres dont ils font ufage, foient purs, il ne leur eft pas permis d'y toucher avant que la priére foit faite. Lorfque le repas eft fini, le Prêtre fait une nouvelle

nouvelle priére : ainsi avant que de manger, & après avoir mangé ils rendent graces à Dieu. Ils quittent ensuite leurs vêtémens qui sont comme sacrés, pour retourner à l'ouvrage jusqu'au soir : ils observent les mêmes cérémonies en soupant ; & s'ils ont quelques hôtes, ils les font souper avec eux. On n'entend jamais de clameurs dans leurs maisons ; jamais il n'y a de tumulte : ils parlent chacun avec ordre ; leur silence paroît aux étrangers un mystére redoutable. Ils n'ont pas de peine à l'observer, à cause de leur abstinence continuelle & de leur sobriété, qui fait qu'ils ne boivent & ne mangent précisément, que ce qui est nécessaire pour vivre. Ceux qui veulent entrer dans cette société n'y sont pas reçus tout d'un coup : il faut que pendant un an entier ils pratiquent ce même genre de vie dans le dehors. On leur donne une pioche, une ceinture & un habit blanc. Si pendant ce tems-là ils donnent des preuves de leur tempérance, on les initie davantage aux cérémonies de la secte. Ils sont admis aux bains : ils ne sont cependant pas encore reçûs à manger en commun. On les éprouve encore pendant deux ans ; & après qu'ils ont laissé voir qu'ils sont dignes d'être reçûs dans la societé, ils y sont admis.

XIII. Avant que d'être reçûs à la table commune, ils font un serment terible par lequel ils s'engagent premiérement d'être pieux envers Dieu, ensuite justes à l'égard des hommes ; de ne faire jamais tort à personne, ni de propos déliberé, ni par l'ordre d'autrui ; de haïr les injustes, de prendre toujours le parti des gens de bien, d'être fidelles à tout le monde & sur-tout aux Puissances, puisque c'est par la permission de Dieu que nous avons des supérieurs. Si celui qui doit être reçû est constitué en dignité, il jure de ne jamais abuser de son pouvoir, de n'être jamais mieux vêtu ni plus orné que ses inférieurs, d'aimer toujours la vérité, d'avoir de l'éloignement pour les menteurs, de conserver ses mains pures de tout larcin, & son ame de tout gain injuste, de n'avoir rien de caché pour ceux de sa secte, de n'en découvrir aucun des secrets aux autres, quand même on emploieroit la menace de mort. Ceux qui sont reçûs, jurent encore de transmettre aux autres les dogmes de leur secte, tels qu'ils les ont reçûs, de s'abstenir du vol, de conserver les Livres de leur parti, & les noms des Anges: tels sont, leurs sermens. Ceux qui y manquent sont chassés de la société, & périssent misérablement ; car liés par leurs engagemens & par l'habitude, ils ne peuvent pas prendre de nourriture chez les autres, & réduits à manger de l'herbe, ils meurent bien-tôt de faim : c'est pourquoi on les a vûs touchés de pitié à l'égard de ceux qui avoient été chassés, & qui étoient réduits à la dernière misére. Ils les ont recûs de nouveau, les croyant assez punis de leurs fautes, de s'être vûs près de mourir. Ils donnent une pioche à ceux qui sont prêts d'entrer dans leur société ; parce que lorsqu'ils vont aux commodités, ils font une fosse d'un pied de profondeur, qu'ils couvrent de leur manteau, par respect pour les rayons de la Divinité. Ils vivent avec une si grande frugalité, qu'ils n'ont besoin d'aller aux commodités que le septiéme jour ; & ils sont dans l'usage de passer cette journée à louer Dieu & à se reposer. Ils étoient parvenus par cette habitude de vie à une si grande fermeté, que la torture, les roues, le feu, enfin les plus grands tourmens ne purent les contraindre à blasphémer leur législateur, ou à manger ce que leur coutume leur défendoit. Ils le firent bien voir dans la guerre contre les Romains. On ne les vit point chercher à fléchir leurs bourreaux, ni jetter aucune larme; au contraire ils rioient dans les plus grands tourmens, & railloient ceux qui les tourmentoient. Ils rendoient l'ame avec tranquillité, bien persuadés qu'elle ne mourroit pas ; car c'est un dogme bien établi chez eux, que les corps sont mortels, que la matière est sujette au changement, que les ames sont immortelles, qu'elles sont composées d'un air très-léger

& attirées vers les corps par un mouvement naturel ; & que lorsqu'elles font dégagées des liens de la chair, elles se regardent comme délivrées d'une longue servitude, qu'alors elles font dans la joie, & se transportent vers le ciel. Accoutumés à ce genre de vie, & s'occupant ainsi de la vérité & de la piété, il est très vraisemblable de croire, que plusieurs d'entr'eux ont connu l'avenir, ayant été élevés dès leur tendre jeunesse dans la lecture des Livres sacrés, des écrits des Prophétes, & dans l'usage de différentes purifications. Rarement se trompent ils dans leurs prédictions. Telle est la secte des Esséniens chez les Juifs.

XIV. Il leur est défendu à tous de manger du cochon, du poisson sans écailles que les Grecs appellent cartilagineux, & des Animaux qui n'ont qu'un ongle,

Il leur étoit défendu aussi de tuer ceux qui se réfugioient dans leurs maisons comme suppliants, & à plus forte raison de les manger. Leur Législateur n'a pas voulu qu'ils tuassent le pere & la mere avec les petits. Il leur a ordonné d'épargner, & de ne pas tuer même dans les terres ennemies, les Animaux dont l'homme se sert pour travailler. Il ne craignoit pas que la race de ceux que l'on ne sacrifie pas, n'augmentât trop, & ne causât la famine. Il savoit que ceux qui peuplent beaucoup, vivent peu de tems, qu'il en meurt un grand nombre, lorsque les hommes n'en ont point de soin, & qu'enfin ceux qui multiplient beaucoup, ont parmi les Animaux des ennemis qui les détruisent. La preuve en est, que nous nous abstenons de plusieurs, comme des lézards, des vers, des mouches, des serpens, des chiens, sans craindre qu'ils nous affament. D'ailleurs il y a de la différence entre tuer les Animaux, & les manger. Nous en tuons plusieurs dont nous ne mangeons aucuns.

XV. On rapporte que les Syriens s'abstenoient autrefois des Animaux, & que par conséquent ils ne les offroient point aux Dieux en sacrifice ; qu'ils les sacrifierent dans la suite, pour obtenir la fin de quelques fléaux ; qu'ils furent longtems sans en manger. Ce ne fut que dans la suite des tems qu'ils en mangerent, ainsi que le rapportent Neanthe de Cizique & Asclepiade de Chypre; ce qui arriva dans le tems de Pygmalion de Phénicie Roi de Chypre, à l'occasion de la prévarication suivante, de laquelle fait mention Asclepiade, dans l'ouvrage qu'il a écrit sur la Chypre & la Phénicie. Autrefois l'on ne sacrifioit rien d'animé aux Dieux. Il n'y avoit aucune Loi à ce sujet, parce que ces sacrifices étoient censés défendus par la Loi naturelle. On prétend que la premiére victime qui fut sacrifiée, ce fut à l'occasion d'une ame, que l'on demandoit pour une ame. L'hostie fut consumée entiérement. Il arriva dans la suite qu'un jour que la victime brûloit, un morceau de la chair tomba à terre : le Prêtre le ramassa, & s'étant brûlé, il mit sans y penser ses doigts dans sa bouche, pour appaiser la douleur ; le goût de la viande lui fit plaisir : il en mangea, & en donna à sa femme ; ce qui étant venu à la connoissance de Pygmalion, il fit précipiter du haut d'un rocher le Prêtre avec la Prêtresse, & nomma un autre Prêtre, qui peu de tems après en faisant le même sacrifice, mangea aussi de la chair, & fut puni de même.

Dans la suite ces sacrifices continuant d'être en usage, & les Prêtres ne résistant point à la tentation de manger de la viande, on cessa de les punir. Quant à l'abstinence des poissons, elle subsista jusqu'au tems de Ménandre le Comique qui s'exprime ainsi : Prenez les Syriens pour modèle ; quand la gourmandise les engage à manger du poisson, aussitôt leurs pieds & leurs mains deviennent enflés : pour appaiser la Divinité, ils se revêtent d'un sac, se mettent sur du fumier dans un grand chemin, croyant avoir trouvé le moyen de réparer leurs fautes par cet abaissement.

XVI. Chez les Perses on appelle Mages ceux qui s'appliquent aux choses Divines, & les ministres des Dieux : c'est ce que signifie le terme, *mage*, dans la Langue du pays. L'ordre des Mages est tellement respecté en Perse, que Darius fils d'Hystaspe ordonna que l'on mît sur son tombeau entr'autres titres, qu'il avoit été docteur en magie. Il y avoit de trois sortes de Mages, ainsi que le rapporte Eubule qui a fait l'Histoire de Mithra en plusieurs Livres. Les plus parfaits des Mages, ceux qui sont dans la premiére classe, ne mangent rien d'animé, & ne tuent rien de ce qui a vie. Ils persistent constamment à s'abstenir des Animaux, suivant l'ancien usage. Ceux de la seconde classe usent de la viande à la vérité : mais ils ne tuent aucuns des Animaux familiers. Les Mages de la troisiéme classe en épargnent aussi quelques-uns. Le dogme de la Métempsicose est reçû chez ceux de la premiére classe, comme l'indique assez ce qui se passe dans les mystéres de Mithra ; car pour faire voir le rapport qu'il y a entre nous & les Animaux, ils ont coutume de nous désigner par le nom des Animaux. Ils appellent lions ceux qui participent à leurs mystéres. Ils donnent le nom de lionnes aux femmes qui sont de leur secte. Ils appellent corbeaux les ministres de leurs mystéres. Ils en agissent de même à l'égard de leurs peres : ils les appellent aigles & éperviers. Ceux qui entrent dans les mystéres appellés des lions, prennent la figure de toute sorte d'Animaux. Pallas en rend raison dans l'ouvrage qu'il a fait sur Mithra. Il y dit que le sentiment commun est, que cela a rapport au cercle du Zodiaque ; mais que la vérité est, que les Mages veulent par-là désigner énigmatiquement & exactement les révolutions des ames humaines, qui suivant leur sentiment, entrent successivement dans le corps de divers Animaux Les Latins donnoient à quelques Divinités le nom des Animaux. Ils appelloient Diane, louve ; le Soleil, taureau, lion, dragon, épervier ; Hécate, cheval, taureau, lionne, chienne : le nom de Phérebate a été donné suivant plusieurs Théologiens à Proserpine, parce qu'elle nourrit des tourterelles. Cet oiseau lui est consacré. Les Prêtresses de Maïa lui en font une offrande. Maïa est la même que Proserpine ; elle a été ainsi appellée, parce qu'elle est la nourrice du genre humain, ainsi que Cérès. On a consacré le cocq à celle-ci : c'est pourquoi les Prêtres de cette déesse s'abstiennent des oiseaux domestiques. Il est ordonné à ceux qui sont initiés dans les mystéres d'Eleusine, de s'en abstenir aussi, de même que des poissons, des féves, des pêches & des pommes. Ils ont une égale répugnance à toucher le tronc de ces arbres qu'un cadavre (*a*). Quiconque a étudié la matiére des visions, sçait que l'on doit s'abstenir de toute sorte d'oiseaux, si l'on veut être délivré du joug des choses terrestres, & trouver une place parmi les Dieux du ciel. Mais la méchanceté, comme nous l'avons déja remarqué plusieurs fois, est ingénieuse à faire son apologie, surtout lorsqu'elle n'a affaire qu'à des ignorans: c'est pourquoi ceux qui ne sont que médiocrement vicieux, regardent comme de vains discours, ce que nous avons dit contre l'usage de la viande. Ils

---

(*a*) Thomas Gale dans sa note sur le chap. 11. de la sec. 4. des mystéres d'Iamblique, donne un autre sens à cette phrase par ce qu'au lieu de συνέχυς il lit πολέχυς ; & il fait dire à Porphyre que ceux qui étoient initiés aux mystéres d'Eleusine, avoient autant de répugnance à toucher une femme en couche qu'un cadavre: mais cette leçon ne paroît pas se concilier si bien avec ce qui précede, que celle que nous avons suivie.

croyent que ce sont des contes de vieilles, & des propos superstitieux. Ceux qui ont fait plus de progrès en méchanceté, sont non seulement dans la disposition de parler avec indignité de ceux qui sont dans notre systême, mais aussi de traiter de superstition & de vanité, la doctrine opposée à leur gourmandise : mais ils sont assez punis des Dieux & des hommes par ces mêmes dispositions. Pour nous, après avoir encore parlé d'une nation étrangere, célébre par sa justice & par sa piété, nous passerons à d'autres choses.

XVII. Il y a chez les Indiens diverses professions. On en voit qui s'appliquent uniquement aux choses divines. Les Grecs donnent le nom des Gymnosophistes à ceux-ci. Il y en a de deux sortes. Les Bracmanes sont les premiers, ensuite sont les Samanéens. Les Bracmanes reçoivent de leurs peres par tradition leur doctrine, & cette espéce de sacerdoce. Les Samanéens se choisissent parmi ceux qui se proposent de vaquer aux choses divines. Leur genre de vie a été traité par Bardesane de Babylone, qui vivoit du tems de nos peres, & qui étoit avec Dendamis & les Indiens qui furent envoyés à l'Empereur. Les Bracmanes sont tous d'une même famille. Ils sortent d'un même pere & d'une même mere. Les Samanéens sont de diverses familles, toutes cependant Indiennes. Le Bracmane n'est point soumis à l'Empire du Roi. Il ne paye aucun impôt. Quelques-uns de ces Philosophes habitent sur les montagnes, d'autres près du Gange. Ceux des montagnes vivent des fruits d'Automne, de lait de vache caillé avec des herbes ; ceux du Gange ne mangent que des fruits d'Automne

tomne, dont il y a une très-grande quantité près de ce fleuve. La terre y produit continuellement des fruits nouveaux, & beaucoup de ris qui vient tout seul, dont ils font usage. S'il arrive que les fruits leur manquent, ils regardent comme la derniére intempérance, & même comme une impiété, d'user d'aucune autre nourriture, & sur tout de manger des animaux. Les plus religieux & les plus pieux sont les plus attachés à ce genre de vie. Ils sont occupés une partie du jour, & la plus grande partie de la nuit à chanter les louanges des Dieux & à les prier. Chacun d'eux a une petite cellule, où il demeure seul, autant que cela est possible. Car les Bracmanes n'aiment pas à habiter en commun, ni à parler beaucoup; & si par hazard cela leur arrive, ils entrent en retraite, & sont plusieurs jours sans parler:

ils jeûnent très souvent. Les Samanéens, comme nous l'avons déja dit, se prennent au choix. Lorsque quelqu'un veut être reçû dans l'Ordre, il se présente devant les Magistrats de la ville : il abandonne sa Patrie & tous ses biens ; on le rase ensuite, pour le dépouiller de tout ce qui est superflu sur le corps. Il prend après cela l'habit, & va chez les Samaneens, sans retourner ni chez sa femme, ni chez ses enfans, s'il en a, & n'en étant pas plus occupé que s'ils ne lui appartenoient pas. Le Roi prend soin de leurs enfans, & leur procure ce qui leur est nécessaire. Les parens se chargent de la femme : c'est ainsi que vivent les Samanéens. Ils demeurent hors des villes. Ils passent tout le jour à s'occuper de la Divinité. Ils ont des maisons & des temples bâtis aux frais du Roi, dans lesquels il y a des œconomes, qui reçoivent ce que le Roi a réglé pour la nourriture de ceux qui y habitent. On leur apprête du ris, du pain, des fruits, des légumes. Ils entrent dans le réfectoire au son d'une trompette ; alors ceux qui ne sont pas Samanéens se retirent. Les Samanéens se mettent en priére. Tandis qu'ils prient, on entend de nouveau la trompette, & leurs domestiques leur apportent à chacun un plat ; car ils ne mangent jamais deux d'un même plat. Dans ce plat il y a du ris ; & si quelqu'un d'eux demande quelqu'autre chose, on lui sert des légumes & quelques fruits. Après un repas qui dure fort peu de tems, ils retournent aux mêmes occupations qu'ils avoient interrompues. Ils sont tous sans femme ; & ils ne possédent aucun bien. Eux & les Bracmanes sont en si grande vénération, que le Roi vient chez eux pour leur demander en grace, de faire des prières pour lui, lorsque le pays est attaqué par les ennemis ; & il veut avoir leur avis sur ce qu'il doit faire.

XVIII. Ils sont disposés à l'égard de la mort de façon, qu'ils regardent le tems de la vie comme une malheureuse nécessité, à laquelle il faut se prêter malgré soi, pour se conformer à l'intention de la nature. Ils souhaitent avec empressement, que leurs ames soient delivrées de leurs corps. Il arrive souvent, que lorsqu'ils paroissent se bien porter, & n'avoir aucun sujet de chagrin, ils sortent de la vie : ils en avertissent les autres ; personne ne les en empêche. Au contraire on les regarde comme très-heureux, & on leur donne quelque commission pour les amis qui sont morts : tant ils sont persuadés que les ames subsistent toujours, & conservent entr'elles un commerce continuel. Après qu'ils ont reçû les commissions qu'on leur a données, ils livrent leurs corps pour être brûlés, parce qu'ils croyent que c'est la façon la plus pure de séparer l'ame du corps. Ils finissent en louant Dieu. Leurs amis ont moins de peine à les conduire à la mort, que les autres hommes n'en ont à voir partir leurs concitoyens pour de grands voyages. Ils pleurent d'être réduits à vivre encore, & ils envient le sort de ceux, qui ont préféré à cette vie ci la demeure éternelle. Nul de ceux que l'on appelle Sophistes, & dont il y a un si grand nombre chez les Grecs, ne leur vient dire : que deviendrions nous, si tous les hommes nous imitoient ? On ne peut pas les accuser d'avoir introduit le désordre dans le monde par ce mépris de la mort ; car outre que tout le monde ne suit pas leur éxemple, ceux qui les imitent, ont plus donné de preuves de leur amour pour la justice, qu'ils n'ont introduit de confusion chez les hommes. La loi ne leur a imposé aucune nécessité : en permettant aux autres de manger de la viande, elle a laissé à ceux-ci la liberté de faire ce qu'ils voudroient. Elle les a respectés, comme étant plus parfaits. Les punitions ne sont pas faites pour eux, parce qu'ils ne connoissent pas l'injustice. Quant à ceux qui demandent : qu'arriveroit-il si tous les hommes imitoient ces Philosophes ? Il faut répondre ce que disoit Pythagore : si tous les hommes devenoient Rois, qu'en arriveroit-il ? Ce n'est pas cependant une raison de fuir la royauté. Si tout le monde étoit vertueux, les Magistrats & les Loix seroient inutiles dans l'Etat. Personne n'est cependant venu encore à cet excès de folie, de soutenir que chaque particulier ne doit pas travailler à se rendre vertueux. La Loi tolére plusieurs choses dans le vulgaire, qu'elle interdit au Philosophe & au citoyen vertueux. Elle n'admet point dans la magistrature certains artisans, dont elle permet cependant la profession. Tels sont les arts serviles, & ceux qui ne se concilient pas facilement avec la Justice & les autres vertus. Elle ne défend pas au commun des hommes d'avoir commerce avec les courtisanes: mais en exigeant d'elles une amende, elle fait assez voir qu'elle regarde ce commerce honteux pour les honnêtes gens. Elle ne défend point de passer sa vie dans les cabarets ; cependant un homme qui auroit médiocrement soin de sa réputation, se le reprocheroit. On doit raisonner de même à l'égard de l'abstinence de la chair. Ce qui est accordé par tolérance au vulgaire, n'est pas permis pour cela à celui qui aspire à la perfection de la vertu. Le vrai Philosophe doit se conformer aux Loix, que les Dieux, & les hommes qui se sont proposés les Dieux pour modèles, ont établies. Or les Loix sacrées des nations & des villes ont recommandé la sainteté, & interdit l'usage de toutes les viandes aux Prêtres, & de quelques-unes au peuple, ou par piété, ou à cause des inconvéniens qui résultoient de cette nourriture. On ne peut donc rien faire de mieux, que d'imiter les Prêtres, & d'obéir aux Législateurs; & si l'on veut aspirer à la plus grande perfection, on s'abstiendra de manger de tous les animaux.

XIX. Il s'en est peu fallu, que je n'aie omis ce passage d'Euripide, qui assûre que les Prophétes phéres de Jupiter en Créte s'abstiennent de manger de la chair des animaux. Voici comme il fait parler le Chœur à Minos, Fils d'une Tyrienne de Phénicie, descendant d'Europe & du grand Jupiter Roi de Créte fameuse par cent villes. J'arrive en abandonnant les temples des Dieux construits de chênes, de ciprès par le moyen du fer. Nous menons une vie pure. Depuis le tems que j'ai été fait Prêtre de Jupiter Idéen, je ne prends plus de part aux repas nocturnes des fêtes de Bacchus. Je ne me repais plus de viandes crues; j'offre des flambeaux à la mere des Dieux: je suis Prêtre des Curetes, couvert d'habits blancs. Je m'éloigne des endroits où naissent les hommes. Je fuis aussi les lieux où on les enterre, & je me garde bien de manger de ce qui a eu vie.

XX. Les Prêtres faisoient consister la pureté à ne point mêler les choses contraires. Ce mélange-là étoit regardé chez eux comme quelque chose d'impur. Ils croyoient que la nourriture des fruits étoit conforme à la nature, ce qu'ils ne pensoient pas à l'égard des alimens, que nous procurent les animaux morts. Ils étoient persuadés que ce qui étoit conforme à la nature, ne pouvoit pas souiller, & que l'on ne pouvoit pas tuer les animaux, & séparer leurs ames de leurs corps, sans se souiller, ni priver de sentiment ce qui est sensible, & en faire un cadavre. On ne sçauroit être pur, qu'on ne renonce à bien des choses ; & il n'y a de pureté, que dans ceux qui font usage des choses conformes à la nature. Les plaisirs même de l'amour souillent l'ame, (a) ne les eût-on qu'en

_____

(a) On omet ici quelques raisonnemens

songe, parce que par-là la plus noble partie de nous mêmes est emportée par le plaisir. Les passions souillent aussi, parce que lorsque l'ame en est agitée, la partie déraisonnable qui est comme la femelle, se confond avec la raison, qui en est comme le mâle. Le mélange des choses de différentes natures doit être regardé comme quelque chose d'impur; d'où vient que dans les teintures qui se font par des mélanges, lorsqu'on mêle ensemble différentes espéces, cela s'appelle souillure. C'est pourquoi le Poëte a dit : de même qu'une femme qui souille l'ivoire avec la pourpre. Les Peintres donnent le nom de corruption aux mélanges; & dans l'usage commun, ce qui n'est pas mélan-

---

que l'on ne pourroit décemment traduire en François, & qui d'ailleurs sont très absurdes.

gé s'appelle pur, fans corruption, & naturel. L'eau mêlée avec de la terre fe gâte, & n'eft point pure. Lorfqu'elle coule, elle rejette tous les corps étrangers. Lorfqu'une eau defcend d'une fource qui coule toujours, & qui n'eft pas bourbeufe, comme parle Héfiode, la boiffon en eft très-faine, parce qu'elle eft claire & fans mélange. On appelle pure, une femme qui n'a jamais eu commerce avec un homme. La corruption n'eft autre chofe, que le mélange des contraires. Ainfi joindre ce qui eft mort avec ce qui eft vivant, & fe nourrir de ce qui a eû vie, communique néceffairement la corruption, de même que le mélange du corps avec l'ame. Dès qu'un homme naît, fon ame eft fouillée par fon union avec le corps. Lorfqu'il meurt, l'ame eft auffi fouillée, parce qu'elle fort d'un cadavre. Elle l'eft encore par la colére, par les désirs, par les passions qui sont excitées par la nature des alimens; & de même que l'eau qui coule à travers les rochers, est plus pure que celle qui passe à travers les terres fangeuses, puisqu'elle entraîne avec elle moins de limon : aussi l'ame qui exerce ses fonctions dans un corps decharné, qui n'est pas rempli des sucs des chairs étrangéres, se gouverne beaucoup mieux, est plus parfaite, plus pure, & plus intelligente, comme l'on dit que le thin le plus sec & le plus piquant, est celui qui fournit de meilleur miel aux abeilles. La pensée est souillée, ou plûtôt celui qui pense, lorsque la fantaisie & l'imagination se mêlent avec la pensée, & que leurs opérations se confondent. La purification consiste à se séparer de toutes ces choses étrangéres, & à ne prendre que des alimens qui laiſſent toujours l'ame dans l'état naturel : comme le vrai aliment de la pierre, de la plante, & du corps, eſt ce qui les conſerve & ce qui les fait augmenter. Autre choſe eſt de ſe nourrir, autre choſe eſt de s'engraiſſer; autre choſe eſt de ſe procurer les choſes néceſſaires, autre choſe eſt de donner dans le luxe. Il y a différentes ſortes de nourritures, & différentes eſpéces à nourrir. Il faut à la vérité tout nourrir : mais il ne faut chercher à engraiſſer que ce qu'il y a de principal en nous. La nourriture de l'ame raiſonnable eſt ce qui conſerve la raiſon & ſon entendement. C'eſt donc là ce qu'il faut chercher à nourrir & à engraiſſer, plûtôt que le corps par l'uſage de la chair. C'eſt l'entendement qui doit être heureux éternellement. Un corps trop gras rend l'ame moins heureuſe, parce qu'il augmente ce qui est mortel en nous, & qu'il est un obstacle pour arriver à la vie éternelle. Il souille l'ame, qu'il rend pour ainsi dire corporelle, en l'attirant à des choses étrangéres. La pierre d'Aiman communique son ame au fer, qui est près d'elle, de sorte que de très-pesant il devient léger, & accourt à l'Aiman, attiré par les esprits de cette pierre. Quelqu'un qui ne sera occupé que de Dieu, cherchera-t-il à ne se remplir que des alimens qui nuisent à la perfection de l'ame ? Ou plûtôt en réduisant à très-peu de choses son nécessaire, ne tâchera-t-il pas de s'unir à Dieu encore plus intimément que le fer ne s'attache à l'Aiman ? Plût à Dieu que nous pussions, sans périr, nous abstenir même des fruits de la terre ! Nous serions vraiement immortels, comme dit *Homére*, si nous n'avions besoin ni de manger, ni de boire : ce Poëte nous avertit par là, que si la nourriture nous fait vivre, elle est en même tems une preuve de mortalité. Si nous n'avions pas besoin de nous nourrir, nous serions d'autant plus heureux, que nous serions plus près de l'immortalité. Présentement que nous sommes mortels, nous nous rendons encore plus mortels, s'il est permis de parler ainsi, par l'usage que nous faisons des choses mortelles. L'ame, ainsi que dit Théophraste, ne se contente pas de payer au corps le loyer de son habitation : mais elle s'y livre toute entiére. Il seroit à souhaiter que nous pussions vivre sans boire, ni sans manger, & sans que notre corps déperît : pour lors nous approcherions très près de la Divinité. Mais qui ne déplorera le sort malheureux des hommes, qui sont enveloppés dans des ténébres si épaisses, qu'ils aiment leurs maux, se haïssent eux-mêmes, & celui qui est véritablement leur pere ; ensuite ceux qui les avertissent de sortir de cet état d'ivresse, dans lequel ils sont plongés ? Mais en voilà assez sur ce sujet ; passons présentement à quelques autres questions.

XXI. Ceux qui pour répondre aux exemples tirés de diverses nations que nous avons rapportés, nous opposent les Nomades, les Troglodites, les Icthiophages, ne savent pas que c'est par nécessité que ces peuples en sont venus à manger de la chair : leur pays ne produisoit aucun fruit, & étoit si stérile, qu'on n'y voyoit pas même de l'herbe ; ce n'étoit que des sables. Une preuve sensible de la méchanceté de leur terrain, c'est qu'ils ne pouvoient pas faire de feu, faute de matiére combuſtible. Ils mettoient leurs poiſſons sécher sur des pierres & sur le rivage. Ce fut donc par néceſſité qu'ils mangerent des animaux. Il y a outre cela des nations naturellement ſi féroces, que ce n'eſt point par elles que les gens senſés doivent juger de la nature humaine. Autrement on mettroit en queſtion, non seulement ſi l'on peut manger des animaux, mais auſſi ſi l'on peut manger des hommes, & faire pluſieurs autres actes de cruauté. On rapporte que les Maſſagétes & les Derbices regardent comme très-malheureux ceux de leurs parens, qui meurent d'une mort naturelle ; & pour prévenir ce malheur, lorſque leurs meilleurs amis deviennent vieux, ils les tuent & les mangent. Les Tibaréniens précipitent ceux qui sont prêts d'entrer dans la vieilleſſe. Les Hyrcaniens & les Caſpiens les expoſent aux oiſeaux & aux chiens. Les Hyrcaniens n'attendent pas même qu'ils soient morts : mais les Caspiens leur laissent rendre le dernier soupir. Les Scithes les enterrent vivans; & ils égorgent sur le bûcher ceux que les morts ont aimés davantage. Les Bactriens jettent aux chiens les vieillards vivans. Stasanor qu'Alexandre avoit nommé Gouverneur de cette Province, fut sur le point de perdre son gouvernement, parce qu'il voulut abolir cette coutume. Comme ces mauvais exemples ne doivent pas nous faire renoncer aux devoirs de l'humanité, aussi ne devons-nous pas suivre les exemples des nations, que la nécessité a déterminées à manger de la chair. Nous ferions bien mieux d'imiter les peuples vertueux, qui n'ont cherché qu'à plaire aux Dieux ; car de vivre sans suivre les principes de la prudence, de la sagesse, & de la piété, c'est plûtôt mourir pendant long tems que mal vivre, ainsi que disoit Démochares.

XXII. Il nous reste à rapporter encore quelques témoignages d'hommes célébres en faveur de l'abstinence. Car un des reproches que l'on nous fait, est que nous en manquons. Nous savons que Triptolême est le plus ancien Législateur des Athéniens. Voici ce qu'en dit Hermippe dans le second Livre des Législateurs. On prétend que Triptolême fit des Loix pour les Athéniens. Le Philosophe Xénocrate assûre, qu'il y en a encore trois qui subsistent à Eleusine. Les voici : respectez vos parens, honorez les Dieux par l'offrande des fruits, ne faites point de mal aux Animaux. Les deux premiéres sont fondées en bonnes raisons. Il faut faire tout le bien dont nous sommes capables, à nos peres & meres. C'est leur rendre ce qui leur est dû : ils sont nos bienfaiteurs. C'est aussi un devoir de rendre aux Dieux les prémices des biens qu'ils nous ont donnés. Quant au troisiéme, Xénocrate est en doute de ce que pensoit Triptolême, lorsqu'il ordonnoit de s'abstenir des animaux. Est-ce, dit-il, qu'il croyoit que c'étoit une chose trop cruelle, de tuer ce qui est de même espéce que nous ? Ou voyant que les hommes faisoient mourir, pour servir à leur nourriture, les animaux les plus utiles, vouloit-il adoucir leurs mœurs, en essayant de les engager à ne faire aucun mal aux animaux qui vivent avec eux, & sur tout à ceux qui sont d'un caractére doux ? Peut-être aussi qu'après avoir ordonné d'offrir aux Dieux les fruits de la terre, il s'est imaginé que cette loi seroit mieux observée, si l'on ne sacrifioit pas des animaux aux Dieux. Xénocrate rapporte plusieurs autres raisons de cette loi, qui ne sont pas trop vraisemblables. Il nous suffit qu'il en résulte, que Triptolême a défendu de toucher aux animaux. Ceux qui dans la suite violerent cette loi, ne le firent que par une grande nécessité, & ne commirent ce péché que comme malgré eux, ainsi que nous l'avons déja remarqué. Parmi les loix de Dracon, il y en a une conçue en ces termes. Réglement qui doit être éternellement observé par ceux qui habiteront à jamais l'Attique : on respectera les Dieux & les Héros du pays suivant les loix reçues, chacun selon son pouvoir ; on publiera leurs louanges ; on leur offrira les prémices des fruits & des gâteaux de toutes les saisons.

Fin du Traité de Porphyre.

VIE
DE
PLOTIN,
PAR PORPHYRE.

LE Philosophe Plotin qui a vécu de nos jours, paroissoit honteux d'avoir un corps. Aussi ne parloit-il jamais ni de sa famille, ni de sa patrie ; & il ne voulut pas souffrir qu'on fit ni son portrait, ni son buste. Un jour qu'Amelius le prioit de se laisser peindre, n'est-ce pas assez, lui dit-il, de porter cette figure dans laquelle la nature nous a renfermés, sans en transmettre la ressemblance à la postérité, de même que quelque chose qui en vaudroit la peine? Comme il persistoit toujours à lui refuser cette marque de complaisance, Amelius pria Carterius le plus fameux peintre de ce tems-là, d'aller à l'auditoire de Plotin; car y alloit qui vouloit : à force de le regarder, il se remplit tellement l'imagination de sa figure, qu'il le peignit de mémoire. Amelius le dirigeoit, ensorte que le portrait fut très ressemblant. Tout cela se passa, sans que Plotin en eût connoissance.

II. Il étoit fort sujet à la colique : cependant il ne voulut jamais prendre de remède, persuadé qu'il étoit indigne d'un homme grave, de se soulager par ce moyen. Il ne prit jamais de thériaque, parce que, disoit-il, il ne vouloit

vouloit point se nourrir de la chair d'aucun Animal familier. Il ne se baignoit point : il se contentoit de se faire frotter tous les jours chez lui. Ceux qui lui rendoient ce service étant morts de la peste, il cessa de se faire frotter ; & cette interruption lui procura de grands maux de gorge, dont on ne s'appercevoit point, tant que j'ai été avec lui : après que je l'eus quitté, son mal de gorge s'aigrit à un tel point, qu'il étoit toujours enroué, que sa vûe se troubla, & qu'il lui survint des ulcéres aux pieds & aux mains. C'est ce que m'apprit à mon retour mon ami Eustochius, qui demeura avec lui jusqu'à sa mort. Ces incommodités ayant empêché ses amis de le voir avec la même assiduité, il se retira en campagne, dans un bien qui avoit appartenu à Zethus un de ses anciens amis qui étoit mort. Ce qui lui étoit néceſſaire, lui étoit fourni de la terre même de Zethus, & de Minturnes de la part de Caſtricius qui y avoit du bien. Lorſqu'il fut prêt de mourir, Euſtochius qui demeuroit à Pouzoles, fut quelque tems à venir le trouver. C'eſt lui-même qui me l'a raconté. Plotin lui dit, je vous attends; je ſuis actuellement occupé à renvoyer à la Divinité ce qu'il y a en moi de Divin. Alors un dragon qui étoit ſous le lit dans lequel il étoit couché, ſe gliſſa dans un trou qui étoit dans la muraille, & Plotin rendit l'eſprit. Il avoit pour lors ſoixante ſix ans. L'Empereur Claude finiſſoit la ſeconde année de ſon régne. J'étois pour lors à Lilibée. Amelius étoit à Apamée de Syrie, Caſtricius à Rome : Euſtochius étoit ſeul près de Plotin. Si nous remontons depuis la ſeconde année de Claude juſqu'à ſoixante & ſix ans au-delà, nous trouverons que la naissance de Plotin tombe dans la treiziéme année de l'Empire de Sévere. Il n'a jamais voulu dire ni le mois, ni le jour qu'il étoit né, parce qu'il ne vouloit point qu'on célébrât le jour de sa naissance, ni par des sacrifices, ni par des repas. Cependant lui même sacrifioit & régaloit ses amis les jours de la naissance de Platon; & il falloit que ce jour là ils fissent un discours, lorsqu'ils le pouvoient, lequel étoit lû en présence de l'assemblée. Voici ce que nous avons appris de lui-même, dans les diverses conversations que nous avons eûes avec lui.

III. Il étoit entre les mains d'un Précepteur, & avoit déja huit ans, qu'il avoit encore une nourrice. Un jour qu'il vouloit la têter, elle se plaignit de son importunité, ce qui lui fit tant de honte, qu'il n'y retourna plus.

Étant âgé de vingt-huit ans, il se donna tout entier à la Philosophie. On le recommanda aux maîtres, qui avoient pour lors le plus de réputation dans Aléxandrie. Il revenoit toujours de l'auditoire triste & chagrin. Il fit part de ses dispositions à un de ses amis, qui le mena entendre Ammonius, que Plotin ne connoissoit pas. Dès qu'il l'eut entendu, il dit à son ami : voici celui que je cherchois ; & depuis ce jour il resta assiduement près d'Ammonius. Il prit un si grand goût pour la Philosophie, qu'il se proposa d'étudier celle des Perses & celle des Indiens. Lorsque l'Empereur Gordien se prépara à faire son expédition contre les Perses, Plotin se mit à la suite de l'armée, ayant pour lors trente neuf ans. Il avoit été dix à onze ans entiers près d'Ammonius. Gordien ayant été tué en Mésopotamie, Plotin eut assez de peine à se sauver à Antioche. Il revint à Rome âgé de quarante ans, lorsque Philippe étoit Empereur. Hérennius, Origène & Plotin étoient convenus de tenir secrette la doctrine qu'ils avoient apprise d'Ammonius. Plotin observa cette convention. Hérennius fut le premier qui la viola, ce qui fut imité par Origène. Ce dernier écrivit un Livre sur les Démons ; & sous l'Empire de Gallien il en fit un autre, pour prouver que le Prince est le seul Poëte (*a*). Plotin fut longtems sans rien écrire. Il se contentoit d'enseigner de vive voix ce qu'il avoit appris d'Ammonius. Il passa de la sorte

---

(*a*) M. de Valois a crû que cet Origène, qui n'est pas le fameux Origène, avoit voulu faire sa cour par cet ouvrage à l'Empereur Gallien, qui passoit pour être grand Poëte. V Tillemont, vie de Gallien, art. I. Hist. des Emp. T. 3. p. 318.

dix années entiéres à instruire quelques disciples ; mais comme il permettoit qu'on lui fit des questions, il arrivoit souvent que l'ordre manquoit, & que cela dégéneroit en bagatelles, ainsi que je l'ai sçû d'Amélius, qui se mit au nombre de ses disciples la troisiéme année du séjour de Plotin à Rome. C'étoit la troisiéme année de l'Empire de Philippe. Il demeura avec lui jusqu'à la premiére année de l'Empire de Claude, c'est à-dire, vingt-quatre ans. Il sortoit de l'école de Lisimaque. C'étoit le plus laborieux de tous ceux qui étudioient en même tems que lui. Il avoit écrit, rassemblé, & savoit presque par cœur tous les ouvrages de Numenius. Il composa cent Volumes de ce qu'il avoit oüi dire à Plotin dans ses conférences ; & il laissa ces remarques à Justin Hésichius d'Apamée, son fils adoptif.

IV. La dixiéme année de l'Empire de Gallien, je partis de Grèce pour Rome avec Antoine de Rhodes. J'y trouvai Amelius, qui depuis dix-huit ans étudioit sous Plotin. Il n'avoit encore osé rien écrire, si ce n'est quelques Livres de ses remarques, dont le nombre n'alloit pas encore jusqu'à cent. Plotin avoit pour lors cinquante-neuf ans. J'en avois trente, lorsque je m'attachai à lui. Il commença à écrire sur quelques questions qui se présenterent la premiére année de Gallien ; & la dixiéme, qui est celle où je le connus pour la premiére fois, il avoit déja écrit vingt & un Livres, qui n'avoient été communiqués qu'à un très-petit nombre de personnes. On les donnoit difficilement. C'étoit avec précaution, & il falloit être assûré du caractére de ceux qui les recevoient. Comme il n'avoit point mis de titres à ses Livres, chacun y avoit mis ceux qu'il avoit jugé à propos (*a*).

V. Je demeurai avec lui cette année, & les cinq autres suivantes. J'étois allé dix ans auparavant à Rome. Plotin pour lors ne travailloit point. Il se contentoit d'instruire de vive voix ceux qui alloient à son auditoire. Dans ces six ans on examina plusieurs ques-

___

(*a*) Porphyre ajoute, que les titres les plus reçûs étoient les suivans : du beau, de l'immortalité de l'ame, du destin, de l'essence de l'ame, de l'entendement, des idées de l'être, de la descente de l'ame dans les corps : comment est procédé ce qui est après le premier être : de l'amitié : si toutes les ames ne font qu'une : du bon, & de l'unité des trois principales substances : de la génération & de l'ordre des êtres qui sont après le premier : des deux matiéres : différentes réfléxions du mouvement circulaire : du Démon qui est échû à chacun de nous : quand il est raisonnable de sortir de cette vie-ci : de la qualité : s'il y a des idées pour les choses singuliéres : des vertus : de la dialéctique : comment l'ame tient le milieu entre les substances indivisibles & celles qui sont divisibles ?

tions

tions dans les conférences qu'il tenoit. Amélius & moi le priant instamment d'écrire, il fit deux livres, pour prouver que l'unité se trouve dans le tout. Il en fit encore deux autres, pour faire voir que ce qui est au dessus de l'être, n'est point intelligent : ce que c'est que la première intelligence, & ce que c'est que la seconde (*a*).

―――――

(*a*) On lit ensuite dans Porphyre les titres de 2ɩ Livres de Plotin ; les voici : de ce qui est en puissance : de ce qui est en acte : de l'impossibilité des choses incorporelles. Trois Livres sur l'ame : comment nous voyons : de la contemplation du beau intelligible : que les choses intelligibles ne sont pas au de là de l'entendement : du bon, contre les Gnostiques : des nombres : pourquoi ce que l'on voit de loin paroît plus petit : si le bonheur consiste dans l'étendue du tems : du mélange de toutes choses : comment la multitude des idées subsiste : du bon, du volontaire, du monde, du sentiment & de la mémoire ; des genres de l'être ; trois Livres de l'Eternité & du Tems.

Ces vingt-quatre Livres furent composés

VI. Lorsque j'étois en Sicile, où je me retirai vers la quinziéme année de l'Empire de Gallien, il fit cinq Livres, qu'il m'envoya : du Bonheur : de la Providence en deux Livres : des Substances intelligentes, & de celles qui sont au dessus, & de l'amour. Il m'envoya ces ouvrages la premiére année de l'Empire de Claude, & au commencement de la seconde. Peu de tems avant que de mourir, il m'envoya les cinq suivans : ce que c'est que le mal : si les Astres ont quelques influences : ce que c'est que l'Homme : ce que c'est que l'Animal : du premier Bien, & du Bonheur.

Tous ces ouvrages ensemble font cinquante quatre Livres. Les

---

pendant les six ans que Porphyre demeura avec Plotin, & ils en faisoient quarante-cinq avec les vingt & un qui étoient acheyés avant que Porphyre allât à Rome.

uns ont été écrits dans la jeuneſſe de l'Auteur, les autres lorſqu'il étoit dans toute ſa force, & enfin les derniers, lorſque ſon corps étoit déjà fort affaiſſé: ils ſe reſſentent de l'état dans lequel il étoit, lorſqu'il les compoſoit. Les vingt & un premiers ſont foibles. Ceux qu'il a écrits dans le milieu de ſa vie, ſont des témoignages qu'il étoit dans toute la force de ſon eſprit. On peut regarder ces vingt quatre livres comme parfaits, ſi l'on en excepte quelque petits endroits. Les neuf derniers ſont moins forts que les autres ; & de ces neuf, les quatre derniers ſont les plus foibles.

VII. Il eut un grand nombre d'Auditeurs & de diſciples, que l'amour de la Philoſophie attiroit à ſon Auditoire. Amélius de Toſcane étoit de ce nombre. Son vrai nom étoit Gentilianus. Il avoit auſſi pour diſciple très-aſſidu Pau_ lin de Scithople, qu'Amélius surnommoit le petit. Cuſtochius d'Aléxandrie, Médecin, fut connu de lui ſur la fin de ſa vie, & il reſta avec Plotin juſqu'à la mort de ce Philoſophe. Tout occupé de la ſeule Doctrine de Plotin, il devint un vrai Philoſophe. Zoticus s'attacha auſſi à lui. Il étoit critique, & Poëte en même tems. Il corrigea les ouvrages d'Antimaque; & il mit en très-beaux vers la fable de l'Iſle Atlantide. Sa vûe baiſſa; & il mourut peu de tems avant Plotin. Paulin étoit mort auſſi, lorſque Plotin mourut. Zéthus étoit un de ſes diſciples; il étoit originaire d'Arabie, & avoit épouſé la fille de Théodoſe ami d'Ammonius. Il étoit Médecin, & très-agréable à Plotin, qui chercha à le retirer des affaires publiques, dont il ſe mêloit. Il vècut avec lui dans une très grande liaiſon, il ſe retira même à la campagne de Zéthus éloignée de six milles de Minturnes. Castricius, surnommé Firmus, avoit acheté ce bien. Personne de notre tems n'a plus aimé les gens de mérite que Firmus. Il avoit pour Plotin la plus grande vénération. Il rendoit à Amélius les mêmes services, qu'auroit pû lui rendre un bon domestique : il avoit pour moi les mêmes attentions qu'un frere. Cependant cet homme si attaché à Plotin étoit dans le train des affaires publiques. Plusieurs Sénateurs venoient aussi l'écouter. Marcellus, Orontius, Sabinillus & Rogatien firent sous lui de très-grands progrès en Philosophie. Ce dernier qui étoit aussi du Sénat, s'étoit tellement détaché des choses de la vie, qu'il avoit abandonné ses biens, renvoyé tous ses domestiques, & renoncé à ses dignités. Devant être nommé Préteur, les

Licteurs l'attendant, il ne voulut point sortir, ni faire aucun exercice de cette dignité : il ne voulut pas même habiter dans sa maison. Il alloit chez ses amis ; il y mangeoit, il y couchoit : il ne mangeoit que de deux jours l'un ; & par cette conduite, après avoir été gouteux à un tel point qu'il falloit le porter dans son siége, il reprit ses forces, & étendit les mains avec autant de facilité, que ceux qui professent les Arts méchaniques, quoiqu'auparavant il ne pût faire aucun usage de ses mains. Plotin avoit beaucoup d'amitié pour lui. Il en faisoit de grands éloges, & il le proposoit, comme devant servir de modéle à tous ceux qui vouloient devenir Philosophes. Sérapion d'Aléxandrie fut aussi son disciple. Il avoit d'abord été Rhéteur. Il s'appliqua ensuite à la Philosophie. Il ne put cependant se guérir ni de l'avidité des richesses, ni de l'usure. Plotin me mit aussi au nombre de ses amis, & il daigna me charger de donner la derniére main à ses ouvrages.

VIII. Il écrivoit : mais il n'aimoit pas à retoucher ce qu'il avoit une fois écrit, ni même à relire ce qu'il avoit fait, parce que ses yeux fatiguoient, lorsqu'il lisoit. Le caractére de son écriture n'étoit pas beau. Il ne distinguoit point les syllabes, & il avoit très-peu d'attention à l'Orthographe. Il n'étoit occupé que du sens des choses, auxquelles il donnoit son attention ; & il fut continuellement jusqu'à sa mort dans cette habitude, ce qui étoit pour nous tous un sujet d'admiration. Lorsqu'il avoit fini un ouvrage dans sa tête, & qu'ensuite il écrivoit ce qu'il avoit médité, il sembloit qu'il copioit un livre. Cela ne l'empêchoit pas de faire la conversation sur d'autres matières ; & lorsque celui avec lequel il s'entretenoit s'en alloit, il ne relisoit pas ce qu'il avoit écrit, pendant qu'ils parloient ensemble. C'étoit pour ménager sa vûe, comme nous l'avons déja dit. Il continuoit d'écrire, comme si la conversation n'eût mis aucun intervalle à son application. Son esprit étoit toujours occupé de lui, & de ceux qui étoient avec lui. Le seul sommeil pouvoit interrompre son attention. Il ne dormoit guéres. Ses méditations continuelles étoient un obstacle au sommeil, aussi bien que sa grande sobrieté. Car souvent il ne mangeoit pas même de pain.

IX. Il y avoit des femmes qui lui étoient fort attachées : Gémina chez laquelle il demeuroit, la fille de celle-ci qu'on appelloit aussi Gemina, Amphiclée fille d'Ariston & femme du fils d'Iamblique, toutes trois aimant beaucoup la Philosophie. Plusieurs hommes & femmes de condition étant prêts de mourir, lui confierent leurs enfans de l'un & de l'autre séxe avec tous leurs biens, comme à un dépositaire irréprochable: ce qui faisoit que sa maison étoit remplie de jeunes garçons & de jeunes filles, entre lesquels étoit Potamon que Plotin prit plaisir à élever, & qu'il faisoit parler sur les matiéres les plus importantes. Il examinoit avec exactitude les comptes de leurs tuteurs; & il disoit que jusqu'à ce que ces jeunes gens s'adonnassent tout entiers à la Philosophie, il falloit avoir soin de leurs biens, & les faire jouir de tous leurs revenus. Ces occupations ne l'empêchoient point d'avoir une attention continuelle aux choses intellectuelles. Il étoit doux, &

d'un accès facile à tous ceux qui vivoient avec lui. Il demeura vingt six ans entiers à Rome. Il fut souvent choisi pour arbitre. Jamais il ne fut brouillé avec aucun homme en place.

X. Entre ceux qui faisoient profession de philosopher, il y en avoit un nommé Olympius. Il étoit d'Aléxandrie ; il avoit été pendant quelque tems disciple d'Ammonius. Il traita Plotin avec mépris, parce qu'il vouloit avoir plus de réputation que lui. Il employa des opérations magiques pour lui nuire ; mais s'étant apperçû que son entreprise retomboit sur lui même, il convint avec ses amis qu'il falloit que l'ame de Plotin fût bien puissante, puisqu'elle rétorquoit sur ses ennemis leurs mauvais desseins. Plotin s'étant apperçû des projets qu'Olympius formoit contre lui, dit : le corps d'Olympius est présentement en convulsion. Celui-ci ayant donc éprouvé plusieurs fois, qu'il souffroit les mêmes maux qu'il vouloit faire souffrir à Plotin, cessa enfin de le persécuter. Plotin avoit eu de la nature des avantages, que les autres hommes n'en avoient pas reçû. Un Prêtre Egyptien fit un voyage à Rome. Il fit connoissance avec Plotin par le moyen d'un ami commun. Il se mit en tête de donner des preuves de sa sagesse. Il pria Plotin de venir avec lui à un spectacle, qu il se proposoit de donner. Il avoit un démon familier qui lui obeïssoit, dès qu'il l'appelloit. La scéne devoit se passer dans une Chapelle d Isis. L'Egyptien assûroit, qu'il n'avoit trouvé que ce seul endroit pur dans Rome. Il invoqua son démon, afin qu'il parût. Mais à sa place on vit paroître un Dieu qui n'étoit point de l'ordre des démons, ce qui fit dire à l'Egyptien : vous êtes heureux, Plotin : vous avez pour démon un Dieu. On ne fit aucune question. On ne vit rien de plus, l'ami qui gardoit les oiseaux, les ayant étouffés, soit par jalousie, soit par crainte. Plotin qui avoit pour génie un Dieu, avoit une attention continuelle pour ce divin gardien. C'est ce qui lui fit entreprendre un ouvrage sur le démon que chacun de nous a en partage. Il tâche d'y expliquer les différences des génies qui veillent sur les hommes. Amélius qui étoit fort exact à sacrifier, & qui célébroit avec soin les sacrifices des fêtes & de la nouvelle Lune, pria un jour Plotin de venir avec lui assister à un sacrifice. Plotin lui répondit : c'est à ces Dieux à venir me chercher, & non pas à moi à aller les trouver. Nous ne pûmes comprendre pourquoi il tenoit un discours, dans lequel il paroiſſoit tant de vanité ; & nous n'osâmes pas lui en demander la raiſon.

XI. Il avoit une ſi parfaite connoiſſance du caractére des hommes & de leurs façons de penſer, qu'il devinoit ce qu'on vouloit cacher, & qu'il prévoyoit ce que chacun de ceux avec qui il vivoit, deviendroit quelque jour. On avoit volé un collier magnifique à Chione. C'étoit une veuve reſpectacle qui demeuroit chez lui avec ſes enfans. On fit venir tous les domeſtiques. Plotin les enviſagea tous, & en montrant l'un d'eux : c'eſt celui-ci qui a fait le vol, dit-il. On lui donna les étriviéres : il nia long-tems; enfin il avoua, & rendit le collier. Il tiroit l'Horoſcope de tous les jeunes gens qui le voyoient. Il aſſûra que Polemon auroit de la diſpoſition à l'amour, & qu'il vivroit peu de tems ; & c'eſt ce qui arriva. Il s'apperçut que j'avois dessein de sortir de la vie. Il vint me trouver dans sa maison, où je demeurois. Il me dit que ce projet ne supposoit pas un état bien sensé ; que c'étoit l'effet de la mélancolie. Il m'ordonna de voyager. Je lui obéis. J'allai en Sicile, pour y écouter Probus célébre Philosophe qui demeuroit à Lilibée. Je perdis ainsi la fantaisie de mourir. Mais je fus privé du plaisir de demeurer avec Plotin jusqu'à sa mort.

XII. L'Empereur Gallien & l'Impératrice Salonine sa femme avoient une considération particuliére pour Plotin. Comptant donc sur leur bonne volonté, il les pria de faire rebâtir une Ville de Campanie qui étoit ruinée, de la lui donner avec tout son territoire, afin qu'il la fit habiter par des Philosophes, & qu'il y établît les Loix de Platon. Son intention étoit de lui donner le nom de Platonopie, & d'y aller demeurer avec ses disciples. Il eût facilement obtenu ce qu'il demandoit, si quelques-uns des courtisans de l'Empereur ne s'y fussent opposés, ou par jalousie, ou par quelque autre mauvaise raison.

XIII. Il parloit très à propos dans ses conférences. Il savoit trouver sur le champ les réponses qui convenoient. Sa prononciation n'étoit pas éxacte : & il conservoit cette inéxactitude dans son écriture : lorsqu'il parloit, il sembloit que l'on voyoit son ame sur son visage qui étoit comme enflammé. Il étoit d'une figure agréable. Il n'étoit jamais plus beau que lorsqu'on lui faisoit des questions. On voyoit comme une légére rosée sortir de ses pores. La douceur brilloit sur son visage. Il répondoit avec bonté & solidité. Je l'interrogeai pendant trois jours, pour apprendre de lui l'union du corps avec l'ame. Il passa tout ce tems à me démontrer ce que je voulois savoir. Un certain Thaumasius lui faisant des questions communes, je l'interrompis pour faire moi même les questions. Thaumasius s'y opposa; mais Plotin prétendit, que c'étoit le seul moyen de parvenir à l'éclaircissement des difficultés.

XIV. Il étoit fort concis dans ce qu'il écrivoit. L'on y remarque un très-grand sens. Il y a plus de pensées que de mots. L'Enthousiasme & le Patétique se trouvent chez lui. Il a répandu dans ses Livres plusieurs dogmes secrets des Stoïciens & des Péripatéticiens. Il a fait aussi usage des ouvrages Métaphisiques d'Aristote. Il savoit la Géometrie, l'Arithmetique, la Méchanique, l'Optique, la Musique, quoiqu'il n'eût n'eût pas grande envie de travailler sur ces diverses sciences. On lisoit dans ses conférences les Commentaires de Sévére, de Cronius, de Numénius, de Gaius & d'Atticus; on lisoit aussi les Ouvrages des Péripatéticiens, d'Aspasius, d'Aléxandre, d'Adraste; & les autres qui se rencontroient. Ces lectures ne se faisoient pas tout de suite. Plotin avoit ses sentimens particuliers fort différens de ceux de ces Philosophes. Il suivoit la méthode d'Ammonius. Dans les examens, il se remplissoit de ce qu'il avoit lû; & après avoir réfléchi profondément, il se levoit. On lui lut un jour un traité sur les principes de Longin, qui aimoit les antiquités. Longin, dit-il, est un homme de Lettres, mais il n'est nullement Philosophe. Origène vint une fois dans son auditoire. Plotin rougit, & voulut se lever. Origéne le pria de continuer. Plotin répondit que l'envie de parler cessoit, lorsqu'on étoit persuadé que ceux que l'on entretenoit, savoient ce qu'on avoit à leur dire, & après avoir parlé encore quelque peu de tems, il se leva.

XV. Un jour qu'à la fête de Platon je lisois un poëme sur le mariage sacré, quelqu'un dit que j'étois fou, parce qu'il y avoit dans cet ouvrage de l'enthousiasme & du Mystique. Plotin reprit la parole, & dit d'une façon à être entendu de tout le monde: vous venez de nous prouver que vous êtes en même tems Poëte, Philosophe & initié dans les mystéres sacrés. Le Rhéteur Diophane avoit là une apologie de ce que dit Alcibiade dans le banquet de Platon. Il vouloit y prouver qu'un disciple qui cherchoit à s'exercer dans la vertu, devoit avoir une complaisance absolue pour son maître, qui avoit de l'amour pour lui. Plotin se leva plusieurs fois, comme pour sortir de l'assemblée. Il se retint cependant ; & après que l'auditoire se fut séparé, il m'ordonna de réfuter ce discours. Diophane n'ayant pas voulu me le donner, je me rappellai les argumens que je réfutai, & je lûs mon ouvrage devant les mêmes Auditeurs, qui avoient entendu celui de Diophane. Je fis un si grand plaisir à Plotin, qu'il répéta plusieurs fois pendant que je lisois : frappez (a) ainsi, & vous deviendrez la lumière des hommes. Eubule qui professoit à Athènes la doctrine de Platon, lui ayant envoyé des écrits sur quelques questions Platoniques, il voulut qu'on me les donnât pour les examiner, & afin que je lui en fisse mon rapport. Il étudia aussi les régles des

---

(a) Vers d'Homere.

Astrologues : mais ce n'étoit pas pour le devenir ; & ayant découvert qu'il ne falloit pas se fier à leurs promesses, il prit la peine de les réfuter plusieurs fois dans ses Ouvrages.

XVI. Il y avoit dans ce tems-là des Chrétiens & des partisans de l'ancienne Philosophie, entr'autres Adelphius & Paulin. Ils avoient les ouvrages d'Aléxandre de Libye, de Philocomus, de Démostrate & de Lidus. Ils portoient avec eux les Livres mystiques de Zoroastre, de Zostrien, de Nicothée, d'Allogene, de Mesus, & de plusieurs autres. Ils trompoient un grand nombre de personnes, & étoient eux-mêmes trompés dans la persuasion où ils étoient, que Platon n'avoit pas pénétré dans la profondeur de la substance intelligente. C'est pourquoi Plotin les réfuta dans ses conférences ; & il écrivit contre *par Porphyre.*

eux un Livre que nous avons intitulé : contre les Gnostiques. Il me laissa le reste à examiner. Amélius composa jusqu'à quarante Livres pour réfuter celui de Zostrien ; & moi j'apportai plusieurs argumens, pour faire voir que le Livre attribué à Zoroastre étoit supposé depuis peu, & fait par ceux de cette secte, qui vouloient persuader que leurs dogmes avoient été enseignés par l'ancien Zoroastre.

XVII. Les Grecs prétendoient que Plotin s'étoit approprié les sentimens de Numénius. Triphon qui étoit Stoïcien & Platonicien, le dit à Amélius, lequel fit un Livre, auquel nous avons donné le titre, de la différence entre les dogmes de Plotin & ceux de Numénius. Il me le dédia à moi *le Roi.* Car c'étoit mon nom, avant que je m'appellasse Porphyre. On m'appelloit Malc dans la Langue de mon pays. C'étoit le nom de mon pere ; & Malc repond au mot Grec, qui signifie *Roi*. Longin qui a dédié à Cléodame & à moi son Livre de la Véhémence, m'appelle Malc à la tête de cet Ouvrage ; & Amélius a traduit ce nom en Grec.

(*a*) " Amelius au Roi, salut.
" Vous savez bien que jusqu'à pré-
" sent j'ai gardé le silence à l'occa-
" sion de quelques discours, qui
" ont été répandus par des gens
" célèbres d'ailleurs, qui ont in-
" tention de faire croire, que les
" sentimens de notre ami ne sont
" autres que ceux de Numénius
" d'Apamée. Il est constant que
" ces reproches ne viennent que
" de l'envie de parler. Non con-
" tens de ce reproche, ils osent
" dire que ses Ouvrages sont plats,

(*a*) Lettre d'Amelius à Porphyre.

par Porphyre.

» remplis de minuties & de mi-
» séres. Puisque vous croyez qu'il
» faut profiter de l'occasion, pour
» rappeller dans notre mémoire
» une Philosophie, qui nous a tant
» plû, & pour justifier un aussi
» grand homme que notre ami
» Plotin, quoique je sache que sa
» doctrine a été reçue avec suc-
» cès depuis longtems, je satis-
» fais cependant à ce que je vous
» ai promis par cet ouvrage, que
» j'ai fini en trois jours comme
» vous le savez. J'ai besoin de vo-
» tre indulgence. Ce n'est point
» un Livre fait avec examen : ce
» sont seulement des réfléxions
» que j'ai trouvées dans des écrits
„ que j'ai faits autre fois, &
„ que j'ai arrangées comme ce-
„ la s'est rencontré. Vous aurez
„ la bonté de me réformer, si je
„ m'éloigne des sentimens de
„ Plotin. Je n'ai eû d'autre in-
„ tention, que celle de vous faire

» plaisir. Portez-vous bien. »

XVIII. J'ai rapporté cette Lettre, non seulement pour faire voir que quelques-uns, du tems même de Plotin, prétendoient que ce Philosophe se faisoit honneur de la doctrine de Numénius, mais aussi qu'on le traitoit de diseur de bagatelles ; en un mot qu'on le méprisoit, parce qu'on ne l'entendoit pas. C'étoit un homme bien éloigné du caractère & de la vanité des Sophistes. Il sembloit être en conversation avec ses disciples, lorsqu'il étoit dans son auditoire. Il ne se pressoit pas de découvrir les profondeurs de son système. Je l'éprouvois bien dans les commencemens que je l'écoutois. Je voulus l'engager à s'expliquer davantage par l'Ouvrage que je fis contre lui, pour prouver que ce que l'on conçoit est hors l'entendement. Il voulut qu'Amélius le lui lût ;
&

& après qu'il en eut fait la lecture, Plotin lui dit en riant : ce seroit à vous à résoudre ces difficultés que Porphyre n'a faites, que parce qu'il n'entend pas bien mes sentimens. Amélius fit un assez gros Livre, pour répondre à mes objections. Je répliquai. Amélius écrivit de nouveau. Ce troisiéme ouvrage me mit plus au fait de la matiére, & je changeai de sentiment. Je lûs ma rétractation dans une assemblée. Depuis ce tems j'ai eu une confiance entiére dans tous les ouvrages de Plotin. Je le priai de donner la derniére perfection à ses écrits, & d'expliquer un peu plus au long sa doctrine. Il disposa aussi Amélius à faire quelques ouvrages.

XIX. On verra quelle idée Longin avoit de Plotin, par une réponse qu'il me fit ; j'étois en Sicile. Il souhaitoit que j'allasse le trouver en Phénicie, & que je

portasse avec moi les ouvrages de Plotin, il me mandoit : » en-
» voyez-moi, je vous prie, ces
» ouvrages, ou plûtôt apportez-
» les avec vous; car je ne me laf-
» serai point de vous prier de
» voyager de ce côté-ci préféra-
» blement à tous les autres pays,
» quand ce ne seroit qu'à cause
» de notre ancienne amitié, & de
» la température modérée de
» l'air, qui est un excellent pré-
» servatif contre la foiblesse du
» corps, dont vous vous plaignez.
» Car je ne prétends pas qu'en ve-
» nant me voir, je vous mettrai
» en état d'acquérir quelque
» nouveau dégré de science. Ne
» comptez pas trouver ici rien de
» nouveau, ni même des écrits
» des anciens Philosophes que
» vous croyez être perdus. Il y
» a une si grande disette de co-
» pistes, qu'à peine en ai-je pû
» trouver un, qui ait voulu aban-

» donner son travail ordinaire,
» pour transcrire les ouvrages de
» Plotin que j'ai revûs, depuis tout
» le tems que je suis en ce pays-
» ci. Je crois avoir tous ses ou-
» vrages que vous avez envoyés.
„ Mais ils sont imparfaits & rem-
„ plis de fautes. Je m'étois per-
„ suadé que notre ami Amélius
„ avoit corrigé le mal qu'avoient
„ fait les copistes ; mais il a eu des
„ occupations plus pressantes que
„ celle-là. Je ne sais quel usage
„ faire des Livres de Plotin, quel-
„ que passion que j'aie d'exami-
„ ner ce qu'il a écrit sur l'ame &
„ sur l'être : ce sont précisément
„ ceux de ses ouvrages qui sont
„ les plus corrompus. Je vou-
„ drois donc que vous me les en-
„ voyassiez écrits éxactement. Je
„ les lirois, & je vous les renver-
„ rois promptement. Je vous ré-
„ péte encore de ne pas les en-
» voyer, mais de les apporter

„ vous-même avec les autres ou-
„ vrages de Plotin, qui auroient pû
„ échapper à Amélius. J'ai re-
„ cueilli avec soin tous ceux qu'il
„ a apportés ici. Car pourquoi
„ ne rechercherois-je pas avec
„ empressement des ouvrages si
„ estimables? Je vous ai dit de
„ près, de loin, & lorsque vous
„ étiez à Tyr, qu'il y avoit dans
„ Plotin plusieurs raisonnemens
„ que je ne comprenois point par-
„ faitement ; mais que j'aimois &
„ que j'admirois sa façon d'écri-
„ re, son style serré & plein de
„ force, & la disposition vrai-
„ ment philosophique de ses dis-
„ sertations. Je suis persuadé que
„ ceux qui cherchent la vérité,
„ doivent mettre les ouvrages de
„ Plotin de pair avec ceux des
„ plus grands hommes. „

XX. Je me suis fort étendu,
pour faire voir ce que le plus
grand Critique de nos jours, &

qui avoit examiné presque tous les ouvrages de son tems, pensoit de Plotin. Il l'avoit d'abord méprisé, parce qu'il s'en étoit rapporté à des ignorans. Il s'étoit persuadé que l'exemplaire de ses ouvrages qu'il avoit eu par Amélius, étoit corrompu, parce qu'il n'étoit pas encore accoutumé au style de ce Philosophe: cependant si quelqu'un avoit les ouvrages de Plotin dans leur pureté, c'étoit certainement Amélius, qui les avoit copiés sur les Originaux mêmes. J'ajouterai encore ce que Longin a dit dans ce même Ouvrage, de Plotin, d'Amélius & des autres Philosophes de son tems, afin que l'on soit plus au fait de ce que pensoit ce grand Critique. Le Livre a pour titre : de la fin, contre Plotin & Gentilianus Amélius. En voici le commencement. » Il y a eu, Mar-
» cellus, plusieurs Philosophes

» de notre tems, & sur-tout
» dans notre jeunesse. Il est inu-
» tile de nous plaindre du petit
» nombre qu'il y en a présente-
» ment ; mais lorsque nous étions
» jeunes, plusieurs personnes s'é-
» toient acquises de la réputation
,, dans la Philosophie. Nous
» les avons tous vûs, parce que
» nous avons voyagé de bonne
» heure avec nos peres, qui nous
» ont menés chez un grand nom-
» bre de nations, & dans plu-
» sieurs villes. Parmi ces Philoso-
» phes, les uns ont laissé leur
» doctrine par écrit, dans le des-
» sein d'être utiles à la postérité,
» les autres ont crû qu'il leur suffi-
» soit d'expliquer leurs sentimens
» à leurs disciples. Du nombre des
» premiers étoient les Platoni-
» ciens, Euclide, Démocrite, Pro-
» clinus qui habitoit dans la Troa-
» de, Plotin & son ami Genti-
» lianus Amélius, qui sont éta-
» blis présentement à Rome ; les

» Stoïciens Thémistocle, Phé-
» bion, & Annius & Médius, qui
» étoient célébres il n'y a pas
» long-tems ; & le Péripatéticien
» Héliodore d'Alexandrie. Quant
» à ceux qui n'ont pas jugé à pro-
» pos d'écrire, il faut placer Am-
» monius & Origène Platoniciens,
» avec lesquels nous avons beau-
» coup vécu, & qui excelloient
» entre tous les Philosophes de
» leur tems, Théodote & Eubule
» successeurs de Platon à Athè-
» nes. Si quelques-uns d'eux ont
» écrit, comme Origène des dé-
» mons, Eubule des Commentai-
» res sur le Philebe, sur le Gor-
» gias, des remarques sur ce qu'A-
» ristote a écrit contre la Répu-
» blique de Platon, ces ouvra-
» ges ne sont pas assez considé-
» rables, pour que les Auteurs puis-
» sent être mis au rang de ceux,
» qui ont fait leur principale oc-
» cupation d'écrire ; car ce n'est

» que par occasion qu'ils ont fait
» ces petits ouvrages. Les Stoï-
» ciens, Ermine, Lysimache,
» Athénée & Musonius, qui ont
» vêcu à Athènes, les Péripaté-
» ticiens, Ammonius & Muso-
» nius, les plus habiles entre tous
» ceux qui ont vêcu de leur tems,
» & sur tout Ammonius; tous
» ces Philosophes n'ont fait au-
» cun ouvrage sérieux. Ils se sont
» contentés de composer quel-
» que poëme ou quelque disserta-
» tion, qui ont été conservés mal-
» gré eux; car je ne crois pas qu'ils
» eussent voulu être connus de la
» postérité simplement par de si
» petits livres, puisqu'ils avoient
» négligé de nous communiquer
» leur doctrine dans des Ouvra-
» ges plus sérieux. De ceux qui
» ont écrit, les uns n'ont fait que
» recueillir ou transcrire ce que
» les Anciens nous ont laissé. De
» ce nombre sont Euclide, Dé-

» mocrite & Proclinus : les au-
» tres se sont contentés de tirer
» diverses choses des anciennes
» histoires, qu'ils ont comparées
» avec ce qui se passoit de leur
» tems. C'est ce qu'ont fait, Annius
» Médius & Phébion. Ce dernier a
» cherché à se rendre recomman-
» dable plûtôt par le style que par
» les choses. On peut ajouter à
» ceux-ci Héliodore, qui n'a rien
» mis dans ses écrits, que ce qui
» avoit été dit par les Anciens
» dans leurs leçons. Mais Plotin &
» Gentilianus Amélius ont rem-
» pli leurs écrits d'un grand nom-
» bre de questions, qu'ils ont trai-
» tées avec exactitude, & d'une
» façon qui leur est singuliére. Plo-
» tin a expliqué les principes de
» Pythagore & de Platon plus
» clairement, que ceux qui l'ont
» précédé ; car ni Numénius, ni
» Cronius, ni Moderatus, ni Thra-
» sille, n'approchent pas à beau-

» coup près de l'exactitude de Plo-
» tin. Amélius a cherché à mar-
» cher sur ses traces. Il a suivi plu-
» sieurs de ses sentimens. Mais il
» est beaucoup plus prolixe dans
» ses explications, de sorte que
» ce sont des styles différens. Nous
» avons crû que leurs seuls Ou-
» vrages méritoient une atten-
» tion particulière ; car pourquoi
» prendroit-on la peine d'exami-
» ner ceux, qui copiant les Ou-
» vrages des autres, n'y ont rien
» ajouté, se contentant de ramas-
» ser ce qui est épars ailleurs, sans
» même s'embarrasser du choix ?
» Nous avons agi de la même
» façon que Gentilianus en a agi
» à l'égard de Platon, qu'il con-
» tredit au sujet de la justice. Nous
» avons examiné ce que Plotin
» écrit sur les idées. Nous avons
» réfuté notre ami commun *le*
» *Roi* (*a*) du pays de Tyr. Il s'est

(*a*). Porphyre.

,, beaucoup occupé à imiter Plo-
,, tin. Il a entrepris de faire voir,
,, que son sentiment sur les idées
,, étoit préférable au nôtre ; &
,, nous lui avons prouvé qu'il avoit
,, eu tort de changer de Doctri-
,, ne. Nous avons examiné plu-
,, sieurs dogmes de ces Philoso-
,, phes dans la Lettre à Amélius,
,, qui est aussi grande qu'un Livre.
,, Nous y répondons à une Let-
,, tre qu'il nous avoit envoyée de
,, Rome, & qui avoit pour titre :
,, de la façon de philosopher de
,, Plotin. Pour nous, nous nous
,, sommes contentés de donner
,, pour titre à notre Ouvrage :
,, Epître à Amélius. «

XXI. Longin avoue dans ce que nous venons de voir, que Plotin & Amélius l'emportent sur tous les Philosophes de leur tems, par le grand nombre de questions qu'ils proposent ; & qu'ils ont une maniére de philosopher, qui leur est particuliére : que Plotin ne s'étoit point approprié les sentimens de Numénius ; qu'il avoit à la vérité profité des Ouvrages des Pythagoriciens ; enfin qu'il étoit plus éxact que Numénius, que Cronius & que Thrasille. Après avoir dit qu'Amélius suivoit les traces de Plotin, mais qu'il étoit trop étendu dans ses explications, ce qui faisoit la différence de leur style, il parle de moi qui depuis peu avois acquis la connoissance de Plotin, & dit : notre ami commun, le Roi qui est Tyrien d'origine, a composé plusieurs Ouvrages dans le goût de Plotin. Il déclare par-là que j'ai évité les longueurs peu philosophiques d'Amélius, pour imiter le tour de Plotin. Le jugement de ce premier Critique de nos jours suffit, pour faire voir ce qu'il faut penser de Plotin. Si j'eusse pû aller voir Longin lorsqu'il m'en prioit, il n'eût point fait de réponfe avant que d'avoir fait un nouvel examen de fes fentimens.

XXII. Mais s'il eft befoin de rapporter ici le jugement des Sages. Qui eft plus fage ou plus véridique qu'Apollon ? Amélius confulta ce Dieu, pour favoir ce qu'étoit devenue l'ame de Plotin; & voici la réponfe, que fit celui qui avoit prononcé que Socrate étoit le plus fage de tous les hommes. „Je chante une hym-
„ne immortelle pour un excel-
„lent ami. Je veux tirer de ma
„guitarre des fons admirables.
„J'invoque les Mufes, afin qu'el-
„les joignent l'harmonie de leurs
„voix à mes fons, comme elles
„firent lorfqu'elles aiderent Ho-
„mére à chanter la colére d'A-
„chille & des Dieux. Sacré Chœur
„des Mufes, chantons tous en-
„femble: Je ferai au milieu de
„vous, Génie qui étiez homme

„ auparavant, & qui préfente-
„ ment êtes dans l'ordre Divin
„ des Génies ; de puis que vous
„ êtes délivré des chaînes du corps
„ & du tumulte des membres.
„ Vous vous êtes livré à la fageffe;
„ vous avez abandonné les mé-
„ chans, afin que votre âme ref-
„ tât toujours pure. Vous avez
„ donné la préférence à cette
„ voie, où brille la clarté Divi-
„ vine, où régne la juftice. Lorf-
„ que vous faifiez des efforts, pour
„ vous échapper de ce torrent d'a-
„ mertume, de cette vie terref-
„ tre, de cet état de vertige ; lorf-
„ que vous 'tiez au milieu des
„ flots & des tempêtes, les Dieux
„ vous ont fait fouvent paroître
„ des fignaux, pour éclairer vo-
„ tre ame dans ces routes tortueu-
„ fes, & pour la conduire dans le
„ vrai chemin, dans la voie éter-
„ nelle. Ils vous frappoient de
„ fréquens rayons de lumiére, pour

„ vous éclairer au milieu des té-
„ nébres. Aussi ne vous livriez-
„ vous pas au sommeil, & lors-
„ que vous cherchiez à l'éloigner
„ au milieu des flots, vous avez
„ découvert des choses admira-
„ bles, qu'il n'est pas facile de
„ voir, & qui ont même échappé
„ à ceux qui ont recherché la sa-
„ gesse. Présentement que vous êtes
„ dégagé de l'enveloppe du corps,
„ vous avez été admis dans l'as-
„ semblée des esprits. C'est-là que
„ se trouvent l'amitié, les désirs
„ agréables, toujours accompag-
„ nés d'une joie pure. Là on se ras-
„ sasie d'Ambroisie ; on n'est oc-
„ cupé qu'à aimer : on respire l'air
„ tranquille de l'âge d'or. C'est-là
„ qu'habitent les freres, Minos
„ & Rhadamante, le juste Eaque,
„ Platon, Pythagore ; en un mot
„ tous ceux qui se sont livrés à l'a-
„ mour des biens éternels; ils sont
„ présentement dans la classe des
„ heureux génies. Leur ame jouit

,, d'une joie continuelle au milieu
,, des fêtes. Vous, après avoir li-
,, vré une infinité de combats,
,, vous êtes parvenu au séjour des
,, fages génies, où votre bonheur
,, fera durable. Finiſſons, Muſes,
,, cette hymne faite en l'honneur
,, de Plotin. Voilà ce que ma gui-
,, tarre avoit à dire de ce bien-
,, heureux. "

XXIII. L'Oracle que nous venons d'entendre a décidé que Plotin étoit bon, d'une grande douceur, & d'une ſociété très-agréable ; & c'eſt ce que nous avons vû par nous même, dans le tems que nous avons vécu avec lui. Apollon nous apprend auſſi que ce Philoſophe dormoit peu, que ſon ame étoit pure, qu'il étoit toujours occupé de la Divinité qu'il aimoit de tout ſon cœur, & qu'il déſiroit avec empreſſement de ſortir de ce ſiécle corrompu. Eclairé ainſi d'une lumiére Divine

vine, il ne cherchoit qu'à s'élever vers l'être suprême, par les voies dont Platon fait mention dans son Banquet. Aussi Dieu lui apparut-il, & il eut la communication intime de cet Etre suprême, qui est sans figure, dont l'on ne peut pas donner la représentation, & qui enfin est incompréhensible. J'ai été assez heureux pour m'approcher une fois en ma vie de ce Divin Etre, & pour m'y unir. J'avois pour lors soixante & huit ans. C'étoit cette union qui faisoit tout l'objet des désirs de Plotin. Il eut quatre fois cette Divine jouissance, pendant que je demeurois avec lui. Ce qui se passe pour lors, est ineffable. Les Dieux l'éclairoient & le dirigeoient, lorsqu'il s'écartoit de la vraie voie. L'Oracle nous fait entendre qu'il ne composoit ses Ouvrages, qu'en réfléchissant sur ce que les Dieux lui faisoient voir. Les spéculations humaines ont leur avantage. Mais quelle distance n'y a-t-il pas de-là à la connoissance des Dieux (*a*)!

XXV. Telle est la vie de Plotin. Il m'avoit chargé de l'arrangement & de la révision de ses Ouvrages. Je lui promis, & à ses amis d'y travailler Je ne jugeai pas à propos de les ranger confusément, suivant l'ordre du tems qu'ils avoient été publiés: j'ai imité Apollodore d'Athènes, & Andronique le Péripatéticien. Le premier a recueilli en dix Tomes ce qu'a fait Epicharme le Comique ; & l'autre a mis de suite les Ouvrages d'Aristote & de Théo-

―――――――――――

(*a*) On omet le reste de ce Chapitre, parce que ce n'est que la répétition de l'Oracle d'Apollon.

phraste sur le même sujet. J'ai partagé les cinquante-quatre Livres de Plotin en six Enneades, en l'honneur des nombres six & neuf. J'ai mis dans chaque Enneade les Livres qui sont sur la même matiére ; & toujours à la tête ceux qui sont les plus faciles à entendre. (*a*) Nous y avons joint par-ci par-là quelques Commentaires, pour satisfaire nos amis, qui étoient persuadés qu'il y avoit quelques endroits qui avoient besoin d'être éclaircis. Nous avons mis des Châpitres, où nous avons expliqué le tems dans lequel chacun de ces Livres a été publié, excepté au Traité du Beau, parce que nous n'avions pas de connoissance de l'époque

---

(*a*) On trouve ensuite dans Porphyre l'ordre & les titres des cinquante Livres de Plotin. Nous les avons omis ici, parce qu'on peut les voir plus haut.

où ce Livre vit le jour : nous mettrons des points par tout. S'il y a quelque faute de diction, nous la corrigerons. On peut voir, en lifant les Livres, que nous avons fait tout ce que nous avons pû, pour leur donner toute la perfection possible.

DISSERTATION
SUR L'EXISTENCE
DES GENIES,

Dans laquelle on rapporte ce que les peuples les plus célèbres & les Philosophəəsn ont pensé.

CE que Porphyre dit des Génies, nous a paru demander un éclaircissement ; & nous avons crû que le Lecteur verroit avec quelque plaisir les diverses idées des hommes à ce sujet.

I. *Ce que l'Ecriture nous apprend des Esprits.*

L'exiſtence des Anges étoit un dogme reçû preſque généralement chez tous les Juifs. Les ſeuls Saducéens contrediſoient cette doctrine, en niant qu'il y eût des Eſprits (*a*); ce qui doit paroître très ſingulier, puiſque les Livres ſacrés de l'ancien Teſtament, & même le Pentateuque, ſuppoſent en une infinité d'endroits qu'il y a des Anges. La premiére eſpéce dont il ſoit parlé dans l'Ecriture, eſt celle des Chérubins. Dieu en avoit placé un à l'entrée du Paradis terreſtre (*b*) pour garder l'arbre de vie après la déſobéiſſance du premier pere. Le Prophéte Ezéchiel ſuppoſe (*c*) qu'ils avoient des aîles.

―――――――――――――――
(*a*) Act. c. 23. v. 8.
(*b*) Geneſ. c. 3. v. 24.
(*c*) Ezéch. c. 10. v. 5. & 10.

Les Commentateurs qui ont fait la description de la figure des Chérubins (a) ont moins consulté l'Ecriture que leur propre imagination : aussi en ont ils fait des monstres. Ils ont crû qu'ils tenoient de l'homme, de l'aigle, du bœuf & du lion. Ils avoient, disent-ils, le visage de l'homme, le dos couvert d'un grand poil comme celui de la criniére d'un lion, les cuisses & les pieds de veau, & le corps couvert de quatre grandes aîles : d'autres les ont dépeints comme un homme, dans la tête duquel on voyoit la face de l'homme, du bœuf & du lion de trois côtés, & un aigle placé sur un casque qui couvroit cette tête à trois faces. Entre & derriére les épaules on voyoit quatre grandes aîles, deux de chaque côté. Cette figure avoit quelque rapport au

---

(a) V. Calmet sur la Genèse c. 3.

Sphinx; ce qui a fait croire à S. Clément d'Alexandrie, que le Sphinx des Egyptiens étoit une imitation du Chérubin des Hébreux. Le Prophéte Isaie parle de ces esprits (*a*); il assûre que Dieu est assis sur les Chérubins: il fait aussi mention des Séraphins, & c'est le seul des Ecrivains sacrés qui en dise quelque chose; il les dépeint (*b*) comme ayant six aîles. Nous voyons dans les Pseaumes, qu'il y a un ordre de substances spirituelles appellées Vertus (*c*), qui servent de ministres à l'être éternel.

Le nom le plus communément donné à ce genre de créatures, est celui d'Ange, qui dans son origine signifie, député ou messager. L'auteur de la Genèse qui

---

(*a*) Isai. c. 37. v. 16.
(*b*) C. 6. v. 2.
(*c*) Benedicite Domino omnes virtutes eius, ministri ejus, qui facitis voluntatem ejus. Ps. 102. v. 21.

suppose

suppose l'existence de ces esprits, n'a pas jugé à propos de parler du tems de leur création; ce qui a été l'occasion de plusieurs conjectures frivoles pour les Commentateurs, qui se croyent dans l'obligation de deviner ce que l'Auteur qu'ils interprétent a laissé dans l'obscurité. Les Peres Grecs & Latins qui ont précédé Saint Augustin, ont enseigné (*a*) que les Anges furent créés avant le monde; & ils se fondent sur le passage de Job, (*b*) qui dit que les fils de Dieu louoient l'Eternel avec les astres du matin, lorsqu'il posoit les fondemens de la terre. Saint Augustin suivi en cela du plus grand nombre des Interprétes, a crû que les Anges avoient été créés le premier jour avec la lu-

---

(*a*) Petau *de Angel.* l. 1. c. 15. Calmet, comment. Genes. c. 1.
(*b*) Job. c. 38. v. 7.

miére. Origene a prétendu, que sous le nom d'eaux supérieures que l'Ecriture place au dessus du Firmament, & que le Prophéte invite à louer le Seigneur, il ne falloit point entendre des eaux réelles, mais les esprits bien-heureux, & que les eaux inférieures qui sont placées dans les abîmes, n'étoient autre chose que les Démons ; mais ces allégories ont trouvé peu de partisans. Ce qui est constant par l'Ecriture, c'est qu'il y a un grand nombre d'esprits méchans, dont la principale fonction est de persécuter les hommes, & de les induire en tentation (a). Ils n'étoient pas méchans dans l'origine ; mais ayant voulu se rendre indépendans de l'Etre suprême, ils sont restés dans cet état habituel de méchanceté. Le

---

(a) Job. c. 1. v. 12. Eclesiastique c. 39. v. 33. & 34.

tems qui a précedé leur apostasie, n'est point exprimé dans l'Ecriture. Saint Augustin a crû qu'ils avoient péché le jour même de leur création. La preuve qu'il en donne n'est pas démonstrative. Il se fonde sur ces paroles de la Genèse : *il sépara la lumière des ténébres*, c'est-à-dire, que selon ce Pere, Dieu sépara les bons Anges d'avec les mauvais. On ne trouve le nom ni d'aucun Ange, ni d'aucun Diable dans les Livres écrits avant la captivité ; car le terme de Satan qui répond à celui d'adversaire, caractérise plûtôt les fonctions du chef des mauvais esprits, qu'il ne le désigne par son vrai nom : c'est ce qui a fait dire aux Juifs dans le Talmud de Jérusalem, que c'étoit à Babylone que leurs peres avoient appris les noms des Anges (a).

(a) Nomina angelorum ascendisse cum Ju-

Les Livres sacrés écrits depuis la destruction de la Monarchie des Juifs nous apprennent les noms de quelques Anges. Daniel (*a*) parle de Michel & de Gabriel. Il suppose que Gabriel avoit des aîles. Raphael est le héros du Livre de Tobie : (*b*) il triomphe d'Asmodée ; il le saisit & l'enchaîne dans les déserts de la haute Egypte. C'est lui qui présente à Dieu les priéres de Tobie; & il est un des sept esprits qui sont toujours devant le Seigneur (*c*). Il est fait mention d'Uriel & de Jeremiel dans le quatriéme Livre d'Esdras ; mais ce Livre n'est pas canonique.

Le premier nom propre de diable que nous lisons dans l'E-

---

deis ex Babyloniâ. Historia vet. Persarum, Hyfde c. 20. p. 273.
(*a*) Daniel c. 9. v. 21.
(*b*) Tobie c. 8. v. 3. c. 12. v. 12. & 15.
(*c*) Apocalypse c. 1. v. 4.

sur l'Existence des Genies. 389
criture, est celui d'Asmodée, dont il est parlé dans le Livre de Tobie (a) ; & en expliquant assez naturellement ce qui est dans cet Ovrage, on pourroit penser que le Diable est susceptible d'amour & de jalousie : il semble que ce sont ces passions qui déterminerent Asmodée à tuer les sept premiers maris de Sara. Il est parlé dans ce même Livre (b) d'une recette, pour mettre en fuite tous les démons. Elle consistoit à mettre sur des charbons une partie du cœur d'un gros poisson, qui malheureusement n'est pas nommé. La fumée éloignoit les mauvais esprits. La musique produisoit aussi ces mêmes effets ; & le Roi Saül y avoit recours, pour être soulagé, lorsqu'il étoit tourmen-

---

(a) Tobie c. 3. v. 8.
(b) Tobie c. 6. v. 18.

té par le mauvais esprit (*a*). C'étoit une opinion reçue chez les Juifs, que les Diables avoient part à tous les malheurs qui affligeoient les hommes. Ils croyoient que la plûpart des maladies devoient être attribuées à l'opération des démons; ils penſoient que quelques-unes de ces eſprits préſidoient aux maladies du jour, & d'autres à celles de la nuit. Ils ne doutoient pas que David ne ſuppoſât cette doctrine, lorſqu'il parle du démon du midi (*b*).

Mais ſi le genre humain a des ennemis terribles dans la perſonne des mauvais eſprits, il a auſſi de puiſſans protecteurs dans les Anges, dont les fonctions ſont de veiller ſur la conduite des gens de bien, & de les ſecourir: c'eſt ce que David ſuppoſe, lorſqu'il con-

---

(*a*) Reg. L. 1. c. 16. v. 23.
(*b*) Pſeaume 90. v. 6. V. le P. Calmet.

sole ceux qui sont dans l'oppression par l'espérance du secours des Anges (*a*).

Ces bienheureux esprits non-seulement ont soin des particuliers, mais aussi il y en a de préposés pour veiller sur toute une nation. Il est parlé dans le Prophéte Daniel de l'Ange des Perses & de l'Ange des Grecs (*b*). Michel est nommé le protecteur du peuple d'Israel. Quoique ces créatures ne fussent occupées qu'à faire du bien aux hommes, on craignoit cependant de les appercevoir, dans la persuasion où l'on étoit, que l'on ne pouvoit pas voir un Ange sans courir risque de la mort; ce qui a fait dire à Gédeon : malheur à moi, j'ai vû l'Ange du Seigneur face à face

---

(*a*) Immittet angelus Domini in circuitu timentium eum, & eripiet eos. 33. v. 8.
(*b*) Daniel c. 10. v. 13. 20. 21.

(*a*) ! Les anges, quoique purs esprits, sont presque toujours représentés dans l'ancien Testament, comme ayant des corps, & paroissant faire des fonctions corporelles. On les voit manger chez le Patriarche Abraham (*b*). Le Prophéte Michée nous fait entendre que le nombre de ces esprits est très-grand (*c*), lorsqu'il assûre qu'il a vû le Seigneur sur son thrône, & toute l'armée des Cieux à sa droite & à sa gauche.

Le nouveau Testament entre dans un plus grand détail de la haine dont le démon est animé contre les hommes. On y voit que Jesus-Christ même ne fut pas à l'abri de la témérité de l'Ange Tentateur. (*d*) Cet esprit rebel-

---

(*a*) Juges c. 6. v. 22.
(*b*) Genese c. 18. v. 9.
(*c*) Rois l. 3. c. 22. v. 19.
(*d*) Matth. c. 4.

le tente le Sauveur dans le désert. Il le transporte sur le pinacle du Temple, ensuite sur une montagne très-haute, d'où lui ayant montré tous les Royaumes de la Terre, il lui dit (*a*) : je vous donnerai tous ces états avec leur magnificence, parce qu'ils m'ont été livrés, & que je les donne à qui je veux, si vous m'adorez. S. Pierre assûre (*b*) que le Diable semblable à un Lion rugissant, n'est occupé qu'à chercher à dévorer les hommes. Ces esprits impurs non contens de tourmenter le genre humain, entrent aussi dans les corps des animaux. Ils vont quelquefois se promener dans des lieux arides, sans pouvoir trouver de repos (*c*). Leur demeure ordinai-

---

(*a*) Luc 4. v. 5. & 6.
(*b*) Epit. 1. c. 5. v. 8.
(*c*) Matt. 8. v. 32. Marc 5. v. 11. Luc 8. v. 32.

re est l'Enfer, d'où ils ne sortent que lorsque Dieu leur permet d'aller tenter les hommes ; car S. Pierre & S. Jude assûrent (*a*) que les Anges rebelles furent précipités dans le Tartare, pour y être punis jusqu'au jour du jugement. Le Chef des Démons étoit connu chez les Juifs sous le nom de Béelzebut (*b*).

Si l'Ecriture nous apprend que les hommes ont de cruels ennemis dans les anges rebelles, elle prouve aussi qu'ils ont de puissans amis dans les bons Anges. C'étoit une opinion reçue constamment chez les Juifs, que chaque personne avoit un Ange pour le diriger. Jesus-Christ l'autorise, lorsqu'il dit : (*c*) ne méprisez aucun de ces petits, par-

---

(*a*) 2. Petr. c. 2. v. 4. Jud. v. 6.
(*b*) Matthieu 12. v. 24. Marc 3. v. 22. Luc 11. v. 15.
(*c*) Matthieu 18. v. 10.

ce que leurs Anges voyent toujours la face de mon pere qui est dans les Cieux. Lorsque Rhode vint dire à l'assemblée (a) qui étoit dans la maison de Marie mere de Jean Marc, que S. Pierre que l'on croyoit être en prison, avoit frappé à la porte, on ne vouloit pas la croire ; chacun disoit : c'est plûtôt son ange.

J. C. nous a appris quelles seront les fonctions des anges à la consommation des siécles. Ce sont eux qui sonneront de la trompette, pour assembler les Elûs. Ils sépareront les bons d'avec les méchans dans le jugement dernier, & ils enverront ceux-ci dans l'étang de feu (b). Nous savons aussi par J. C. qu'il y a une nombreuse quantité d'Anges; car il assûre (c) qu'il est le maî-

___

(a) Actes 12. v. 15.
(b) Matthieu 24 v. 31. & 13. v. 49. & 50.
(c) Mat. 26. v. 53.

tre de prier fon Pere, qui enver-
roit à fon fecours plus de douze
légions d'anges.

S. Paul eft celui de tous les
Ecrivains facrés, qui nous inftruit
le plus en détail des différens
ordres des efprits céleftes (*a*).
Maimonide croyoit à la vérité
avoir découvert dans l'ancien Tef-
tament dix efpéces différentes
d'efprits. Mais S. Paul s'eft expliqué plus clairement. Il parle
des Principautés, des Puiffances,
des Vertus, des Dominations, des
Trônes, des Archanges (*b*). S.
Jérôme examine d'où l'Apôtre a
tiré ces connoiffances. Il prétend
que c'eft dans les traditions des
Hébreux. S. Chryfoftome affûre
(*c*) que l'Ecriture ne nous a pas

───────────────

(*a*) Petau de Ang. l. 2. c. 1.
(*b*) Ephef. 1. v. 21. Colloff. 1. v. 16. Theffal.
1. c. 4. v. 15.
(*c*) Petau *ibidem*.

révélé tous les différens ordres d'Anges qui éxistoient.

Dans la suite des tems on a distingué les substances célestes en différens chœurs. Cette distinction se trouve pour la première fois dans les Livres attribués à Saint Denis l'Aréopagite, & elle a été adoptée par Saint Gregoire le Grand. C'est donc d'après eux que les Théologiens enseignent (*a*), qu'il y a trois Hiérarchies d'Anges, & trois ordres d'Hiérarchies, & voici comment ils les rangent : les Séraphins, les Chérubins, les Trónes, les Dominations, les Vertus, les Puissances, les Principautés, les Archanges & les Anges. Les Grecs célebrent (*b*) encore à présent la fête des neufs Ordres des Anges le 8. Novembre ; & on lit dans

---

(*a*) S. Thomas 1. p. quæst. 18. art. 5.
(*b*) Cangii Consta. Chrisf. l. 4. 188.

leur Ménologe (*a*), que Samaez un des Chefs des Anges se révolta contre Dieu ; qu'après cette rebellion il fut appellé le Diable, & que c'étoit Michel qui étoit à la tête des bons Anges.

II. *Plusieurs Peres des premiers siécles ont crû que les Anges avoient des corps.*

Quoique les Peres des premiers siécles donnassent beaucoup dans l'allégorie, ils prenoient souvent trop à la lettre des passages de l'Ecriture, que nous croyons en suivant le sentiment de l'Eglise, devoir interpréter différemment qu'eux. Ne consultant que le sens apparent du texte sacré, ils étoient persuadés que les Anges & les démons avoient des corps.

(*a*) Menol. græcum, après Ughellius T. 19. p. 289.

S. Justin parle de la nature de ces êtres (*a*) comme s'ils eussent été des substances très-subtiles, mais non-absolument spirituelles & incorporelles. C'est pourquoi il leur attribue des actions, qui ne peuvent se faire sans corps. Car il dit que quelques Anges ayant reçû de Dieu le gouvernement du monde, se rendirent bien-tôt prévaricateurs de la Loi, & que par le commerce qu'ils eurent avec les filles des hommes, ils engendrerent les êtres que nous appellons les démons. Cette opinion passe aujourd'hui pour ridicule & insoutenable, mais elle n'étoit point extraordinaire dans ces premiers siécles. Elle étoit appuyée, dit M. de Tillemont, sur le sens mal entendu de l'Ecriture selon la version des Septante, à qui l'on rendoit alors plus de respect

---

(*a*) Tillem. art. XVIII. T. 2. p. 388.

& de déférence (a) qu'au texte Hébreu. S. Justin a trouvé beaucoup d'Auteurs célébres, & les plus grands esprits d'entre les Peres, qui l'ont suivi dans la pensée qu'il avoit touchant la nature des Anges. Justin croyoit aussi que les Anges se nourrissoient dans le Ciel. Il le prouve par les passages de l'Ecriture, dans lesquels il est parlé du pain des Anges. C'étoit aussi une opinion commune dans les premiers siécles (b) que les démons se nourrissoient du sang des Victimes que l'on sacrifioit.

Parmi les rêveries d'Origène, qui ont été condamnées dans le cinquiéme Concile, il y en a plusieurs qui ont rapport à sa doctrine sur les Anges. Il croyoit (c) que toutes les espéces spiri-

---

(a) Petau de Angelis, l. 3. c. 2. l. 1. c. 2.
(b) Petau l. 3. c. 1. Spencer l. 2. c. 3. Disser. in act. p. 451.
(c) Harduin com. T. 3. Fabri Bib. Græca T. XI. p. 29. & 30.

tuelles étoient égales dans leur origine ; que leur différence n'étoit causée que par la différence de leurs corps ; que les Anges & les Archanges devenoient ames, ensuite Anges ou démons. Les corps que les Peres donnoient à ces êtres, étoient beaucoup plus légers que ceux des hommes, ainsi que dit Cassien (*a*).

Lorsque l'on trouve dans les Anciens que les Anges ou les démons sont incorporels, il n'en faut pas conclure qu'ils les croyoient des substances parfaitement spirituelles ; le terme d'incorporel chez les Anciens n'excluoit ordinairement que les corps grossiers. C'est ce qui est clairement exprimé dans les fra-

---

(*a*) Habent enim secundum se corpus quo subsistunt, licet multò tenuius quàm nos. Cassien Collat. 7. CXIII. p. 439.

gmens de Théodote, qui écrivoit ainsi dans le second siécle de l'Eglise : (*a*) « on dit que les « démons sont incorporels. Ce « n'est pas qu'ils n'ayent point de « corps ; car ils ont une figure « par laquelle ils sont susceptibles « de punition : mais c'est par comparaison avec les autres corps, « auprès desquels ils ne sont que « comme des ombres. Les Anges « ont des corps, puisqu'ils sont « visibles L'ame même est « corporelle ». Les Mahométans croyent aussi (*b*) que les Anges & les Diables sont revêtus d'un corps de feu ; & la différence qu'ils mettent entre les bons & les mauvais Anges, c'est que le feu qui compose le corps du diable, est empoisonné.

(*a*) Theod. Eclogæ Fabric. T. 5. p. 144.
(*b*) Pheiffer. Theologia Judaïca, Epist. dedic. n. 5.

sur l'Existence des Genies.

Les Anciens n'avoient point d'idée exacte de la spiritualité. C'est ce qui est démontré par la façon dont ils s'exprimoient au sujet de l'ame. S. Irenée a avancé que l'ame étoit un souffle, qu'elle n'étoit incorporelle que par comparaison avec les corps grossiers (*a*); ce qui a fait avouer au Pere Massuet (*b*), que l'on ne pouvoit pas nier que Saint Irenée ne se fût écarté de la vraie Théologie & de la vraie Philosophie, dans ce qu'il a écrit sur la nature de l'ame. Tertullien suppose dans tous ses Ouvrages que l'ame est corporelle. Il entreprend de le prouver dans un traité particulier (*c*): il croit que

---

(*a*) Flatus est enim vitæ ; sed incorporables animæ quantùm ad comparationem mortalium corporum. Irenée l. 5. c. 7. p. 300. l. 2. c. 34. p. 16.
(*b*) Prolegom. p 161.
(*c*) De animâ c. 7. 9. & 22.

c'est la Doctrine de l'Ecriture. Il enseigne que la figure de l'ame est semblable à celle du corps; & dans la définition qu'il en donne, il y fait entrer qu'elle est corporelle, & qu'elle a une figure, *corporalem & figiatam*. Tatien assure (*a*) qu'il y a plusieurs parties dans l'ame, & qu'elle est corporelle. S. Hilaire prétend (*b*) que tout ce qui est créé, soit intelligent, soit d'une autre nature, est corporel. S. Ambroise enseigne (*c*) qu'il n'y a que la Sainte Trinité exempte de composition matérielle. Cassien & Gennadius assûrent (*d*) que Dieu seul

---

(*a*) Tatianus adver. Græcos p. 153.
(*b*) Nam & animarum species, sive attinentium corpora, sive corporibus exulantium, corpoream tamen naturæ suæ substantiam sortiuntur. Hilarius in Matth. p. 633.
(*c*) Ambros. de Abraham l. 2. c. 8. n. 58. p. 338.
(*d*) Cassien coll. 7. CXIII. Gennadius de Eccles. dogm. c. XI.

est incorporel. Méthodius & Fauste de Riez (*a*) qui a été réfuté par Claudien Mammert, ont soutenu que l'ame étoit corporelle. Ces idées doivent nous faire excuser plus facilement les Saducéens & les Esséniens, dont le sistême étoit que l'ame étoit composée d'un air très-pur & très-subtil (*b*). On peut cependant interpréter favorablement les erreurs apparentes, du moins de quelques-uns de ces hommes si célébres que nous venons de nommer, en les accusant simplement de s'être mal exprimés; ils appelloient corps généralement tout ce qui éxiste. Ainsi Tertullien donne un corps à Dieu même, quoiqu'ailleurs il établisse sa sim-

---

(*a*) Méthodius dans Phothius cod. 234. p. 932.

(*b*) Joseph de bello Judaïco l. 2. c. 12. Porphyrius de abst. l. 4. §15. p. 162. Voyez aussi l'Histoire de la Philosophie Payenne T. 1. p. 275.

plicité parfaite. Le mot corps alors étoit le mot opposé à néant. On ne peut nier cependant en particulier de ce Docteur, qu'il n'ait crû l'ame vraiment corporelle, après tout ce qu'il a écrit pour le prouver.

III. *Rêveries des premiers Hérétiques au sujet des substances intelligentes.*

Les Hérétiques des premiers siécles ne se contenterent pas de ce qu'ils avoient vû dans l'Ecriture sur les Anges. Ils débiterent au sujet des intelligences de si grandes absurdités, qu'on auroit peine à le croire, si elles n'étoient attestées par les Auteurs les plus graves. Simon le Magicien passe pour l'inventeur des Eons (*a*) rendus si célébres par les

---

(*a*) Tillem. T. 2. art. Simon p. 36.

Valentiniens. On croit que c'étoit comme autant de personnes, dont ils composoient leur plénitude & leur divinité fantastique. Simon en avoit huit au moins ; la profondeur, le silence, l'esprit, la vérité, le verbe, la vie, l'homme, & l'Eglise. Il appelloit Hélene sa premiére intelligence. C'étoit une femme publique qu'il menoît avec lui, & qu'il prétendoit être l'Héléne d'Homére. C'étoit par cette premiére intelligence, disoit-il, qu'il avoit eu d'abord dessein de créer les Anges. Mais elle qui savoit la volonté de son pere, le prevint, & engendra les Anges & les autres puissances spirituelles, auxquelles elle ne donna aucune connoissance de son pere. Ce furent ces Anges & ces puissances qui firent le monde & les hommes. Simon donnoit à ces Anges divers noms barbares qu'il inventoit ; &

dans la supposition qu'il y avoit plusieurs Cieux, il attribuoit chaque Ciel à un Ange. Ces Anges ne voulant pas que l'on sçût qu'ils avoient été engendrés, avoient retenu leur mére parmi eux. Ils lui avoient fait toute sorte d'outrages & de violences, pour l'empêcher de remonter vers son pere. Ils l'avoient enfermée dans des corps de femmes, & entr'autres dans celui d'Héléne femme de Ménelas.

Ménandre qui avoit été disciple de Simon, prétendoit (a) que les Anges avoient été engendrés par l'intelligence divine; que c'étoient eux qui avoient fait le monde & le corps de l'homme; que pour lui il étoit venu en qualité de Sauveur donner aux hommes la science, & le moyen de vaincre les Anges Créateurs du monde.

(a) Tillem. T. 2. p. 42.

Les Gnostiques reconnoissoient deux principes (*a*, l'un bon & l'autre mauvais. Ils admettoient huit différens Cieux, qui avoient chacun un Prince pour le gouverner. Le Prince du septiéme étoit Sabaot ; c'est lui, disoient-ils, qui a fait le Ciel & la Terre, & les six derniers Cieux avec plusieurs Anges. Ils le faisoient Auteur de la Loi des Juifs : ils disoient qu'il avoit la forme d'un âne ou d'un cochon. Ils mettoient dans le huitiéme Ciel leur Barbelo ou Barbero, à qui ils donnoient des cheveux de femme, & qu'ils appelloient tantôt le pere, tantôt la mere de l'Univers. On assûre que tous ceux d'entre les hérétiques qui ont pris le nom de Gnostiques, distinguoient le Créateur de l'Univers, du Dieu

---

(*a*) Tillem. p. 49. T. 2.

qui s'est fait connoître aux hommes par son fils.

Cérinthe ne croyoit pas (*a*) que Dieu fût l'Auteur des Créatures. Il prétendoit que le monde avoit été fait par une vertu & par une puissance bien inférieure aux êtres invisibles, qui n'avoit aucune communication avec eux, & qui même n'avoit aucune connoissance de Dieu. Tertullien, Saint Epiphane, Saint Augustin & Théodoret disent, qu'il attribuoit la création du monde à plusieurs Anges, & à diverses puissances inférieures. Il avoit son Silence, sa Profondeur, sa Plénitude, plusieurs êtres invisibles & ineffables, qu'il plaçoit au dessus du Créateur. Il soutenoit que la Loi & les Prophéties venoient des Anges; que le Dieu des Juifs

---

(*a*) Tillem. p. 57. T. 2.

n'étoit qu'un Ange ; & que celui qui avoit donné la Loi, étoit un des Créateurs du monde, & même un mauvais Ange, au rapport de Saint Epiphane.

Saturnin disciple de Ménandre enseignoit (*a*) qu'il y avoit un Pere souverain, inconnu à tout le monde, qui avoit fait les Anges les Archanges, & les autres natures spirituelles & célestes. Il croyoit que sept de ces Anges s'étoient soustraits à la puissance du souverain Pere , & avoient créé le monde & tout ce qu'il contient, sans que Dieu le Pere en eût connoissance ; que ces Anges possédoient chacun leur portion du monde ; qu'ils étoient Auteurs d'une partie des Prophéties ; mais que les autres venoient de Satan , ennemi des Anges

_____

(*a*) Tilem. T. 2. p. 217.

Créateurs de l'Univers, & particuliérement du Dieu des Juifs, qu'il difoit être auffi un Ange, & l'un des fept qui avoient créé le monde. Il ajoutoit que Dieu ayant fait paroître une image toute brillante, & l'ayant auffitôt retirée, tous les anges Créateurs ravis d'avoir vû cette image qui étoit, difoient ils, celle de Dieu, s'étoient affemblés, & que pour imiter cette image, ils avoient formé un homme, lequel ne pouvoit que ramper fur terre comme un ver, jufqu'au tems que Dieu en ayant eu compaffion, parce qu'il étoit fait à fon image, lui avoit envoyé une étincelle de vie qui l'avoit animé, & l'avoit dreffé fur fes pieds. Il difoit, que le Dieu des Juifs & tous les autres Princes Créateurs du monde s'étoient foulevés contre le Pere, & que le Chrift fon Fils étoit venu s'oppofer à eux pour détruire le Dieu des Juifs, sauver ceux des hommes qui étoient bons, & perdre les méchans avec les démons qui les affiltoient.

Basilide, disciple aussi de Ménandre, mettoit diverses générations en Dieu (*a*) dont la derniére avoit produit des Anges qui avoient fait un Ciel. Il prétendoit que ces Anges en avoient produit d'autres, qui avoient fait un second Ciel sur le modéle du premier, & ainsi toujours successivement jusqu'au nombre de 365. Cieux, avec une infinité d'anges, ausquels il donnoit des noms tels qu'il lui plaisoit. Il soutenoit que les Anges du dernier ciel, qui est celui que nous voyons, avoient fait tout ce qui est dans notre monde ; qu'ils avoient dif-

---

(*a*) *Ibid.* p. 220.

tribué entr'eux les provinces & les peuples de la terre; que le chef de ces Anges étoit le Dieu des Juifs, & que tous les autres s'étoient réunis contre lui, parce qu'au préjudice du partage fait entr'eux, il avoit voulu soumettre toutes les nations à la sienne. Il attribuoit les Prophéties aux Anges créateurs, & la Loi au Dieu des Juifs.

Carpocrate & ses disciples attribuoient (*a*) la création du monde à des Anges, qui ne vouloient point reconnoître l'autorité de Dieu.

Les Valentiniens établissoient trente Eons (*b*) divisés en trois classes. Ils croyoient que le diable avoit été produit par le trentiéme Eon, & avoit produit ceux qui ont créé le monde.

(*a*) Ibid. p. 254.
(*b*) Ibid. p. 260.

Marcion ajoûta à ces égaremens (a) l'audace avec laquelle il blasphémoit le Créateur, qu'il supposoit non-seulement être inférieur au Dieu souverain, ce qui étoit commun à tous les Gnostiques, mais qu'il soutenoit être mauvais & l'auteur du mal. Tatien chef des Encratites admettoit (b) ainsi que Valentin, des Eons invisibles, des Principautés, des Productions & autres folies semblables.

Ces étranges visions paroissent avoir été puisées dans la doctrine des Chaldéens, avec laquelle elles ont un très-grand rapport. Plutarque s'est étendu sur les sentimens de ce peuple dans le Traité d'Isis & d'Osiris. Nous y voyons que Zoroastre admettoit deux principes ; qu'il appelloit

---

(a) *Ibid.* p. 268.
(b) *Ibid.* p. 412.

Oromazes le bon principe, & le mauvais Arimanius; que le premier ressembloit à la lumiére, & l'autre aux ténébres & à l'ignorance; qu'Oromazes étoit né de la plus pure lumiére, & Arimanius des ténébres; qu'ils sont toujours en guerre. „ L'un a fait „ six Dieux, ajoûte Plutarque (*a*); „ le premier est celui de bienveil„ lance, le second de vérité, le „ troisiéme de bonne foi, le qua„ triéme de sapience, le cinquié„ me de richesses, le sixiéme de „ joye pour les choses bonnes & „ bien-faites. Arimanius en a pro„ duit six aussi, tous adversaires „ & contraires à ceux-ci.„ Les Chaldéens disoient aussi, qu'Oromazes avoit fait vingt-quatre Dieux qu'il avoit mis dans un œuf; & que les autres qui avoient été faits par Arimanius en pareil

---

(*a*) Trad. d'Amiot.

nombre, avoient gratté & ratiffé tant cet œuf, qu'ils l'avoient percé, & que depuis ce tems-là les maux avoient été pêle-mêle brouillés avec les biens. Il est difficile de ne pas croire, que ces extravagances ne cachaffent pas quelque fens allégorique.

IV. *Les plus fameux Philofophes ont admis des Efprits.*

Cette opinion, que la nature eft peuplée d'une multitude d'Ef-prits différens, eft prefque auffi ancienne que le monde. Les Egyptiens qui font les premiers que nous fachions avoir cultivé les fciences, admettoient diver-fes fubftances fpirituelles, & plufieurs Ordres de puiffances céleftes. Le célebre Mercure Trif-mégifte avoit écrit fur cette matiére vingt mille Volumes, fi l'on peut s'en rapporter à Julius Firmicus (*a*). Les Chaldéens admettoient des bons & des mauvais Démons (*b*): les premiers étoient les ministres du vrai Dieu; les autres étoient ennemis déclarés des hommes. L'air, la mer & la terre étoient remplis de ces derniers. Il y en avoit de six espéces. Les uns étoient de feu, les autres d'air, les troisiémes étoient de terre. Il y en avoit d'eau : quelques-uns habitoient sous terre ; les derniers qui étoient les plus terribles, ne pouvoient soutenir la lumiére (*c*).

___

(*a*) *Mercurius Aegyptius conscripserat viginti millia voluminum de variis substantiis, & principiis, & Potastatum ordinibus cœlestium, quæ aliæ atque aliæ traditæ fuerunt, in quibus astrologia & theologia Aegyptiorum explicabatur, quas artes docuerat Aesculapium & Anubium.* Julius Firmicus Maternus. Voyez aussi Fabric. bib. græc. T. 1. p. 76.

(*b*) Stanley, hist. Phil. p. 11. 31.

(*c*) Voyez les Notes de Gale sur la S. 2. o. J. d'Iamblique. Fabr. bibl. gr. c. 8. p. 278. Stanley, hist. Phil. part. XIII.

Les Grecs étoient auſſi perſuadés de l'exiſtence des eſprits. Les premiers Poëtes, que l'on peut regarder comme leurs Théologiens, nous apprennent ce qu'ils penſoient ſur cette matiére. Orphée dans ſa priére à Muſée (a) reconnoît, qu'il y a un grand nombre de différens Eſprits répandus partout. Il croyoit qu'il y avoit des Démons dans le ciel, dans l'air, dans les eaux, ſur la terre, ſous terre & dans le feu : ce qui revient à la doctrine des Chaldéens. Ces Démons étoient des Eſprits ſupérieurs aux hommes, & preſque des demi-Dieux. Le nom de Démon n'étoit pas pris en mauvaiſe part. Chez les Grecs dans ces premiers tems on le donne quelquefois aux Dieux, (b) ainſi qu'on peut le remarquer

---

a) Orphée, v. 31.
(b) Fabric. bibl. gr. c. 8. p. 277. Plutarque, des Oracles qui ont ceſſé.

dans Homére & dans Platon. Orphée croyoit auſſi que chaque homme étoit protégé par un bon Génie, & perſécuté par un mauvais. Héſiode étoit perſuadé, que les hommes de l'âge d'or avoient été changés en Démons après leur mort par la volonté de Jupiter ; que leur fonction étoit de veiller à la conduite des hommes, d'obſerver ceux qui menoient une vie vertueuſe, de diſtribuer les richeſſes à qui ils jugeoient à propos. Il enſeigne qu'ils avoient un corps aërien, avec lequel ils ſe tranſportoient facilement par toute la terre. C'eſt Héſiode (*a*) que l'on croit avoir le premier diſtingué en quatre claſſes les êtres ſpirituels. Les hommes faiſoient la plus ſubalterne. Les Héros, les Genies & les Dieux formoient les trois autres.

─────────────

(*a*) Huetii Alnet. quæſtiones L. 2. c. 4. p. 110. Plutarque, des Oracles qui ont ceſſé.

Les plus célebres Philosophes adoptérent la tradition reçue. Thalès, Pythagore, les Stoïciens admirent des êtres mitoyens entre les Dieux & les hommes; Héraclite enseigna que l'air étoit rempli de Démons (*a*).

Si l'on s'en rapporte à un très-savant homme dans la doctrine de Platon (*b*), ce Philosophe croyoit que Dieu avoit produit le monde & tous les êtres qui lui sont inférieurs. Du nombre de ces êtres, ceux dont la fonction est la plus noble, sont ceux qui ont le Soleil & les autres astres à conduire dans leur orbite, & qui leur sont ce que l'ame est au corps. Ces Dieux subalternes sont donc les moteurs des corps célestes.

(*a*) Plut. des Opin. des Phil. c. 8. Diog. Laerce. Stan. hist. Phil. p. 11. & 12.

(*b*) L'Abbé Fraguier, Théolog. des Philosophes, p. 290. après la traduc. de la Nature des Dieux.

Le même Platon rapporte comme une opinion généralement reçue (a), qu'il y a un Démon pour mener chaque homme dès qu'il est mort, dans une grande assemblée où il est jugé. Lorsqu'il a reçû son jugement, il est mené par ce même Démon au lieu qui lui est destiné. Les Démons sont invisibles aux hommes (b), quoiqu'ils soient toujours près-d'eux. Ils pénétrent jusqu'aux pensées les plus secrettes. Ils aiment les gens de bien, & haïssent les méchans. Ils envoient les priéres & les requêtes des hommes vers le ciel aux Dieux, & de là transmettent en terre les oracles & les révélations

---

(a) Phœdon p. 80. edit Ficini.
(b) Epinomisp. 1010. ed. Fic. V. aussi Plut. Traité d'Isis & d'Osiris trad. d'Amiot.

des choses occultes & futures, & les donations des richesses & des biens. Il y a non seulement des Esprits dans les airs, selon Platon, mais aussi il y a des demi-Dieux qui habitent dans l'eau.

Xénocrate, le chef de l'Ecole de Platon après la mort de ce Philosophe, croyoit qu'il y avoit en l'air des Natures grandes & puissantes, mais malignes, & qui se plaisoient à tourmenter les hommes (a).

Alcinous, dans l'Ouvrage qu'il a fait pour expliquer la doctrine de Platon son maître (b), assûre qu'il y a des Démons dans la terre, dans le feu, dans l'air & dans l'eau, c'est-à-dire, dans les parties de l'univers les plus élevées, dans la région moyenne, & sur la terre; que toute la ter-

---

(a) Plut. Isis & Osiris trad. d'Amiot.
(b) De doc. Plat. c. XV.

re, & même tout ce qui eſt au-deſſous de la Lune, leur étoit ſoumis.

Poſſidonius penſoit, que l'air étoit rempli d'Eſprits immortels (a).

Plutarque étoit perſuadé (b) que ſans la doctrine de l'exiſtence des Démons, la nature étoit pour nous une enigme inexplicable. Ce qu'il dit à ce ſujet, renferme preſque en abregé tout ce que l'Antiquité croyoit. » Il me » ſemble, dit-il, (c) que ceux qui » ont mis l'eſpéce des Démons » entre celle des Dieux & des » hommes, ont réſolu beaucoup » de difficultés, ayant trouvé le » lien qui conjoint & tient en- » ſemble par maniére de dire

---

(a) Quòd plenus ſit aer immortalium Animorum. Cicero de Divin. L. 1. n. 30.
(b) Des Oracles qui ont ceſſé.
(c) Trad. d'Amiot.

» notre société & communication
» avec eux, soit que ce propos &
» cette opinion soit venue des
» anciens Mages & de Zoroaf-
» tre, ou bien de l'Egypte, ou de
» la Phrygie; & quant aux Grecs,
» Homére a usé indifféremment
» de ces deux noms, appellant
» quelquefois les Dieux Dé-
» mons, & les Démons Dieux.
» Mais Hésiode a le premier pure-
» ment & distinctement mis qua-
» tre genres de Natures raisonna-
» bles, les Dieux, les Démons
» plusieurs en nombre & bons,
» les demi-Dieux, & les hommes.
» Car les Héroïques sont nombrés
» entre les demi-Dieux. » Ce que
dit ailleurs Plutarque (a) pour
expliquer les sentimens des Anciens, mérite d'être rapporté :
» & pourtant ont mieux fait &
» dit, ce sont ses termes, ceux

___

(a) Traité d'Isis & d'Osiris, trad. d'Amiot.

» qui ont pensé & écrit que ce
» qu'on récite de Tiphon, d'Osi-
» ris & d'Isis, n'étoient point ac-
» cidens advenus ni aux Dieux,
» ni aux hommes, ains à quelques
» grands Démons, comme ont
» fait Pythagoras, Platon, Xéno-
» crates, & Chrysippe, suivans
» en cela les opinions des vieux
» & anciens Théologiens, qui
» tiennent qu'ils ont été plus forts
» & plus robustes que les hom-
» mes, & qu'en puissance ils ont
» grandement surpassé notre na-
» ture : mais ils n'ont pas eu la
» Divinité pure & simple, ains
» ont été un suppôt composé de
» nature corporelle & spirituelle,
» capable de volupté, de dou-
» leur, & des autres passions &
» affections qui accompagnent
» ces mutations. Car entre les
» Démons il y a, comme entre
» les hommes, diversité & diffé-
» rence de vice & de vertu. ,,

Plotin & Porphyre ont examiné ce qui constitue la différence des Dieux d'avec les Démons. Les Dieux, dit le premier (a), sont sans passion, les Démons en ont, & tiennent le milieu entre les Dieux & les hommes. Les vrais Dieux habitent dans le monde intelligible ; ceux qui résident dans le monde sensible, sont du second ordre. Les Démons ont des corps aëriens ou ignées, ils ont commerce avec les corps ; il n'en est pas de même des Dieux. Porphyre pense de même. Il écrivoit à Nébon que les Dieux étoient de pures intelligences, & que les Démons avoient des corps. Il n'y avoit aucune diversité à ce sujet entre les Philosophes, si l'on s'en rapporte à Jamblique (b). Proclus croyoit que les Dieux

──────────

(a) Enneade 3. L. 5. n. 6. p. 295.
(b). De mysteriis p. 1. c. 15.

étoient toujours accompagnés d'une grande suite de Démons, dont la plus grande satisfaction étoit d'être pris pour les Dieux à la suite desquels ils étoient (*a*).

Maxime de Tyr traite la question des Esprits conformément à la doctrine de Platon, dans sa dissertation sur le Dieu de Socrate (*b*). Il prétend donc, qu'il y a des intelligences mitoyennes entre les Dieux & les hommes; qu'elles servent d'interprétes aux hommes auprès de la Divinité; qu'elles sont en très grand nombre; qu'elles rendent continuellement de bons services au genre

---

(*a*) Circa unumquemque deûm est innumerabilis Dæmonum multitudo, eademque cum ducibus cognomenta reportant. Gratulantur sanè, quando Apollines aut joves nominantur; quippe cùm propriorum Deorum proprietatem in se ipsis exprimant. V. Gale sur le ch. 20. de la S. 5. d'Iamblique *de mysteriis*.

(*b*) Maxime de Tyr diss. 26.

sur les Génies.

humain; qu'elles procurent la santé, donnent des conseils, découvrent ce qui est caché, contribuent à la perfection des arts, suivant les hommes dans leurs voyages ; qu'il y en a qui président aux villes, d'autres à la campagne ; que les unes résident sur la terre, & que d'autres habitent dans la mer. Apulée qui a fait aussi un Ouvrage sur le Dieu de Socrate, y a renfermé tout ce que les Platoniciens pensoient au sujet des Démons (*a*).

(*a*) Cæterùm sunt quædam divinæ mediæ Potestates inter summum æthera & infimas terras in isto interjectæ aeris spatio, per quas & desideria nostra & merita ad deos commeant. Hos à Græco nomine δαίμονας inter cœlicolas terricolasque vectores, hinc precum, inde donorum qui ultro citroque portant, hinc petitiones inde suppetias, ceu quidam utriusque interpretes & salutigeri. Per hos eosdem, ut Plato in symposio autumat, cuncta denunciata, & magorum varia miracula, omnesque præsagiorum species reguntur ; eorum quippe de numero præditi curant singula eorum : proinde ut est cuique

Censorin, conformément à la doctrine de Platon, soutient que dès qu'un homme est né, Dieu lui destine un Génie, pour examiner ses actions & ses pensées, dont il rendra compte dans le jugement que les ames subiront après leur mort.

Il y a eu des Philosophes, qui ne se sont pas contentés de faire gouverner les hommes par un Génie. Ils ont prétendu que chaque homme en avoit deux, qui

---

tributa provincia, vel somniis confirmandis, vel vatibus inspirandis, vel fulminibus jaculandis, vel nubibus coruscandis, cæterisque adeò per quæ futura dignoscimus, quæ cuncta cœlestium voluntate, & numine, & auctoritate, sed Dæmonum obsequio, operâ, & ministerio fieri arbitrandum est, ex illo purissimo aëris liquido & sereno elemento coalita. Quippe ut fine comprehendam, dæmones sunt genere animalia, ingenio rationabilia, animo passiva corpore aëria, tempore æterna. *Apulée de Deo Socratis.* Calchidius sur le Timée s'exprime à peu près de même. Dæmon, dit-il, est animal rationabile, immortale, patibile, ætherium, diligentiam hominibus impertiens.

veilloient sur ses actions. C'étoit le sentiment d'Empédocle & d'Euclide (*a*). Les Romains supposoient qu'il y avoit des Génies répandus partout, & qui s'interressoient à tout ce qui existoit : c'est à quoi le Poëte Prudence fait allusion (*b*).

Les peuples les plus éloignés de nous croyent encore présentement, que les hommes sont protégés par des Génies. C'est le sentiment des Siamois & des Chinois, de sorte que l'on peut dire avec Calchidius & M. Huet (*c*), que la Gréce, l'Italie, & les Barbares déposent tous en faveur de cette doctrine. Il ne

---

(*a*) Huetii Quæst. Alnet. l. 2. p. 134.
(*b*) Cum portis, domibus, thermis, stabulis, foleatis
    Adsignare suos Genios, perque omnia membra.
    Urbis, perque locos, Geniorum millia multa.
    Fingere, ne propriâ vacet angulus ullus ab umbrâ.
(*c*) Huet. Quæst. Alnet. l. 2. p. 137.

faut cependant pas dissimuler, que parmi les Stoïciens il y en avoit qui ne voulant, ni contredire l'opinion générale, ni cependant l'admettre, recouroient à l'allégorie. Ils paroissoient vouloir avouer que chaque homme avoit un Génie, qui ne l'abandonnoit jamais. Mais ce Génie, selon eux, n'étoit autre chose que l'entendement & la raison, que les hommes avoient reçûs de Dieu & de la nature. C'est ce que croyoit l'Empereur Antonin (a).

Les Anciens étoient persuadés, que non-seulement il y avoit des Génies qui aimoient les hommes: ils soutenoient aussi qu'il y avoit des Esprits méchans, qui n'étoient occupés qu'à chercher les occasions de précipiter le genre humain dans le crime. L'Histoire de Dion & de Brutus avoit con-

_____

(a) Marc Ant. l. 5.

vaincu

vaincu Plutarque (a) qu'on ne peut s'empêcher de recevoir cette opinion, quelque abſurde qu'elle paroiſſe, qu'il y a des Démons envieux & malins, qui s'attachent aux gens les plus vertueux, & qui pour s'oppoſer à leurs bonnes actions, leur jettent dans l'eſprit des frayeurs & des troubles, de peur que s'ils demeurent fermes & inébranlables dans la vertu, ils n'obtiennent après leur mort une meilleure vie que la leur. Les plus fameux Philoſophes enſeignoient comme une vérité conſtante, l'exiſtence de ces mauvais Génies. Empédocle n'eſt pas le ſeul, dit Plutarque, qui ait crû qu'il y avoit de mauvais Démons. C'étoit le ſentiment de Platon, de Xénocrate, de Chryſippe & de Démocrite. Il eſt digne

───────────────

(a) Plut. Vie de Dion.

de remarque, que ces Philosophes ne pensoient pas que ces mauvais Génies pussent nuire aux hommes, à moins qu'ils n'en eussent obtenu la permission (*a*); ce qui est très-conforme à la Doctrine du Livre de Job, qui vraisemblablement n'a jamais été connu des Payens. Le dogme, que tous les hommes sont protégés par un Génie, a passé dans la Théologie Chrétienne, où la Doctrine des Anges gardiens est regardée comme une vérité incontestable; ce qui a fait dire à S. Jerôme, que la dignité de l'ame est grande, puisque dès qu'elle existe, elle est destinée à être gardée par un Ange (*b*). Les Peres

_____

(*a*) Gale sur le ch. 17. de la S. 5. d'Iamblique. *Numina minora*, dit Servius, *nocere non possunt, nisi impetraverint.*
(*b*) *Magna dignitas est animarum, ut unaquæque habeat ab ortu nativitatis in custodium sui Angelum delegatum.* Hieron. in Mat. XVIII. v. 10.

étoient aussi persuadés, que les Royaumes & les Eglises particuliéres avoient chacun leur Ange (*a*). Origène a plus consulté à ce sujet son imagination déréglée, la vérité ou l'autorité. Il a prétendu que les Anges étoient privés de la présence du Pere, lorsque celui qui est commis à leur soin succombe à la tentation. Il n'a pas craint d'avancer ailleurs sur un passage du Deuteronome mal entendu, que les anges dans le Ciel tiroient au sort, pour savoir de quelle nation, de quelle Province & de quelle personne ils seroient les gardiens (*b*). Carlo Fabri n'étoit pas moins visionnaire qu'Origène. Je ne pense pas, dit Gaffarel (*c*), avoir jamais rien lû de plus ridicule, que

___

(*a*) Petau *de Ang.* l. 2. c. 6. & 7.
(*b*) Barbeyrac *de la nature du sort.* p. 102.
(*c*) Curiosités inouies c X. p. 440.

ce que cet Auteur a écrit sur les esprits ; car après en avoir discouru comme s'il eût passé une partie de sa vie au Ciel & l'autre dans l'enfer, il découvre tous les anges des Princes de la terre, donnant aux sept Electeurs de l'Empire ceux qu'on reconnoît avoir plus de pouvoir, comme à l'Archevêque de Mayence, premier Electeur & grand Chancelier de Germanie, Michel ; à l'Archevêque de Tréves, grand Chancelier de France, & deuxiéme Electeur, Gabriel ; à l'Archevêque de Cologne, grand Chancelier d'Italie, & troisiéme Electeur, Raphaël ; au Palatin du Rhin, quatriéme Electeur, Vriel ; au cinquiéme qui est le Duc de Saxe, Scealtel ; au sixiéme qui est le Marquis de Brandebourg, Jehadiel ; & au Roi de Bohême qui est le septiéme, Férediel.

Quelques anciens Peres de l'Eglise enseignoient aussi que (a) chaque homme étoit obsédé par un mauvais ange, qui cherchoit à le perdre. Hermas le soutient dans son Pasteur ; & Grégoire de Nice suppose que c'est une ancienne tradition Ecclésiastique. Origène paroissoit persuadé, que les vices mêmes avoient des Démons particuliers pour protecteurs ; que l'un présidoit à l'impureté, l'autre à la colére. Quelques Philosophes réfutés très-sérieusement par Plotin (b) ont crû que les maladies des hommes étoient des Démons ; ce qui revient à peu près à l'opinion des Juifs, dont nous avons parlé plus haut.

Il est donc constant, que l'existence des esprits est un dogme

---

(a) Petau de Ang. l. 2. c. 6.
(b) Enneade 1. l. 9. n. 14. p. 213.

qui a été généralement reçu par tout. Il n'a été contesté que par quelques particuliers, qui paſſoient pour penſer très-mal de la Divinité. Les Epicuriens ſe diſtinguoient parmi ces incrédules. Caſſius qui étoit de cette ſecte, diſoit (a) qu'il n'étoit nullement croyable, qu'il y eût des Démons, ou des Génies ; & que quand il y en auroit, il ſeroit ridicule de croire qu'ils priſſent la figure & la voix des hommes; & que leur vertu & leur puiſſance s'étendiſſent juſqu'à nous. Et conſéquemment ils étoient perſuadés (b), que tout ce que l'on diſoit des apparitions des eſprits, n'étoit que contes de vieilles ou d'eſprits foibles. Nous ſerions ſans doute beaucoup plus inſtruits de

---

(a) Plut. Vie de Brutus.
(b) Plut. des Opin. des Phil. c. 8. & Vie de Dion.

ce que les Anciens penſoient ſur les Génies, ſi nous avions les Ouvrages, qu'Alexandre d'Aphrodiſium (*a*), Poſſidonius, Plotin, Julien de Chaldée, & un Origene différent du célebre Auteur Eccléſiaſtique de ce nom, avoient compoſés ſur cette matiére ; mais nous avons perdu tous ces écrits, à la réſerve de celui de Plotin, que l'on croit être le quatriéme Livre de la troiſiéme Enneade.

V. *Expoſition de la Doctrine de Jamblique.*

On pourroit être ſurpris de n'avoir preſque pas vû encore citer Jamblique, celui des Auteurs de l'Antiquité, qui a traité le plus à fond la queſtion des

---

(*a*) Fabric. *Bib. grec.* l. 4. T. 4. p. 78. *Vita Plotini* p. 97. & 211. Till. *Mem. Eccleſ.* T. 3. p. 284.

Génies : mais c'est précisément cette raison qui nous a déterminés à le réserver pour un article particulier, dans lequel nous donnerons l'abrégé de son syftême.

Jamblique vivoit dans un siécle, où l'attention des plus célebres Philosophes étoit tournée sur le commerce que les hommes pouvoient avoir avec les Génies. On ne peut lire leurs Ouvrages, sans être rebuté de ce délire continuel, ni sans être étonné de trouver au milieu de ce fanatisme beaucoup de connoissances, & les principes de la plus haute piété. Porphyre avoit écrit une lettre à un Egyptien nommé Anébon, dans laquelle il proposoit diverses questions sur la nature des Démons, sur la divination, & sur la Théurgie, c'est-à-dire, sur le secret de procurer à l'ame une union intime avec la Divinité. Jamblique sous le nom emprunté d'Abammon composa son Ouvrage des Mystéres des Égyptiens, dans lequel son intention est d'éclaircir toutes les difficultés de Porphyre. Il y traite très au long de l'apparition des esprits, & il entre dans un très-grand détail de tout ce qui se passe dans les entrevûes des hommes avec les Génies.

Il prétend (a) que les yeux sont réjouis par les apparitions des Dieux, au lieu que celles des Archanges sont terribles : celles des Anges sont plus douces. Mais lorsque les Démons & les Héros apparoissent, ils inspirent l'effroi : les Archontes causent une impression de douleur en même tems que l'épouvante. L'apparition des ames n'est

---

(a) L. 2. c. 3.

pas tout à fait si désagréable que celle des Héros. Il y a de l'ordre & de la douceur dans les apparitions des Dieux, du trouble & du désordre dans celles des démons, du tumulte dans celles des Archontes. Lorsque les Dieux se font voir (a), il semble que le Ciel, le Soleil & la Lune aillent s'anéantir. On imagineroit que la terre ne peut pas résister à leur présence ; à l'apparition d'un Archange il y a tremblement dans quelque partie du monde : elle est précédée d'une lumiére plus grande, que celle qui accompagne les apparitions des Anges. Elle est moindre à l'apparition d'un Démon ; & elle diminue encore lorsque c'est un Héros qui se fait voir.

 Les apparitions des Dieux sont

―――――――――――

(a) C. 4.

très-brillantes. Il y a moins de clarté dans celles des Archanges & des Anges. Celles des Démons sont obscures, mais encore moins que celles des Héros. Les Archontes qui président au monde, sont lumineux, si l'on excepte ceux qui ne sont occupés que du soin des choses matérielles. Car ceux-là sont obscurs. Lorsque les ames apparoissent, elles ressemblent à une ombre. Les visions qui viennent des Dieux, sont comme des éclairs; celles des Archanges & des Anges ressemblent à une lumiére très-pure; celles des Démons à un feu trouble & très-agité, au lieu que la iumiére qui accompagne les apparitions des Dieux ou des Archanges, est immobile. Celle que l'on voit, lorsqu'on apperçoit les Anges, est dans un doux mouvement.

Les Dieux purifient l'ame (a):

(a) C. 5.

les Archanges la rappellent à elle ; les Anges l'affranchissent des liens de la matiére : les Démons au contraire la portent à satisfaire les désirs de la nature. Les Héros lui inspirent l'amour des choses sensibles ; & les Archontes ne l'occupent que des soins matériels.

Les Dieux dans leurs apparitions (a) donnent la santé au corps, la vertu à l'ame, & la pureté à l'esprit. Ils perfectionnent toutes les facultés de l'homme. Les Archanges produisent souvent les mêmes effets, mais non pas dans la même plénitude. Les Anges sont bienfaisans : ils le sont encore moins que les Archanges. Les Démons appesantissent le corps, rendent malade, retiennent ceux qui ont des désirs éle-

---

(a) C. 6.

vés. Les Héros portent quelquefois les hommes à de grandes actions. Les Archontes disposent des biens de ce monde. Les ames pures qui sont dans l'ordre des Anges, ramenent l'ame humaine aux choses vertueuses, & donnent les biens qu'elles font espérer. Les ames impures remplissent les hommes de passions qui les rendent esclaves du corps. Lorsque les Dieux font leurs apparitions (*a*), ou ils ont avec eux des Dieux, ou une grande suite d'anges. Les Archanges sont accompagnés toujours des Anges. Les mauvais Démons donnent l'idée des supplices, & semblent avoir avec eux des bêtes féroces. Les Archontes font voir des provinces à l'imagination des hommes.

La lumiére que l'on voit à l'ap-

(*a*) C. 7.

parition des Dieux & des Anges (*a*) est si subtile, que les yeux corporels ne peuvent la soutenir. Lorsque les Anges se font voir, ils agitent l'air de façon, que les hommes n'en sont pas incommodés. On entend du bruit dans l'air à l'apparition des Héros. Les Archontes sont accompagnés de fantômes. L'ame ressent une joie ineffable lorsque les Dieux lui apparoissent ; elle produit pour lors des actes d'amour. La vûe des Archanges donne de l'intelligence pour les choses spirituelles. L'apparition des Anges inspire l'amour de la raison, de la sagesse, de la vérité & de la vertu. Les Démons donnent aux hommes le désir de la génération ; ils augmentent la cupidité. La

---

(*a*) C. 8.
(*b*) C. 9.

vûe des Dieux fait faire de belles actions, & procure de grands biens. Les Démons, les Héros, les Archontes, ne donnent que des choses matérielles, terrestres, & mondaines.

Les Dieux ne se font voir qu'aux gens vertueux (*a*), après qu'ils se sont purifiés par les sacrifices. Ils les fortifient contre les vices & les passions. Alors ce que les gens de bien tenoient des démons, s'éclipse, comme les ténèbres fuyent devant le Soleil. Lorsque les impurs sacrifient, ils n'obtiennent point par-là la grace de voir les Dieux. Ils attirent seulement les esprits méchans, qui les excitent au crime.

Il y a des Dieux de diverses espéces (*b*). Les uns ont des corps; & il faut sacrifier à ceux-ci des

---

(*a*) L. 3. c. 1.
(*b*) L. 5. c. 14.

choses sensibles. Il y en a d'autres dégagés de la matiére (*a*): il ne leur faut rien offrir de terrestre. Ces derniers ne font aux hommes que des présens spirituels Les Provinces sont commises à l'inspection des Dieux & des Anges auxquels elles ont été partagées (*b*).

La Théurgie (*c*) qui est l'art de commander aux esprits, a été apprise aux hommes par Mercure, & expliquée par Bytis, qui avoit étudié les Hiéroglyfes d'Egypte. Les Théurges passoient (*d*) pour avoir le secret d'évoquer les Dieux par des paroles mystérieuses ; & lorsqu'il y avoit quelque résistance, la Théurgie avoit recours à des mena-

---

(*a*) C. 17.
(*b*) C. 25.
(*c*) L. 4. c. 8.
(*d*) L. 8. c. 5.

ces qui triomphoient de l'opiniâtreté des Dieux (a); c'est ce qu'assurent Jamblique & Chérémon. S. Augustin a eu connoissance de ces cérémonies extravagantes; & il en fait mention dans sa Cité de Dieu (b).

On a pû remarquer, qu'Iamblique parle de quelques ordres d'esprits, que les autres Auteurs profanes n'ont pas connus, comme des Archontes & des Archanges. Ces derniers n'étoient pas inconnus à Porphyre. Gale a observé (c) que le nom d'Archonte avoit été donné au démon par J. C. (d). Quant aux Archanges,

---

(a) L. 6. c. 5. V. Gale sur cet endroit.
(b) *Quandò ille, qui carminibus cogit ea prodere vel evertere, comminatur, ubi se etiam Osiridis membra dissipaturum terribiliter dicit, si facere jussa neglexerint.* De civit. Dei L. X. c. XI.
(c) Gale sur le ch. 7. de la S. 2. d'Iamblique.
(d) Jean c. 12. v. 31.

Gale a prétendu ( ) que les Livres des Juifs & des Chrétiens avoient pû apprendre à Porphyre & à Jamblique l'exiſtence de ces eſprits ; mais il eſt très poſſible auſſi, que ce ſoit dans les Ouvrages des Chaldéens que ces Philoſophes ayent puiſé cette connoiſſance. Car il eſt conſtant, que les Platoniciens des derniers tems liſoient plus les Ouvrages de Zoroaſtre & les livres profanes, que ceux des Chrétiens. Il eſt certain auſſi, que les Chaldéens admettoient des Archanges (*b*). Grotius étoit perſuadé, que c'étoit à Babylone que les Juifs avoient appris l'exiſtence de cet ordre de Génies ; & ce qui pourroit confirmer l'opinion de ce ſavant homme, c'eſt qu'il n'eſt point parlé

(*a*) Gale. p. 206.
(*b*) Notes de Gale ſur la ſ. 2. c. 3. Fabr. Bibl. c. 8. p. 278. Stanley, *Hiſt. Phil.* p. XIII.

des Archanges dans les Livres sacrés écrits avant la captivité.

VI. *Les Anciens croyoient que les Esprits méritoient, qu'ils changeoient d'état. Leur immortalité & leur nombre.*

Les plus anciens Philosophes ne croyoient pas, que les esprits restassent toujours dans un état permanent. Ils supposoient qu'ils étoient libres, & qu'ils étoient punis des fautes qu'ils faisoient. C'est ce qu'enseigne Empedocle (*a*), qui ajoute qu'après le tems de leur punition, ils recouvrent derechef le lieu, le rang & l'état qui leur est propre selon leur nature. C'étoit une opinion générale, que les êtres spirituels pouvoient mériter de passer d'un

---

(*a*) Plut. Traité d'Isis & d'Osiris.

rang moins élevé dans un ordre supérieur. Hésiode, comme nous l'avons déja vû, a prétendu que les ames des hommes de l'âge d'or avoient été changées en Démons. Plutarque a adopté cette opinion dans son traité sur l'esprit familier de Socrate. Il faut être fortement persuadé, dit-il ailleurs (a), que par la vertu les ames des hommes deviennent par l'ordre des Dieux Héros, de Héros Génies; & si elles ont passé toute leur vie comme les jours des saintes cérémonies & des purifications, dans la pureté & dans l'innocence, sans avoir commis aucune œuvre mortelle, ni fléchi sous le joug des passions, de Génies elles deviennent de véritables Dieux, & reçoivent la plus grande & la plus heureuse de toutes les récompenses, non

---

(a) Plut. Vie de Romulus.

pas par un arrêt public d'une ville, mais réellement, & par des raisons qui se tirent de la Divinité même. Il répéte ailleurs (*a*) qu'il arrive quelquefois que les bons Démons sont changés en Dieux, en récompense de leur vertu ; & que c'est ainsi qu'Isis & Osiris sont parvenus à la Divinité.

Le nombre des ames qui sont métamorphosées en Dieux est très-petit, si l'on s'en rapporte à Plutarque. « Les autres disent » (*b*) qu'il se fait mutation d'a- » mes, ce sont les termes de cet » Auteur, se tournant d'hommes » en demi-Dieux, & de demi- » Dieux en Démons ; & de Dé- » mons, bien peu & avec fort » long espace de tems, après être

___

(*a*) Plut. Traité d'Isis & d'Osiris.
(*b*) Plut. des Oracles qui ont cessé ; trad. d'Amiot.

» bien affinées, & entiérement
» purifiées par la vertu, viennent
» à participer de la Divinité : &
» y en a qui ne fe peuvent con-
» tenir, ains fe laiffent aller &
» s'enveloppent derechef de
» corps mortels, où ils vivent
» d'une vie fombre & obfcure,
» comme d'une fumée. »

Les Dieux Lares & les Dieux Pénates avoient été des ames humaines, fi l'on croit Labéon cité par Servius (a). Jamblique a enfeigné auffi (b) que les ames devenoient fouvent Anges par la bonté des Dieux. Maxime de Tyr ajoute (c) qu'après avoir été métamorphofées en Démons,

---

(a) *Labeo in libris qui appellantur de diis, quibus origo animalis eſt, ait eſſe quædam ſacra, quibus animæ humanæ vertantur in deos, qui appellantur animales, quòd de animis fiant. Hi autem ſunt dii Penates & Lares.* Servius fur le 3 Livre de l'Enéide.

b) Jamb. f. 2. c. 2.

(c) Max. Tyr. diff. 27.

elles veillent sur la conduite des autres hommes.

Les Théologiens Chrétiens ont aussi examiné la question, si les ames pouvoient devenir Anges ? Psellus a traité cette matiére. Il soutient (a) avec raison que les ames des hommes étant des espéces absolument différentes des Anges, cette transmutation n'est pas possible. Origène avoit pensé différemment, comme nous l'avons vû plus haut.

Il y avoit partage de sentimens entre les Anciens sur l'immortalité des Démons. Hésiode cité par Plutarque (b) prétendoit, qu'après certaines révolutions ils venoient à mourir. Le tems de leur durée, ajoute t'il, est de neuf mille sept cens vingt ans. D'autres cependant la font

---

(a) Psellus de omn. doctr n. 32 p. 94. Fabr. bib. Grec. T. 5. p. 84.
(b) Plut. des Oracles qui ont cessé.

plus courte. Les Stoïciens ne déterminoient point le nombre d'années que les Démons vivoient; mais ils soutenoient qu'ils étoient mortels, & qu'en une si grande multitude de Dieux que l'on tient (a), il n'y en a qu'un seul qui soit éternel & immortel, & que tous les autres ont eu commencement par naissance, & prendront fin par mort. Les Platoniciens qui croyoient les Génies immortels, prétendoient en même tems qu'ils étoient passibles (b).

Le nombre de ces esprits a été aussi l'objet de la spéculation des curieux. Enée de Gaze copiant ce qu'il avoit vû dans les Philosophes Payens, a écrit (c) que le ciel, l'air, la terre, la mer,

---

(a) Plut. *ibid.* trad. d'Amiot.
(b) Max. Tyrius diss. 27.
(c) Petau de *Angelis* L. 1. c. 14.

l'Aether

l'æther & ce qui est sous la terre, étoit rempli d'esprits bons & mauvais. Quelques Peres ont examiné si les Anges étoient supérieurs en nombre aux hommes. Il y en a qui ont crû, qu'il y avoit cent fois plus d'Anges que d'hommes ; & ils se fondoient sur cette parabole de l'Evangile, qu'un homme qui avoit cent brebis, en ayant perdu une, alla la chercher. Cette brebis perdue est, selon eux, le genre humain (a). Psellus pour faire voir qu'il y a beaucoup plus d'hommes que d'Anges, se sert d'une raison à peu près de la même force. Les Anges, les Archanges, les Puissances, dit-il, ressemblent plus à la Divinité que les hommes ; donc

---

(a) Ergò nonaginta novem non errantes, multitudo Angelorum cælestium opinanda est. Hilarius.

ceux-ci doivent être en plus grand nombre *(a)*.

Les mauvais esprits ont aussi été partagés en divers Ordres. On en a distingué neuf classes. Wier en parle au long *(b)* : on trouve aussi chez lui *(c)* le nom de tous les chefs des légions des Diables, & la description des figures, sous lesquelles ils paroissent.

Les Théologiens qui ont examiné comment les génies pouvoient agir sur les hommes, ont décidé que c'étoit en remuant leur imagination, & en mettant les esprits & les humeurs en mouvement *(d)*. Ce qui doit rassûrer ceux que la crainte des actions

---

(*a*) De omn. doctr. n. 19. Fabr. *bib. grec.* T. 5. p. 84.
(*b*) De præst. dæm. c. 17. p. 77.
(*c*) Pseudo-monar. dæm. p. 650.
(*d*) *Per motum localem spirituum & humorum.* Thomas quæst. 11. ar. 3. part. 1.

des Génies inquiéteroit, c'est que les Ecrivains qui ont recherché avec le plus d'attention les opérations de ces êtres, ont avoué (*a*) que leur curiosité n'avoit pas été satisfaite. Gaffarel très-érudit dans ces matiéres, l'assûre positivement (*b*). D'ailleurs supposé la réalité des discours, que les Ecrivains crédules tiennent au sujet des Génies, un homme sage n'en doit pas plus être inquiet, que s'ils n'existoient pas; il doit mettre toute sa confiance en Dieu, sans la permission duquel ces êtres malins n'ont aucune autorité sur l'homme, &

(a) Campanella, Riolan, Symphorien, Champier assûrent, que quoiqu'ils ayent fait, ils n'ont jamais rien pû voir de surnaturel, au moins de ces œuvres qu'on disoit de leur tems procéder des Démons.

(b) Curiosités inouies, 2. partie, c. 7. p. 378.

qu'on doit croire ne l'accorder jamais que pour des raisons fort importantes.

TABLE
DES
MATIERES
contenues dans ce Volume.

A

A*Bstinence* des viandes, *voyez* Animaux, viande.

Académie. Lieu désert, éloigné d'Athènes & mal-sain, 59. Pourquoi Platon le choisit pour sa demeure, *ibid*

Age d'or. Pourquoi il a été appellé ainsi par les Poëtes, 255

Agraule. Sacrifices humains qu'on lui faisoit à Salamine, 162

Aigle. L'Aigle est l'interpréte de Jupiter, 188. Combien cet oiseau a la vûe perçante, 196

Aigrette. Cet oiseau est l'interpréte de Minerve, 188

Alcinoüs. Sentiment de ce Philosophe au sujet des Génies, ou Démons, 423. *& suiv.*

Alose. Elle vient, dit-on, sur l'eau pour entendre chanter, 129.

Ame. Sources empoisonnées qui forment les liens de notre ame, 55. *& suiv.* Cause de ses désordres, 56. *& suiv.* Elle dépend de ce qui se passe dans le corps, 61. Combien les choses sensibles prennent sur elle, *ibid & suiv.* De ceux qui disent que nous avons deux ames, 63. La situation de l'ame influe sur la santé, 79. Idée que les Platoniciens avoient de l'ame du monde, 137. *& suiv.* Etat des ames séparées de leur corps par violence, 153. *& suiv.* Qui sont celles dont les Magiciens abusent pour leurs opérations, 154. L'ame est attirée par une vertu secrette dans le corps qu'elle a habité, 155. Que toute ame capable de sentiment & de mémoire est raisonnable, 177. *& suiv.* Il y en a de bonnes & de mauvaises, 198. Comment elle dépend des dispositions du corps, *ibid.* Ce qui la souille, 316. *& suiv.* Quelle est sa nourriture, 318. En quoi elle est souillée par un corps trop gras, 319. Ce que les anciens Peres pensoient de sa nature, 403. *& suiv.* Si les ames peuvent devenir Anges, 455.

Amélius. Tems auquel il se mit au nombre des Disciples de Plotin, 334. Son caractére, & ses études, *ibid.* Son vrai nom, 339. Ouvrage qu'il dédie à Porphyre, & Lettre qu'il lui écrit à ce sujet, 357. *& suiv.*

Amilcar, surnommé Barcas. Extrémité à laquelle il réduisit les Phéniciens révoltés, qui étoient à la solde des Carthaginois, 166. Comment il les fit périr, *ibid.* Il ne peut se soumettre à l'usage de manger les hommes, 167

DES MATIERES. 463

Amosis. Il abolit en Egypte les sacrifices humains qui s'offroient à Junon, 163

Amour. Erreur de ceux qui pensent, que les plaisirs de l'amour contribuent à la santé, 77

Ane. Cet animal est sujet au cathare, 192. Reproche qu'un Auteur lui fait de sa malpropreté, 234

Anges. Leur existence étoit un dogme généralement reçû chez les Juifs, 382. Leurs différentes espéces, *ibid & suiv.* Signification de leur nom, 384. Du tems de leur création 385. *& suiv.* Où les Juifs apprirent leurs noms, 387. Noms de ceux dont il est parlé dans l'Ecriture, 388. Ils sont les protecteurs des gens de bien, 390. *& suiv.* Leur corporéité insinuée dans l'Ecriture, 392. Des Anges gardiens, 394. *& suiv.* Fonction des Anges à la consommation des siécles, 395. Des différens ordres des Anges, 396. *& suiv.* Ce que les Péres des premiers siécles ont pensé de leur nature, 398. *& suiv.* Rêveries des premiers Hérétiques à leur sujet, 406. *& suiv.* Doctrine des Anges gardiens regardée dans l'Eglise comme une vérité constante, 434. Ce que les Péres ont pensé du nombre des Anges, 457

Anguilles de l'Aréthuse, qui obéïssent à la voix de ceux qui les appellent, 186

Animaux. But & plan de Porphyre dans son Traité de l'Abstinence de la chair des Animaux, 17. *& suiv.* Par qui son systême a été combattu, 22. Raisons de ceux qui l'ont attaqué, *ibid & suiv.* Pourquoi les Anciens s'abstenoient de la chair des Animaux, 33. Justice de la guerre que l'homme fait à quelques-uns,

34. & *suiv.* Inconvéniens de leur grande fécondité, 37. & *suiv.* Les Dieux ont ordonné ou approuvé qu'on leur en sacrifiât, 45. & *suiv.* Que quoique la nécessité oblige de les tuer, il ne s'ensuit pas qu'il soit permis de les manger, 87. & *suiv.* L'Abstinence de leur chair n'est pas recommandée également à tous les hommes, 88. Malheurs arrivés au genre humain depuis qu'on a souillé les autels de leur sang, 94. Origine des sacrifices d'Animaux, 96. & *suiv.* Ils n'ont rien de pieux, 99. On n'y a eu recours que dans la derniére extrémité, 100. Pourquoi ils ne sont pas permis, 101. & *suiv.* Les Animaux ne sont pas faciles à trouver dans tous les pays, 104. En quel tems on a commencé à les tuer, 115. On ne doit pas tuer ceux qui ne sont pas malfaisans, 116. Si l'on peut sacrifier ceux qu'on peut tuer, *ibid* & *suiv.* Qui sont ceux qu'on sacrifie, ou que l'on ne sacrifie pas, 120. & *suiv.* Que quand on pourroit les sacrifier, on ne doit point en manger, 149. & *suiv.* Moyen pratiqué pour recevoir l'ame de ceux qui savent l'avenir, 155. Si la justice nous oblige envers eux, 177. & *suiv.* Qu'ils ont de la raison, 178. & *suiv.* Qu'ils ont l'usage de la voix, 179. & *suiv.* De ceux qui ont entendu & compris leur langage, 181. & *suiv.* Des Animaux qui sont sans voix, 185. & *suiv.* Que nous les entendons, 188. & *suiv.* Qu'ils nous entendent, 189. & *suiv.* Philosophes qui leur ont attribué de la raison, 191. Qu'ils ont la raison intérieure, 192. & *suiv.* Elle ne différe de la nôtre que du plus

au moins, *ibid*. Ressemblance qu'ils ont avec nous, *ibid*. Maladies auxquelles ils sont sujets, 193. Ils ont les mêmes sens que l'homme, même plus parfaits, 195. *& suiv.* Qu'ils ont de la prudence, 199. *& suiv.* Ceux qui vivent ensemble observent entr'eux la justice, 203. Animaux qui périroient, s'ils étoient éloignés de la société des hommes, 205. Pourquoi quelques-uns sont sauvages, *ibid & suiv.* S'ils ont quelque convention avec nous, 206. *& suiv.* Amitié qu'ils ont pour leurs bienfaiteurs, 207. *& suiv.* Combien ils sont raisonnables dans leur façon d'agir, 208. *& suiv.* Arts dans lesquels ils peuvent se rendre habiles, 210. Considération que les Dieux & les Sages ont eue pour eux, 212. De ceux qui ont fait gloire d'avoir été nourris par des Animaux, 214 S'ils sont faits pour l'homme, 221. *& suiv.* Qu'ils ont le sentiment, 225. *& suiv.* A quoi on doit attribuer leurs imperfections, 232. *& suiv.* Qu'ils sont capables de vivre en société, 233. Espéce d'alliance qu'il y a entre nous & eux, 241. *& suiv.* Double injustice que nous commettons à leur égard, 243. Animaux plus agréables à certains Dieux, que les hommes, 279. Ceux qui multiplient beaucoup ont parmi les Animaux des ennemis qui les détruisent, 295

Annibal. Il refuse pendant la guerre d'Italie d'accoutumer ses troupes à manger les hommes, 167

Antipater. Reproche que cet Auteur fait aux ânes & aux brebis de leur malpropreté, 234

Antiphanes. Comment il prouve, que les

Dieux aiment les sacrifices de peu de dépense, 109. *& suiv.*

Apis. Il est, dit-on, le premier qui ait donné des loix aux Grecs, 211

Apollon. D'où viennent ses surnoms, 215

Apollonius de Tyanes. Intelligence qu'il avoit du langage des oiseaux, 181

Arabes. Ces peuples entendent le langage des Corbeaux, 182

Archanges. Ils n'étoient pas inconnus à Porphyre, 447. Ils ont été admis par les Chaldéens, 450. Où les Juifs en avoient appris l'existence, *ibid & suiv.*

Archontes. Nom donné par Jamblique à un Ordre d'esprits, 449. Jesus-Christ le donne au Démon, *ibid.*

Aristote. Ce que ce Philosophe nous apprend de certains Animaux, 190. *& suiv.* Il reconnoît qu'ils ont tous de la raison, 191. En quoi, selon lui, elle différe de la nôtre, 192. Ce qu'il dit de leur prudence, 200

Asclépiade. Ouvrage qu'il a composé sur la Chipre & la Phénicie, 296

Asmodée. C'est le premier nom de Diable qu'on trouve dans l'Ecriture, 399. Ce qui semble l'avoir déterminé à tuer les sept premiers maris de Sara, *ibid.*

Athènes. Procession qui se faisoit dans cette ville en l'honneur du Soleil & des Heures, 94. Ce qu'on y portoit, *ibid.* Origine des sacrifices d'Animaux à Athènes, 96. *& suiv.* Origine d'une ancienne coutume observée dans cette ville, 125. *& suiv.*

Athlètes. Avantage qu'ils retirent de l'usage de la viande, 37. Par le conseil de qui ils com-

mencerent d'en manger, 47
Attouchemens. Ils rendent l'ame presque corporelle, 57
Augustin (St.). Eloge que ce Pére a fait de Porphyre, 16. Son sentiment sur le tems de la création des Anges, 385. Ce qu'il a pensé de celui de la chute des mauvais Anges, 387. Passage de ce Pére sur la Théurgie des Payens, 449. N. (*b*).

B.

Bacchus. Sacrifices humains qu'on lui offroit à Chio & à Ténedos, 163. Les Grecs lui donnoient des cornes de Taureau, 212. D'où vient son surnom, 215

Bactriens. Coutume barbare de ces peuples à l'égard de leurs vieillards, 323

Bardesane. Ce qu'il rapporte du genre de vie des Gymnosophistes Indiens, 304

Basilides. Rêveries de cet Hérésiarque au sujet de Dieu, des Anges & de la création, 413. & *suiv*.

Bassariens. Cruauté de leurs sacrifices humains & de leurs repas, 96. Comment ils en furent punis, *ibid*.

Batanée. Bourg de Syrie, patrie de Porphyre, 1

Béélzébuth. Nom que les Juifs donnoient au Chefs des Démons, 394

Boëce. Estime qu'il faisoit de Porphyre, 16

Bœufs. Origine du sacrifice des Bœufs à Athènes, 97. & *suiv*. 125. & *suiv*. Maladies auxquelles ils sont sujets, 193. Difficulté de distinguer le mugiſſement & les cornes d'un bœuf coupé, d'avec ceux d'une vache, 194. Quelles ſont les armes de cet Animal, 199

Bonheur. En quoi il conſiſte, 51. Seul moyen d'y arriver, 61

Bouzyres. Qui ſont ceux à qui on donna ce nom, 129

Bracmanes, ſorte de Gymnoſophiſtes chez les Indiens, 303. Leur origine, 304. Leur habitation & leur nourriture, *ibid. & ſuiv.* Vénération qu'on a pour eux, 307. *& ſuiv.* Leur diſpoſition à l'égard de la mort, 308. *& ſuiv.*

Brebis. Origine du ſacrifice des brebis à Athènes, 97. Reproche qu'un Auteur leur fait de leur malpropreté, 234

C.

Cancre. Le ſon du chalumeau fait ſortir le cancre de ſon trou, 229

Carpocrate. Rêveries de cet Héréſiarque au ſujet de Dieu, des Anges & de la création 414

Carſtérius. Par quelle adreſſe il peignit de mémoire le Philoſophe Plotin, 328

Carthaginois. Sacrifices humains qu'ils offroient, 165. Par qui ils furent abolis, *ibid.*

Caſpiens. Coutume barbare de ces peuples à l'égard de leurs vieillards, 322. *& ſuiv.*

Cenſorin. Sentiment de ce Philoſophe au ſujet des Génies ou Démons, 430

Centriades. Qui ſont ceux à qui on donna ce nom, 129

DES MATIERES. 469

Cerfs. Les cerfs coupés ne jettent plus leur bois, 194. Si on les coupe avant qu'ils ayent leur bois, il ne leur en vient point, *ibid.* Ils sont flattés du son des flûtes & des haut-bois, 229

Cérinthe. Rêveries de cet Hérésiarque au sujet de la Divinité & de la création, 410. *& s.*

Chaldéens. Sentiment de ces peuples au sujet des Démons, 418. Connoissance qu'ils ont eue des Archanges. 450

Chameau. Maladies auxquelles cet animal est sujet, 193

Chats. Soin qu'ils ont de cacher leurs ordures, 235

Chérémon. Ce qu'il rapporte des Prêtres Egyptiens, 268. *& suiv.*

Chérubins. C'est la première espéce d'Anges, dont il soit parlé dans l'Ecriture, 382. Ce qu'elle en dit, *ibid & suiv.* Figure monstrueuse que les Commentateurs leur donnent, 383

Cheval. Maladies auxquelles cet animal est sujet, 193 Quelles sont ses armes, 199. Il est flatté du son des flûtes & des haut-bois, 229.

Chevres. Origine du sacrifice des Chévres dans l'Attique, 97.

Chiens. Ils suivent en quelques occasions les régles de la Dialectique, & font des syllogismes, 190. Maladies auxquelles ils sont sujets, 191. Preuve que dans la rage ils souffrent du dérangement dans leurs pensées, 238. *& suiv.*

Chouette. Cet oiseau est l'interprête de Minerve, 188

Chrysostôme (St. Jean) Sentiment de ce Pére

sur la Patrie de Porphyre, 1
Cicogne. Cet oiseau est l'interpréte de Junon, 188. Sa piété envers ceux qui lui on donné le jour, 204
Cléarque. En quoi son culte & ses sacrifices étoient plus agréables aux Dieux, que ceux des autres hommes, 107 *& suiv.*
Cleomènes. Réponse que ce Prince fit un jour dans un repas, 227
Climéne. Elle est la premiére qui ait tué un cochon à Athènes, 95
Cochon. Pourquoi les Juifs & les Phéniciens s'abstenoient du cochon, 25 *& suiv.* Rareté de cet animal dans certains pays, *ibid.* Par qui le premier fut tué à Athènes, 96 Cet animal est sujet au rhume 193. Systéme suivant lequel il n'a été fait que pour être tué, 221
Coq. Quel sont les armes de cet oiseau, 199. Il est consacré à Cérès, 301
Coracins du Méandre, qui viennent à la voix de ceux qui les appellent 186
Corbeau. Cet oiseau est l'interpréte d'Apollon, 188
Corneille. Maladies ausquelles cet oiseau est sujet, 193
Corps. Lorsqu'il est trop gras, il est moins capable de remplir ses devoirs, 69. Comment l'ame dépend de ses dispositions, 198
Corruption Ce qu'on entend par ce terme dans la Peinture, 315
Corybantes. Description des cérémonies de leurs sacrifices qu'on voyoit en Créte, 14
Cothon. Gobelet de Lacédémone fort estimé dans les armées, pourquoi, 262. *& suiv.*

DES MATIERES. 471

Crainte. La crainte est le seul motif, qui empêche le commun des hommes de faire le mal, 27. Pour qui elle est faite, & ce qu'elle opére, *ibid. & suiv.*

Crassus. De la Murène de ce Romain, & combien il l'aimoit, 186

Critias. Ce qu'il dit du Gobelet de Lacédémone, appellé Cothon, 262. *& suiv.*

Curetes. Sacrifices humains qu'ils offroient à Saturne, 164. Ils s'abstenoient de la chair des Animaux, 313.

Cyniques. Ce qui avoit fait croire à quelques-uns de ces Philosophes, que tout étoit indifférent, 65.

Cyrille (St.) Estime que ce Pere faisoit de Porphyre, 16.

D

Daitres. Qui sont ceux à qui on donna ce nom, 129. Son origine, *ibid.*

Darius fils d'Histaspe. Titre qu'il voulut que l'on mit sur son tombeau, 299

Démocrite. Ce Philosophe admet de la raison dans les animaux, 191

Démons. A quels êtres Platon a donné ce nom, 138. Opinion commune à leur sujet, *ibid. & suiv.* De la nature des bons Démons, 139. *& suiv.* Obligations que nous leur avons, 140. Qui sont les Démons malfaisans, *ibid.* Maux qu'ils causent aux hommes, 142. Ce qu'on a le plus à craindre d'eux, *ibid & suiv.* Conduite différente des bons & des mauvais Démons, 145. *& suiv.* La Magie est un effet des opérations des derniers, 146. Les filtres amoureux sont de leur invention, *ibid*. Si on doit leur faire des sacrifices, 147. *& suiv*. Comment on n'a rien à craindre d'eux, 150. Pourquoi les Enchanteurs s'adressent à eux, 151. Comment les bons Démons se communiquent aux hommes, 160. Ce que l'Ecriture nous apprend des Démons, 386. Sentiment de Saint Augustin sur le tems de leur Apostasie, 387. Premier nom propre de démon qui se trouve dans l'Ecriture, 388. Recette qu'elle nous donne pour les éloigner, 389. *& suiv*. Opinion des Juifs à leur sujet, 390. Leur haine contre les hommes, 392. *& suiv*. Leur demeure ordinaire, 394. Nom de leur Chef chez les Juifs, *ibid*. Opinion des Peres des premiers siécles à leur sujet, 400. Ce que les Chaldéens en pensoient, 418. Idée que les Grecs en avoient, 419. *& suiv*. Sentiment d'Hésiode à leur sujet, 420. Doctrine des anciens Philosophes sur ce qui les regardoit, 421. *& suiv*. Démons envieux & malins, 433. *& suiv*. Doctrine d'Iamblique sur les Démons 439. *& suiv*. Ce qu'il dit de leurs apparitions, 441. *& suiv* Partage entre les Anciens sur leur immortalité, 455. *& suiv*. Leurs divers Ordres, 457. Combien on doit peu s'en inquiéter, 459

Derbices. Coutume barbare de ces peuples à l'égard de leurs veillards, 322

Diables, voyez *Démons*.

Diane, appellée Louve par les Latins, 301.

Dicéarque. Abrégé qu'il a fait des mœurs des Grecs, 254. Ce qu'il dit de l'âge d'or, 255. *& suiv*.

Dieu, Nous ne pouvons avoir d'accès auprès de lui

DES MATIERES.

lui, que par la pureté, 84. & *suiv*. Ce qui lui plaît en nous plus que toutes choses, 113. Preuve que ce n'est point l'abondance des oblations qu'il aime, *ibid*. On ne sçauroit le tromper, 119. Comment nous pouvons l'honorer, 134. Idée que les Platoniciens en avoient, 137. Il est par sa nature ce qu'il y a de plus juste, 145. Plus on a de besoins, moins on lui ressemble, 249

Dieux. Par quelles offrandes on doit les honorer, 101. Les sacrifices qui coûtent peu, leur sont les plus agréables, 103. & *suiv*. Ils ont plus d'égard à la disposition de ceux qui sacrifient, qu'à la quantité des victimes, 106. Différence entre les anciennes statues des Dieux, & les modernes, 111. Pourquoi on leur sacrifie, 117. Pourquoi nous les honorons, *ibid*, & *suiv*. Le sacrifice des animaux les déshonore, 118. Ils peuvent se passer de ce qui ne nous est pas nécessaire, 132. Comment nous pouvons les honorer, 134. Quelles sont les meilleures prémices, que nous pouvons leur offrir, 171. Par quel motif nous devons les honorer, *ibid*. En se taisant, ils indiquent ce qu'ils pensent, 188. Pourquoi représentés par les Egyptiens sous des figures d'animaux, 212. Différentes espéces de Dieux admis par Jamblique, 447. & *suiv*.

Diogène. Ce que ce Philosophe pensoit des avantages de la spiritualité, 73.

Diome. Il est le premier qui ait sacrifié des bœufs à Athènes, 97. & *suiv*. 126.

Diomede. Sacrifices humains qu'on lui offroit à Salamine, 362. Par qui ils furent abolis, 363.

Diphile, Roi de Chypre. Il abolit les sacrifices

humains dans cette isle, 163
Divination. Si on l'anéantit, en ordonnant de s'abstenir de tuer les animaux, 158. & suiv.
Divinité Le seul moyen d'être heureux est de chercher à lui ressembler, 61. Idées foi es que quelques Poëtes en ont eues, 167. & suiv. Elle est raisonnable, sans jamais avoir appris à le devenir, 201
Docimus. Son sacrifice de farine préféré par Apollon à des Hécatombes, 109
Douleur. Le mépris que nous en faisons dans les mal dies du corps, nous apprend à la mépriser dans celles de l'ame, 83
Dracon. Réglement fait par ce Législateur au sujet des sacrifices, 326.
Dragon. Excellence de la vûe du dragon, 196. Pourquoi les Poëtes ont employé son nom, pour exprimer l'action de voir, *ibid.*
Dumatiens. Sacrifices humains offerts par ces ples, 165

E.

Egyptiens. Anciens sacrifices de ces peuples, 90. & suiv. Vénération qu'ils avoient pour le feu, 91. Leur respect pour les vaches, sur quoi fondé, 99. Sacrifices humains qu'ils offroient, 161. Par qui ils furent abolis, *ibid.* Ils ont représenté les Dieux sous des figures d'animaux, 112. De leurs Prêtres. 268. & s. Leur occupation, & retraite dans laquelle ils vivoient, 269. Leur nourriture, 270. & suiv. Pourquoi ils défendoient de manger des tourterelles, 273. Pourquoi ils représentoient la Divinité sous la figure des animaux, 277. Res-

DES MATIERES. 475

pect qu'ils avoient pour le Lion, 278. Ce qui contribua à inspirer aux Egyptiens du respect pour les animaux, 281. & suiv. Leur usage lorsqu'ils embaumoient les corps des personnes de condition, 282. & suiv. Leur sentiment sur l'existence des Esprits, 417

Eleusine. Alimens dont les Prêtres d'Eleusine devoient s'abstenir, 301

Empédocle. Ce qu'il rapporte des sacrifices offerts à Venus, ou l'amitié, 114. & suiv. Il admet de la raison dans les animaux, 191. Son sentiment au sujet des Génies, ou Demons, 430. & suiv. Ce qu'il pensoit de la nature des Esprits, 451

Encens. Pourquoi on en offroit à la fin des sacrifices, 109. & suiv.

Enchanteurs. Pourquoi ils s'adressent aux mauvais Génies, 151. La pureté n'est pas faite pour eux, *ibid.* Comment ils sont punis de leurs déréglemens, *ibid.*

Encratites. Rêveries de ces Hérétiques au sujet des Eons, 415

Eons. Qui en a été l'Inventeur, 406 Leur nombre & leur nature, 407. Doctrine des Valentiniens à leur sujet, 414

Epervier. Cet oiseau est l'interprête d'Apollon, 188. Il est consacré au soleil, 279. Ses qualités, *ibid & suiv.*

Epicure Frugalité de ce Philosophe, 72. Son sentiment sur les alimens, 79

Epicuriens. Plusieurs d'entr'eux ont approuvé la frugalité, 72

Eschyle. En quoi ce Poëte préféroit aux hymnes qu'il avoit composés en l'honneur d'Apollon, ceux de Tynnicus, 220. & suiv.

R r ij

Esprit. C'est l'esprit qui voit & qui écoute, 227.
Esprits. Ce que l'Ecriture nous apprend des Esprits, 382. *& suiv.* Les plus fameux Philosophes en ont admis, 417. *& suiv.* Par qui leur existence a été combattue, 438. Opinions des Anciens à leur sujet, 451. *& suiv.* Comment ils peuvent agir sur les hommes, 458. Si leur existence doit les inquiéter, 459.
Esséniens. Endroits de Joseph, où il parle de cette secte de Philosophes chez les Juifs, 284. *& suiv.* Leur origine & leur amitié entr'eux, 285. Leur tempérance & leur frugalité, *ibid. & suiv.* Leur respect pour la Divinité, 287. Leur réception dans la secte, 289. *& suiv.* Serment qu'ils font en y entrant, 290. *& s.* Leur fermeté dans les tourmens, 293. Leur conduite à l'égard des animaux, 294. *& suiv.*
Estomac. Lorsqu'il est trop plein, l'homme ne désire que le sommeil, 69
Eubule, Auteur d'une histoire de Mithra. 299
Eunape. Sentiment de cet Auteur sur la patrie de Porphyre, 1. Ce qu'il dit du séjour de ce Philosophe en Sicile, 10. *& suiv.*
Euripide. Ce que ce Poëte dit de la vie des Curetes, 313.
Eusebe. Passage de Porphyre que ce Pére nous a conservé, 4. *& suiv.* Autre fragment qu'il cite de ce Philosophe, 7. Eloge qu'il fait de lui, 15.
Expiations. Par quel principe elles ont été introduites, 28.

F.

Fabri (Carlo) Opinions ridicules de cet Auteur au sujet des Anges, 435. & suiv.

Farine. Origine de l'usage de la farine dans les sacrifices, 93. Sacrifice de farine préféré par les Dieux à des Hécatombes, 105

Feu. Respect & vénération que les Egyptiens avoient pour le feu, 91. Il a beaucoup de ressemblance avec les Dieux, *ibid.*

Filtres. Les filtres amoureux sont de l'invention des mauvais Démons, 146

Frugalité. Elle est recommandée même par Epicure & plusieurs de ses disciples, 72. Avantages qu'elle procure, 74. & suiv. Motifs qui doivent porter à l'embrasser, 75. Elle est nécessaire à la vie contemplative, 82. & suiv. Preuve de la frugalité des premiers tems, 257.

Fruits de la terre. C'est le plus beau & le plus digne présent, que les Dieux ayent fait aux hommes, 100. Il est plus aisé d'en trouver, que des animaux, 105. C'étoit dans l'Origine tout ce qu'on sacrifioit aux Dieux, 123.

G.

Gallien. Considération que cet Empereur & l'Impératrice son épouse avoient pour Plotin, 350.

Gâteaux. Origine de l'usage d'offrir des Gâteaux en sacrifice, 93. Sacrifice de gâteaux plus agréable à Apollon que des Hécatombes, 109.

Génies, voyez *Démons*.

Gland. Le gland a été la première nourriture des hommes, 92. Origine du proverbe : voila assez de gland, *ibid*. Il prouve la frugalité des premiers tems, 257.

Gnostiques. Rêveries de ces Hérétiques au sujet des deux Principes & des Anges, 409. *& suiv*.

Goût. Effets pernicieux du goût, 57. Excellence du goût dans les animaux, 197.

Grecs. Sacrifices humains offerts par les anciens Grecs, 165. Qui fut le premier qui leur donna des loix, 211. De leur maniére de vivre, 215. *& suiv*. Opinion des Grecs modernes sur les Ordres des Anges, 397. *& suiv*. Sentiment des anciens Grecs au sujet de l'existence des Esprits, 109. *& suiv*.

Grotius. Opinion de ce Sçavant sur la source où les Juifs avoient puisé la connoissance des Archanges, 450.

Grue. Excellence de l'oüie de cet oiseau, 96.

Guerre. En quel tems, & comment elle commença à s'introduire parmi les hommes, 257. *& suiv*.

H.

Habitude. Elle a un grand empire sur les passions, 225.

Hécate. Différens noms d'animaux donnés à cette Déesse, 215. *&* 301.

Hécatombe. Un sacrifice de farine pêtrie préféré par les Dieux à des Hécatombes, 105. *&* 109.

Héraclite. Doctrine de ce Philosophe au sujet

des Génies, ou Démons, 421.

Hermionée. Son sacrifice de farine pêtrie préféré par les Dieux à des Hécatombes, 105.

Hermippe. Ce que cet Auteur rapporte de Triptoléme, 324.

Héfiode. Il fait l'éloge des anciens sacrifices, 111. Doctrine de ce Poëte au sujet des Génies, ou Démons, 420. Son sentiment sur leur durée, 455.

Hirondelle. Propreté dont cet oiseau instruit les petits, 235.

Holsténius. Conjectures de cet Auteur sur le nom de Bataneote donné à Porphyre par quelques Péres, 2.

Homére. En quoi il fait consister l'immortalité, 319. & suiv. Vers de ce Poëte cité, 355.

Homme. Quelle est la fin & la perfection de l'homme, 51. & suiv Il est une substance heureuse & éternelle, 53. La liaison avec les hommes nous rend esclaves des passions, 59. Différence qu'il y a entre l'homme de bien & le vicieux, 67. Peu contens de ce qu'ils ont les hommes ne désirent que ce qu'ils n'ont pas, 82. Seul moyen qu'a l'homme pour parvenir à sa fin, 84. De la nourriture des premiers hommes, 92. Origine des sacrifices des hommes, 122. & suiv. Les hommes méprisent ce qu'ils ignorent, 160. Différence entre l'homme de bien & le méchant au sujet du culte des Dieux, 172. Combien d'hommes se déterminent, avant que d'examiner, 211. Si les animaux sont faits pour l'homme, 221. & suiv. En quoi le sort des hommes est déplorable, 320. & suiv.

Hyene. Combien cet animal imite parfaitement la voix humaine, 184.

Hyrcaniens. Coutume barbare de ces peuples à l'égard de leurs vieillards, 322. *& suiv.*

I.

JAmblique. Il est un des disciples les plus célèbres de Porphyre, 12. Sa doctrine sur les Génies, ou Démons, 439. *& suiv.* Génie du siécle où il vivoit, 440. Ce qu'il dit de leurs apparitions, 441. *& suiv.* Différentes espéces de Dieux qu'il admet, 447. *& suiv.*

Jérôme (St.) Sentiment de ce Pére sur la patrie de Porphyre, 1. Il croit qu'il a été enterré en Sicile, 13. Passage de ce Pére sur la dignité de l'ame, 434. N. (*b*).

Job. Le Livre de Job n'a vraisemblablement jamais été connu des Payens, 434.

Joseph. Endroits des Ouvrages de cet Historien, où il parle des Esseniens, 284. *& suiv.*

Iphicrate. Il abolit les sacrifices humains chez les Carthaginois, 165.

Irénée (St.) Sentiment de ce Pére sur la nature de l'ame, 403.

Isaïe. Il est le seul des Ecrivains sacrés, qui parle des Séraphins, 384.

Juifs. Pourquoi ces peuples s'abstenoient du cochon, 35. De leurs sacrifices, 121. *& suiv.* Ils ont les premiers sacrifié des animaux, même des hommes, 122. Trois sectes de Philosophes parmi eux, 284. Leur opinion au sujet des Démons, 390. Leur sentiment sur les Anges gardiens, 394. Où ils avoient puisé la connoissance des Archanges, 450.

Junon. Sacrifices humains qu'on lui offroit à Héliopolis

liopolis en Egypte, 163. Par qui abolis, *ibid.*
Jupiter. Sacrifices humains qu'on offroit à Rome à Jupiter *Latialis*, 165. Les Grecs lui donnoient des cornes de belier, 212. Ses métamorphoses en aigle, en cigne, & en taureau, 213
Justice. La perfection de la justice est renfermée dans la piété, 175. Si la justice nous oblige à l'égard des Animaux, 177. *& suiv.* Quel est le fondement de la justice, 2.0. Par où son amour augmente, 243. En quoi consiste son essence, 245
Justin (St.) Sentiment de ce Pére sur la corporéité des Anges, 399. Ce qu'il a pensé de leur nourriture, 400

L.

Abéon. Sentiment de cet Ancien sur la nature des Dieux Lares & des Dieux Pénates, 454
Lacédémoniens. Sacrifices humains qu'ils offroient à Mars, 163. Partage des biens fait entr'eux par Licurgue, 259. De leurs repas communs, 263. *& suiv.*
Lares. Ce que c'étoit que les Dieux Lares & les Dieux Pénates, 454
Législateurs. Ils n'ont travaillé que pour le vulgaire, 50. Ils n'ont pas fait les mêmes réglemens pour les particuliers, que pour les Prêtres, 88
Libanius. Sentiment de ce Rhéteur sur la patrie de Porphyre, 1
Licurgue. Réglemens faits par ce Législateur,

S ſ

259. & *suiv*. Ce qu'il dit un jour, en parcourant la Laconie, 260

Lion. Quelles sont les armes de cet Animal, 199. Respect que les Prêtres Egyptiens avoient pour lui, 278

Loi Divine. Elle est supérieure à toutes les Loix humaines, 51. La loi tolére plusieurs choses dans le vulgaire, qu'elle interdit au Philosophe, 311

Longin. Son sentiment sur la patrie de Porphyre, 1. Il lui fait quitter le nom de Malc, 2. Idée avantageuse que ses contemporains avoient de lui, 7. Jugement que Plotin porta de son sçavoir, 353. Idée qu'il avoit de Plotin & de ses Ouvrages, 362. & *suiv*.

Lyncée. Il n'est fameux que dans la Fable, 195. Qui il étoit, *ibid* N. (a).

M.

Mages. Qui ils étoient, & d'où vient leur nom, 298. Respect que les Perses avoient pour eux, *ibid* & *suiv*. Trois sortes de Mages, 299. Le dogme de la Métempsycose reçu parmi eux, *ibid.* Noms d'animaux par lesquels ils désignoient les hommes, pourquoi 300

Magiciens. Qui sont les ames dont ils abusent pour leurs opérations, 154

Magie. Elle n'est qu'un effet des opérations des mauvais Démons, 146

Mahométans. Leur opinion sur la corporéité des Anges & des Diables, 402

Maïa. Elle est la même que Proserpine, 301. Pourquoi ainsi nommée, *ibid.*

Maimonide. Combien il comptoit d'espéces différentes d'Anges, 396
Maladies auxquelles les animaux sont sujets, 193
Malc, nom Syriaque de Porphyre, sa signification, 2. & 359.
Manger. Combien la servitude de manger nous est un obstacle, pour arriver à la perfection, 68
Marcion. Blasphêmes de cet Hérésiarque contre le Créateur, 415
Mars. Sacrifices humains que les Lacédémoniens lui offroient, 163
Massagétes. Coutume barbare de ces peuples à l'égard de leurs vieillards, 322
Maxime de Tyr. Sentiment de ce Philosophe au sujet des Génies, ou Démons, 428. & *suiv.*
Mélange des choses de différente nature, regardé comme impur, 315. & *suiv.*
Ménandre. Ce que ce Poëte dit de l'abstinence des poissons chez les Syriens, 298
Ménandre. Doctrine de cet Hérésiarque sur l'origine & la nature des Anges, 408
Mercure Trismégiste. Sa doctrine au sujet des substances spirituelles, 4. 7. & *suiv.* Il enseigne la Théurgie aux hommes, 448
Métempsycose. Le dogme de la Métempsycose reçu chez les Mages, 299
Minerve. D'où vient son surnom, 215
Murene. De la Murene de Crassus, 186. Combien il aimoit ce poisson, *ibid.*
Musique. Animaux que la musique adoucit, 189. & 229

S s ij

N.

Nature. Ses besoins sont bornés, 72. Inconvéniens de trop les étendre, 74

Nécessaire. La raison réduit le nécessaire à peu de chose, 68. Lorsqu'il manque, à qui on doit avoir recours, 73. Douceur & tranquillité que goûtent ceux qui s'y bornent, 80. *& suiv.*

Neptune. D'où vient son surnom, 215

Noix. Après le gland on offrit aux Dieux des noix en sacrifice, 92

Nomades. Ce qui força ces peuples à faire usage de la viande, 321. *& suiv.*

Nourriture. Nous devons craindre les nourritures que nous désirons beaucoup, 72

O.

Odorat. Presque tous les animaux l'ont plus excellent que nous, 196

Oiseaux. Jeune homme qu'on disoit entendre le langage des oiseaux, 182. Comment il perdit cette faculté, *ibid.* Des oiseaux qui imitent le langage des hommes, 184. Ils servent d'interprétes aux Dieux, 188

Olympia, mére d'Alexandre. Nombre de victimes qu'elle sacrifia en un seul jour, 170

Olympius. Patrie de ce Philosophe, 346. Jalousie qu'il conçût de la réputation de Plotin, *ibid.* Opérations magiques qu'il employa pour lui nuire, & quel en fut le succès, *ibid. & suiv.*

Orge. C'est le premier fruit de Cérès que l'on

vit après les légumes, 92. Comment les hommes l'offrirent aux Dieux, *ibid. & suiv.*

Origène. Ce que Porphyre pensoit de ce Pére, 4. *& suiv.* Son sentiment sur le tems de la création des Anges, 386. Sa doctrine sur leur nature, 400. *& suiv.* Ses autres opinions à leur sujet, 435. *&* 437.

Origène. Ouvrages composés par ce Philosophe, 333. Sentiment de M. de Valois sur un de ses livres, *ibid.* N. (*a*). Déférence que Plotin marqua pour lui, 353. *& suiv.*

Orphée. Sentiment de ce Poëte au sujet des Génies, ou Démons, 419. *& suiv.*

Ouie. Effet prodigieux des émotions causées par l'ouie, 57. Excellence de l'ouie de la grue, 196

P.

Pallas. Sacrifices humains que ceux de Laodicée offroient à cette Déesse, 164

Pallas. C'est de tous les Auteurs celui qui a le mieux écrit sur les mystéres de Mithra, 164. Ce qu'il a dit de l'abolition des sacrifices humains, *ibid.* Ce qu'il dit de l'usage où étoient les Mages de désigner les hommes par des noms d'Animaux, 300

Palumbe. Chasteté de cet oiseau, & sa fidélité à l'égard de son mâle, 203

Pan. Les Grecs le composoient d'un homme & d'une chévre, 213

Panthére. Quelles sont les armes de cet animal, 199

Parfums. Combien leur usage nuit à l'ame, 57

Passions. On doit s'abstenir de tout ce qui les réveille, 55. Ce qui les met en mouvement, 56. Moyen de les éviter, *ibid.* Nécessité de les réprimer, 63. *& suiv.* L'habitude a sur elles un grand empire, 225

Paul (St.) Ce qu'il nous apprend des Anges, 396. D'où il a tiré ces connoissances, *ibid.*

Pénates (Dieux) *Voyez* Lares.

Pensée. Ce que c'est que la pensée, 179. Ce qui la souille, 517

Péres des premiers siécles. Ils ont crû que les Anges avoient des corps, 398. *& suiv.* Origine de leur opinion, 399. Leur sentiment sur la nature de l'ame, 403. *& suiv.* Comment on peut les excuser, 405. *& suiv.*

Perfection. En quoi consiste la perfection de l'homme, 51. *& suiv.* Renoncement aux choses sensibles nécessaire pour y arriver, 54. *&* 64. Combien la servitude de manger nous est un obstacle pour y parvenir, 68

Phéniciens. Sacrifices humains qu'ils offroient à Saturne, 164. Extrémité à laquelle furent réduits les Phéniciens révoltés, qui étoient à la solde des Carthaginois, 166. Comment ils furent traités par Amilcar, *ibid.*

Phérébate. Pourquoi ce nom a été donné à Proserpine, 301

Philosophes. Portrait qu'en fait Platon, 59. *& suiv.* Ils ne doivent accorder à la nature, que ce qui lui est absolument nécessaire, 61. L'abstinence de la chair des Animaux leur est recommandée, 88. Ils sont les Prêtres du Dieu suprême, 155. Leur étude & leur occupation, 156. Ils n'ont recours ni aux oracles, ni aux entrailles des animaux, 159. Secours qu'ils doivent attendre des bons Génies, 166. Ils ne doivent point suivre les mauvais usages, 171. Plusieurs choses leur sont interdites, que la loi tolére dans le vulgaire, 311. Loix auxquelles ils doivent se conformer, 312. Sentimens des anciens Philosophes au sujet des Esprits, 417. & s. Ce qu'ils pensoient de leur nature, de leur immortalité, de leur nombre, 451. & suiv.

Philosophie. C'est à elle qu'on doit avoir recours, lorsqu'on manque du nécessaire, 73. Avantage qu'elle procure, 74

Piété. La perfection de la justice est renfermée dans la pieté, 175. Combien l'abstinence des viandes contribue à cette vertu, *ibid.*

Pieux. Autel des Pieux à Délos, pourquoi ainsi nommé, 124

Pigeons. Ils partagent avec leurs femelles la peine de couver leurs œufs, 234

Pindare. Ce que ce Poëte dit de l'ame des Sages, 60 A qui il a fait ressembler les Dieux poursuivis par Tiphon, 213

Plantes. Si on leur fait violence, lorsqu'on en use ou qu'on les sacrifie, 102 *& suiv.* 220. 246. Il n'est pas facile de concevoir qu'elles ayent de la raison, 216

Platon. Pourquoi il choisit l'Académie pour sa demeure, 58. Portrait qu'il fait des Philosophes, 59. *& suiv.* Etres auxquels il a donné le nom de Démons, 118. Son sentiment sur la nature de ce qui est juste, 145. Conseil qu'il donne aux Philosophes, 171. Il admet de la raison dans les animaux, 191. Son sentiment sur les Génies, ou Démons, 421. *& s.*

Platoniciens. Leur Philosophie inspiroit un grand

mépris pour la vie, 10. Système qu'ils suivoient à ce sujet, *ibid.* Leurs sentimens sur la nature des Dieux, 137. *& suiv.* Leur doctrine au sujet des Génies, ou Démons, 429. *& suiv.* N. (*a*). Ils les croyoient passibles, 456

Plotin. Tems auquel ce Philosophe enseignoit à Rome, 8. Réputation qu'il y avoit, *ibid.* Objets principaux de ses études, *ibid.* Estime & confiance qu'il marqua pour Porphyre, 9. Il ne peut souffrir qu'on fasse son portrait, 327. *& suiv.* Son éloignement pour les remédes, 328. *& suiv.* Comment il mourut, 330. Age qu'il avoit à sa mort, *ibid.* Epoque de sa naissance, *ibid & suiv.* Ce qui lui arriva au sujet de sa nourrice, 331. Ses maîtres, & ses études, 332. Ses premiéres occupations à Rome 333. *& suiv.* Quand il commença à écrire, 335. Titres de ses Ouvrages 336. N. (*a*). *&* 337. N. (*a*). Caractére de ses écrits, 339. *&* 342. Ses principaux Disciples, *ibid. & suiv.* Sa manière de composer, 343. *& s.* Femmes qui lui étoient attachées, 344. Confiance que les péres & les méres avoient en lui, 345. Sa douceur, *ibid & suiv.* Combien de tems il demeura à Rome, 346. Son avanture avec un Prêtre Egyptien, 347. *& suiv.* Dieu qu'il avoit pour Génie, 348. Connoissance parfaite qu'il avoit du caractére des hommes, 349. Considération que l'Empereur Gallien & sa femme avoient pour lui, 350. Ses conférences, 351. *& suiv.* Jugement qu'il porta de Longin, 353. Déférence qu'il marqua pour le Philosophe Origène, *ibid. & s.* Ouvrage qu'il composa contre les Chrétiens,

356. & suiv. Idée que Longin avoit de lui, 362. & suiv. Jugement qu'Apollon en porta, 373. & suiv. Communications qu'il eut avec la Divinité, 377. Ordre dans lequel ses Ouvrages ont été distribués par Porphyre, 379. & suiv. Son sentiment au sujet des Démons, 427

Plutarque. Remarque de cet Auteur au sujet de l'usage que nous faisons des autres êtres, 216. & suiv. Ce qu'il rapporte de la doctrine de Zoroastre touchant les deux Principes, 415. & suiv. Son sentiment sur l'existence des Démons, 424. Ce qu'il dit des Démons énvieux & malins, 433. Son opinion sur la nature des Esprits, 452. & suiv.

Poësie. La poësie a contribué à corrompre les opinions des hommes, 144

Poëtes. Idées saines que quelques-uns d'eux ont euës de la Divinité, 167. & suiv. Pourquoi ils ont employé le nom du Dragon, pour exprimer l'action de voir, 196

Porphyre. Patrie de ce Philosophe, 1. Pourquoi appellé Batanéote par quelques Péres, ibid. Son vrai nom, 2. & 358. Pourquoi il prit celui de Porphyre, ibid. Sa naissance & sa famille, ibid. Occupations de sa jeunesse, ibid. S'il avoit été Chrétien, 3. Ce qu'il pensoit d'Origène, 4. & suiv. A quel âge il alla à Rome, 6. Ses études à Athènes sous Longin, 7. & suiv. Second voyage qu'il fit à Rome, 8. Il étudie sous Plotin, 9. Estime que ce Philosophe faisoit de lui, ibid. Accès de mélancolie auxquels il fut sujet, ibid & suiv. Son voyage & son séjour en Sicile, 10. & suiv. Il y compose son fameux Ouvrage contre les Chrétiens, 11. Il va à Carthage, ibid. Son retour à Rome, 12. Réputation qu'il s'y fit, *ibid*. Il s'y marie, *ibid* Opinions diverses sur le tems & le lieu de sa mort, *ibid. & suiv*. Son sçavoir, 13. Livres qu'il a composés, *ibid*. Ce qu'on y désireroit, *ibid*. Ses Ouvrages les plus célébres, 14. Dans quelle vûe il s'étoit appliqué à la lecture de l'Ecriture, *ibid*. Combien son nom a été odieux aux premiers Chrétiens, 15. Eloge qu'Eusebe, St. Augustin & St. Cyrille ont fait de lui, *ibid & suiv*. Son but & son plan dans son Traité de l'Abstinence de la chair des Animaux, 17. *& suiv*. Pourquoi il a composé cet Ouvrage, 48. *& suiv*. A quel âge il s'attacha à Plotin, 335. Celui-ci le charge de mettre la derniére main à ses Ouvrages, 343. *&* 378. Jugement que Plotin porta de quelques-uns de ses écrits, 354. *& suiv*. Son sentiment au sujet des Démons, 427. Lettre qu'il écrivit sur cette matiére, 440. D'où il avoit pû tirer la connoissance qu'il avoit des Archanges, 440

Possidonius. Sentiment de ce Philosophe sur l'existence des Esprits, 424

Prémices. Origine de l'usage d'offrir aux Dieux les prémices des fruits en sacrifice, 93. Quelles sont les meilleures qu'on peut leur présenter, 171

Pressentimens. Les bons Génies s'en servent, pour découvrir l'avenir au vrai Philosophe, 160

Prêtres. Perfection particuliére que les loix exigent d'eux, 88. L'usage de la chair des animaux interdit à quelques-uns, 267. Des Prêtres Egyptiens, 268. *& suiv*. En quoi les Prêtres des Anciens faisoient consister la pureté, 314

DES MATIERES. 491

Principes. La doctrine des deux Principes adoptée par les Anciens Hérétiques, 409. & *suiv.* D'où ils l'avoient tirée, 415

Proclus. Sentiment de ce Philosophe au sujet des Génies ou Démons, 427. & *suiv.*

Proserpine. Pourquoi appellée Phérébate, 301. Elle est la même que Maïa, *ibid.*

Psellus. Il croit que les ames des hommes ne peuvent devenir Anges, 455. Opinion de ce Père sur le nombre de ces Esprits, 457

Pureté. Ce qu'il faut faire pour parvenir à cette vertu, 51. & *suiv.* Ce n'est que par elle, qu'on peut avoir accès auprès de Dieu, 84. & *suiv.* Elle est nécessaire pour sacrifier aux Dieux, 112. En quoi elle consiste, 113. C'est la vertu des hommes divins & des Sages, 151. En quoi les Prêtres des Anciens la faisoient consister, 314. Quelles choses lui sont contraires, *ibid.* & *suiv.*

Pythagore. Ce fut lui qui ordonna qu'on nourrît les Athlétes de viande, 47. Il admet de la raison dans les animaux, 191. Son opinion sur leur ame, 241. En quoi sa table étoit plus agréable que celle de Socrate, 244

Pythagoriciens. Ils s'abstenoient toute leur vie de manger de la viande, 124. & *suiv.* Sacrifices de nombres & de lignes qu'ils offroient aux Dieux, 135. & *suiv.* Leur sentiment sur l'ame raisonnable, 177. Comment ils réussirent à rendre les hommes plus doux & plus humains, 225

R.

Raison. Celui qui la consulte ne fera jamais rien que de sage, 67. Elle contient les sens, *ibid.* L'homme est perdu, dès qu'elle cesse de le gouverner, *ibid.* Elle réduit le nécessaire à peu de chose, 68. Deux sortes de raison, 177. Si les animaux en sont privés, *ibid & s.* De celle qui se fait connoître par les sons, 178. *& suiv.* Quels êtres participent plus ou moins à la raison, 209. Distinction entre la raison & la parfaite raison, 233. Avantage de celui qui consulte la raison, 250

Reconnoissance. Elle doit être proportionnée aux bienfaits, 100. Elle n'est pas raisonnable aux dépens d'un t r, 119

Renoncement aux choses sensibles, nécessaire à ceux qui aspirent à la perfection, 54

Rhadamante. Il juroit par les animaux, 212. Loi qu'il introduisit à ce sujet chez les Crétois, 213

Rhume. Animaux qui y sont sujets, 193. Etymologie de son nom Grec, *ibid.*

Riches. Pourquoi les riches sont toujours dans la peine, 75

Richesses. Elles ne sont pas capables de guérir les troubles de l'ame, 75

Rogatien. Progrès que ce Sénateur fit dans la Philosophie sous Plotin, 341. Son détachement, *ibid. & suiv.*

Rome. Sacrifices humains offerts à Rome à la fête de Jupiter *Latialis*, 165

Rossignol. Cet oiseau enseigne à ses petits à former leur voix, 190

DES MATIERES.

S

Sabaot. Nom que les Gnostiques donnoient au Prince du septiéme Ciel, 409. Ce qu'ils pensoient de lui, & figure qu'ils lui attribuoient, *ibid.*

Sacrifices. Si les Dieux ont ordonné ou approuvé ceux d'animaux, 45. *& suiv.* Des anciens sacrifices des Egyptiens, 90. *& suiv.* Des sacrifices des premiers hommes, & de ce qu'ils offrirent successivement aux Dieux, 92. *& s.* Origine de l'usage de la farine dans les sacrifices, 93. Malheurs arrivés au genre humain depuis l'origine des sacrifices sanglans, 94. Origine des sacrifices d'animaux, 96. *& suiv.* Ils n'ont rien de pieux, 99. On n'y a eu recours que dans la derniére extrémité, 100. Le sacrifice ne doit faire tort à qui que ce soit, 101. Etymologie de son nom, *ibid.* Quels sont les sacrifices les plus agréables aux Dieux, 103. *& suiv.* Pourquoi on les finit par offrir de l'encens, 109. Pourquoi on s'y servoit autrefois de vases de terre ou de bois, 110. Trois raisons des sacrifices, 117. Comment on y a plus en vûe ses plaisirs que les Dieux mêmes, 121. Des sacrifices des Juifs, *ibid. & s.* Origine des sacrifices humains, 122. *& suiv.* Différence des sacrifices, suivant les différentes Puissances auxquelles on les offre, 133. En quoi consiste leur perfection, 134. Sacrifices humains offerts à Saturne & autres, 161. *& suiv.* Quand abolis, 164. Maux que la magnificence des sacrifices a introduits dans le monde, 170. Loix de Triptolême & de

TABLE

Dracon au sujet des sacrifices, 324. & suiv.

Sages. Pourquoi les anciens Sages alloient habiter les pays les plus déserts, 58. La pureté est la vertu des Sages, 151. Combien le nombre en est petit, 178. Considération qu'ils ont euë pour les animaux, 212

Sagesse. Le plus grand nombre n'est pas fait pour elle, 77

Samaëz, Nom que les Grecs modernes donnent à un des Chefs des Anges, 398

Samanéens, sorte de Gymnosophistes chez les Indiens, 303. Qui ils sont, 304. Leur reception, 306. Leur genre de vie, *ibid.* & *suiv.* Vénération qu'on a pour eux, 307. & *suiv.* Leur disposition à l'égard de la mort, 308. & *suiv.*

Santé. L'usage des Viandes, loin de contribuer à la santé, lui est contraire, 76. Les mêmes choses qui la rétablissent sont celles qui la conservent, *ibid.* Pourquoi on doit la conserver, 78. Le meilleur moyen de l'entretenir, *ibid* & *suiv.*

Saturne. Sacrifices humains qu'on lui faisoit en divers endroits, 161. & *suiv.* & 164.

Saturnin. Rêveries de cet Hérésiarque au sujet de Dieu, des Anges & de la création, 411. & *suiv.*

Scarabée. Pourquoi les Egyptiens l'honoroient, comme l'image vivante du Soleil, 280. & *suiv.*

Sciences. Elles ne peuvent nous rendre heureux, 51

Scorpion. Quelles sont ses armes, 199

Scythes. Coutume barbare de ces peuples à l'égard de leurs vieillards, 343

DES MATIERES. 495

Sens. Agitations violentes causées par les Sens, 56. Ils produisent tous les désordres de l'ame, *ibid.* Ils sont comme des filets qui l'entraînent au mal, *ibid.* Ce sont les clous qui l'attachent au Corps, 61. Ils retardent les opérations de l'esprit, 62. Ils ne sont jamais satisfaits qu'à son préjudice, 64. Ce n'est qu'en s'en détachant, que l'homme peut parvenir à sa fin, 84. Ils sont les mêmes dans l'homme & dans les animaux, & plus parfaits dans ceux-ci, 195. *& suiv.*

Sentiment. Que le sentiment suppose nécessairement l'intelligence, 225. *& suiv.*

Séraphins. Ce qui en est dit dans l'Ecriture, 384. Figure qu'elle leur donne, *ibid.*

Serpens. Les serpens d'Egypte aveuglent avec leur crachat, 199

Simon le Magicien. Il passe pour l'inventeur des Eons, 406. Ses rêveries sur leur nombre & sur son Hélene, 407. *& suiv.*

Socrate le Philosophe. Ce qu'il dit à ceux qui disputoient, si le plaisir est la fin de l'homme, 176. Il juroit par les animaux, 212. *& suiv.* Ce n'étoit point en badinant, qu'il appelloit les cignes ses camarades, 214. En quoi sa table étoit moins agréable que celle de Pythagore, 244

Socrate l'Historien. Ce qu'il rapporte du Christianisme de Porphyre, 3

Soleil. Noms d'animaux que les Latins lui donnoient, 301

Songes. Les bons Génies s'en servent, pour découvrir l'avenir au vrai Philosophe, 160

Sophocle. Description que ce Poëte fait d'un sacrifice agréable aux Dieux, 112

Souillure. A quoi ce mot s'applique dans la teinture, 315

Stasanor, Gouverneur de la Bactriane pour Alexandre. Comment il pensa perdre son Gouvernement, 323

Straton. Comment il prouve que le sentiment suppose nécessairement l'intelligence, 226. & *suiv.*

Syriens. Quand, & à quelle occasion ces peuples commencerent à manger des animaux, 296. & *suiv.* Jusqu'à quand ils s'abstinrent des poissons, 258.

T.

Tertullien. Son sentiment sur la nature de l'ame, 403. & *suiv.* En quel sens il donne un corps à Dieu même, 405. & *suiv.*

Théodote. Sentiment de ce Pére sur la corporéité des Anges, des Démons & de l'ame, 402.

Théophraste. Témoignage qu'il rend aux lumiéres des Egyptiens, 90. Son sentiment sur l'origine des maux du genre humain, 94. Raisons dont il se sert, pour prouver qu'on doit s'abstenir de sacrifier les animaux, 100. & *s.* Ce qu'il dit des libations, 114. Ce qu'il rapporte des sacrifices des Juifs, 121 & *suiv.* Comment il prouve que les animaux pensent, 239. & *suiv.* Son sentiment sur le séjour de l'ame dans le corps, 320

Théopompe. Histoires par lesquelles il prouve que les sacrifices les plus simples sont les plus agréables aux Dieux, 106. & *suiv.*

Théurgie. Ce que c'étoit, & ce qu'elle apprenoit, 8. & *suiv.* & 448. Par qui elle fut enseignée aux hommes, 448

DES MATIERES.

Thin. Quel est celui qui fournit le meilleur miel aux abeilles, 317

Thoës. Demeure de ces anciens peuples, 95. Leur impieté & leur cruauté, *ibid.* Comment ils en furent punis, *ibid.*

Tibaréniens. Coutume barbare de ces peuples à l'égard des vieillards, 322

Tillemont (M. de) justice qu'il rend au mérite de Porphyre, 16

Tourterelles. Pourquoi les Prêtres Egyptiens s'abstenoient de ces oiseaux, 273. Ils sont consacrés à Proserpine, 301

Triptolême. C'est le plus ancien Législateur des Athéniens, 324. Loix qu'on rapporte de lui, *ibid.*

Troglodytes. Ce qui força ces peuples à faire usage de la viande, 321. *& suiv.*

Tynnichus. En quoi les hymnes qu'il avoit faits pour Apollon, étoient préférables à ceux d'Eschyle, 111

Tyrrhéniens. Ces peuples entendent le langage des Aigles, 182

V.

Vache. Respect des Egyptiens & des Phéniciens pour cet animal, sur quoi fondé, 99. C'étoit chez eux une impieté que d'en tuer, *ibid.*

Valentiniens. Rêveries de ces anciens Hérétiques au sujet des Diables & des Eons, 414

Valois (M. de) Son sentiment sur un Ouvrage du Philosophe Origène, 333. N. (*a*).

Venus. Elle est la même que l'amitié, 114. Ce que les Anciens lui offroient en sacrifice, *ibid. & suiv.*

Viande. Si l'usage de la viande nuit à l'ame ou au corps, 36. *& suiv.* Avantage de l'abstinence de la viande, 70. Pourquoi l'usage en a été introduit, 76. *&* 167. Loin de contribuer à la santé, il lui est contraire, *ibid, & s.* Sur quoi on fonde l'obligation de s'abstenir de la viande, 153. *& suiv.* Ce qui a forcé quelques nations a en faire usage, 321. *& suiv.*

Victimes. Les plus agréables aux Dieux ne sont pas celles d'un grand prix, 112

Vincent de Lérins. Ce qu'il nous apprend de Porphyre, 3

Vipére. Utilité que l'on retire dans les maladies de l'usage de ce reptile, 38. *& suiv.*

Vûe. Animaux qui ont la vûe très-perçante, 196.

X.

*X*E*nocrate.* Ce que ce Philosophe a dit de quelques loix de Triptolême, 324. *& s.* Sa doctrine au sujet des Génies ou Démons, 423

Z.

*Z*Oroastre. Doctrine de ce Philosophe touchant les deux Principes, 415. *& suiv.* Ses livres plus lûs des Platoniciens des derniers tems, que ceux des Chrétiens, 459

Zotichus, Disciple de Plotin. Qui il étoit, 340. Ses Ouvrages & sa mort, *ibid.*

Fin de la Table des Matières.

Fautes à corriger.

P. 86. l. 2. fragilité, *lisez* frugalité.
P. 161. l. 18. Metagectmon, *lisez* Metageitnion.
P. 212. l. 7. les, *lisez* ses.
P. 223. l. 13. *ôtez* si, & *lisez l. suivante* Si l'on dit.
P. 340. l. 2. Custochius, *lisez* Eustochius.
P. 354. l. 20. là, *lisez* lû.
P. 398. l. 25. Ughellius, *lisez* Ughellus.
P. 400. l. 25. Harduin Com. *lisez* Harduin. Conc.
P. 404. l. 7. figiatam, *lisez* effigiatam.
P. 427. l. 16. à Nébon, *lisez* à Anebon.
P. 435. l. 6. la vérité, *lisez* que la vérité.

APPROBATION.

J'Ai lû par Ordre de Monseigneur le Chancelier, la Traduction qui précéde la Dissertation & la Dissertation en même tems : Je n'ai rien trouvé qui en dût arrêter l'impression ; & les deux Ouvrages satisferont les Lecteurs. Ce 4. Avril 1747. SALLIER.

PRIVILEGE DU ROI.

LOUIS, par la grace de Dieu, Roi de France & de Navarre, à nos amés & féaux Conseillers, les Gens tenans nos Cours de Parlement, Maîtres des Requêtes Ordinaires de notre Hôtel, grand Conseil, Prevôt de Paris, Baillifs, Sénéchaux, leurs Lieutenans civils, & autres nos Justiciers qu'il appartiendra, SALUT. Notre amé JEAN DE BURE, Libraire à Paris, Nous a fait exposer qu'il désireroit faire imprimer & donner au Public un Ouvrage qui a pour titre : *Traité de l'Abstinence des*

Animaux traduit du Grec, avec la vie de Porphyre, celle de Plotin & une diſſertation ſur les Génies, s'il nous plaiſoit lui accorder nos Lettres de Privilége pour ce néceſſaires: A CES CAUSES, voulant favorablement traiter l'Expoſant, Nous lui avons permis & permettons par ces Préſentes de faire imprimer ledit Ouvrage en un ou pluſieurs Volumes, & autant de fois que bon lui ſemblera, & de le vendre, faire vendre & débiter par tout notre Royaume pendant le tems de ſix années conſécutives, à compter du jour de la datte des Préſentes; FAISONS défenſes à toutes perſonnes de quelque qualité & condition qu'elles ſoient, d'en introduire d'impreſſion étrangére dans aucun lieu de notre obéiſſance, comme auſſi à tous Libraires & Imprimeurs d'imprimer ou faire imprimer, vendre, faire vendre, débiter ni contrefaire ledit Ouvrage, ni d'en faire aucun extrait ſous quelque prétexte que ce ſoit d'augmentation, correction, changement ou autres, ſans la permiſſion expreſſe & par écrit dudit expoſant ou de ceux qui auront droit de lui, à peine de confiſcation des exemplaires contrefaits, de trois mille livres d'amende contre chacun des cotrevenans dont un tiers à Nous, un tiers à l'Hôtel-Dieu de Paris, & l'autre tiers audit exposant ou à celui qui aura droit de lui, & de tous dépens, dommages & intérêts; à la charge que ces Présentes seront enrégistrées tout au long sur le Régistre de la Communauté des Libraires & Imprimeurs de Paris dans trois mois de la datte d'icelles, que l'impression dudit Ouvrage sera faite dans notre Royaume & non ailleurs, en bon papier & beaux caractéres, conformément à la feuille imprimée attachée pour modéle sous le contrescel des Présentes, que l'Impétrant se conformera en tout aux réglemens de la Librairie, & notamment à celui du 10. Avril 1725. qu'avant de l'exposer en vente, le Manuscrit qui aura servi de copie à l'impression dudit Ouvrage sera remis dans le même état où l'Approbation y aura été donnée ès mains de notre très-cher & féal Chevalier le sieur d'Aguesseau, Chancelier de France Commandeur de nos Ordres, & qu'il en sera ensuite remis deux Exemplaires dans notre Bibliothéque publique, un dans celle de notre Château du Louvre, & un dans celle de notredit très-cher & féal Chevalier le sieur d'Aguesseau Chancelier de France, le tout à peine de nullité des Préfentes : du contenu defquelles vous mandons & enjoignons de faire jouir ledit Expofant & fes Ayans-caufes pleinement & paifiblement, fans fouffrir qu'il leur foit fait aucun trouble ou empêchement ; voulons que la copie des Préfentes qui fera imprimée tout au long au commencement ou à la fin dudit Ouvrage, foit tenue pour duement fignifiée, & qu'aux copies collationnées par l'un de nos amés & féaux Confeillers & Sécretaires foi foit ajoutée comme à l'Original : commandons au premier notre Huiffier ou Sergent fur ce requis, de faire pour l'exécution d'icelles tous actes requis & néceffaires, fans demander autre permiffion, & nonobftant clameur de Haro, Charte Normande, & Lettres à ce contraires : CAR tel eft notre plaifir. DONNE' à Paris, le neuviéme jour du mois de Juin, l'an de Grace mil fept cens quarante fept, & de notre Régne le trente-deuxiéme. Par le Roi en fon Confeil.

SAINSON.

Regiftré fur le Regiftre IX. de la Chambre Royale des Libraires & Imprimeurs de Paris, n°. 795 fol. 703. conformément aux anciens Réglemens, confirmés par celui du 28 Février 1723. A Paris, le 12 Juin 1747.

G. CAVELIER, *Syndic.*

www.ingramcontent.com/pod-product-compliance
Lightning Source LLC
Chambersburg PA
CBHW051138230426
43670CB00007B/853